KB077592

세컨드 브레인

BUILDING A
SECOND BRAIN

세컨드 브레인

티아고 포르테 지음 | 서은경 옮김

 쌤앤
파커스

들어가는 글
세컨드 브레인,
혁신과 성공으로 가는 첫걸음

중요한 걸 기억하려고 애썼는데 나도 모르게 깜박 잊어버린 적이 얼마나 자주 있었는가? 대화하던 중 주장을 뒷받침할 설득력 있는 근거가 생각나지 않았을 때는? 차를 운전하거나 대중교통으로 이동하던 중 기발한 아이디어를 떠올렸지만 목적지에 도착할 때쯤엔 물거품처럼 사라진 경우는? 책이나 기사에서 나중에 활용할 만한 내용을 보았지만 막상 필요할 때 생각나지 않는 바람에 머리를 싸매고 괴로워했던 적은?

이용할 수 있는 정보의 양이 증가하면서 이처럼 곤란한 상황은 점점 더 자주 발생한다. 우리가 더 똑똑하고 건강하며 행복하게 살도록 해준다는 조언은 어느 때보다 차고 넘친다. 책, 팟캐스트, 뉴스, 동영상 등 우리는 스스로 받아들일 수 있는 수준보다 훨씬 많은 정보를 소비한다. 이렇게 얻어낸 지식으로 무엇을 보여줘야 할까? 머릿속에서 떠올렸거나 우연히 접했던 훌륭한 아이디어들은 실행할 기회를 얻지 못한 채 얼마나 많이 사라지고 말았는가?

우리는 무엇을 해야 하고 어떻게 생각하며 살아야 하는지에 대해 다른 사람들의 의견을 구하는 일에는 아낌없이 투자하지만, 그 지식을 적용해서 우리 것으로 만드는 일에는 그만큼 노력을 기울이지 않는다. 대부분의 경우 우리는 그저 정보를 모으기만 하는 '정보 강박증'에 불과하다. 좋은 의도로 콘텐츠를 쌓아놓지만 오히려 불안감만 키울 뿐이다. 그러한 상황을 바꿀 목적으로 이 책을 썼다. 온라인을 비롯해 여러 미디어에서 소비하는 콘텐츠가 모두 쓸모없다는 말은 아니다. 콘텐츠는 저마다 가치가 있다. 문제는 그 콘텐츠가 필요하지 않은데도 소비할 때가 많다는 사실이다.

열심히 읽고 있는 경영서가 바로 지금 꼭 필요할 확률은 얼마나 될까? 팟캐스트에서 얻은 통찰력을 모두 발휘할 가능성은 얼마나 될까? 수신함에 쌓인 이메일 중에 즉시 처리해야 할 것은 몇 개나 될까? 일부는 지금 신경 써서 처리해야 하겠지만, 대부분은 미래의 어느 시점이 되어야 의미가 있을 것이다.

우리가 중요하게 여기는 정보를 활용하려면 그 정보를 포장해서 미래의 자기 자신에게 보내는 방법이 필요하다. 방대한 지식을 체계적으로 구축할 방법이 필요하다. 그러면 직업을 바꾸거나 중요한 프레젠테이션을 하거나 신상품을 출시하거나 창업을 하거나 가정을 꾸리는 등 중요한 일이 생길 때 바람직한 결정을 내리고 효율적으로 실행하는 데 필요한 지식을 활용할 수 있을 것이다. 이 모든 것은 '기록하기'라는 단순한 행위에서 시작한다.

어떻게 해서 기록하기라는 단순한 습관이 내가 개발한 '세컨드 브레인Second Brain'이라는 시스템으로 나아가는 첫걸음이 되는지 살펴보자.

세컨드 브레인 구축은 개인 지식 관리Personal Knowledge Manage-ment* 분야에서 최근 이루어진 발전에 근간을 둔다. 개인용 컴퓨터는 인간과 기술의 관계에 혁신을 불러일으켰고, 개인 금융은 돈을 관리하는 방식에 변화를 가져왔으며, 개인 생산성은 일하는 방식을 새롭게 바꾸었다. 마찬가지로 개인 지식 관리는 우리가 보유한 지식의 잠재력을 최대한 끌어내 활용하도록 도와준다.

기술 혁신과 차세대 어플들은 우리가 사는 시대를 위한 새로운 기회들을 만들어냈지만, 이 책에서 당신이 찾아낼 교훈은 세월이 흘러도 변치 않는 원칙에 바탕을 두고 있다.

세컨드 브레인 시스템은 다음과 같은 방법을 알려줄 것이다.

- 과거에 배웠거나 접했거나 생각했던 것은 무엇이든 순식간에 찾아내는 방법

---

* 개인 지식 관리, 즉 PKM 분야는 대학생들이 인터넷으로 연결된 도서관에서 접하게 된 막대한 양의 정보를 효율적으로 다루도록 돕기 위해 1990년대에 처음 등장했다. 이는 회사나 조직이 지식을 활용하는 방법을 연구하는 지식 경영(Knowledge Management) 분야와 대응하는 개념이다.

- 프로젝트와 목표를 더욱 일관성 있게 추진하도록 지식을 정리하고 활용하는 방법
- 다시 생각해낼 필요가 없도록 가장 좋은 아이디어를 저장하는 방법
- 서로 다른 영역에 걸친 아이디어들을 연결하고 패턴을 찾아내는 방법
- 작업한 결과물을 더 명확하고 쉽게 공유하는 시스템을 선택하는 방법
- 세부 사항을 파악하고 관리해주는 믿음직한 시스템을 믿고 작업을 잠시 '중단'한 뒤 휴식을 취하는 방법
- 이것저것 검색하는 시간을 줄이고 보다 창의적인 작업에 열중하는 시간을 늘리는 방법

우리와 정보의 관계를 변화시키면 현대의 기술이 기억 장치일 뿐만 아니라 생각하기 위한 도구라는 걸 알게 될 것이다. 정신을 위한 자전거처럼*, 기술을 제대로 이용하는 방법을 터득하는 순간 기술은 인지 능력을 강화하여 혼자 힘으로 하는 것보다 훨씬 빠르게 목표를 향해 속도를 높일 수 있다.

이 책에서는 지식 관리 시스템, 즉 세컨드 브레인을 만들어내는 방법을 배울 수 있다. 이름은 사실 크게 중요하지 않다. 세컨드 브레

---

* 개인용 컴퓨터의 잠재력을 설명하기 위해 스티브 잡스가 이 비유를 처음으로 사용했다.

인이라 부르든, '개인 클라우드'나 '작은 수첩', 또는 '외부 두뇌'라 부르든 상관없다.[*] 무슨 이름으로 부르든 그것은 우리가 사소한 것들을 일일이 머릿속에 담아둘 필요 없이 해야 할 일에 집중하며 살아가도록 소중한 추억과 아이디어, 지식을 저장하는 디지털 기록보관소이다. 주머니에 쏙 들어가는 개인 도서관처럼 세컨드 브레인이 있으면 기억하고 싶은 걸 모두 떠올릴 수 있으므로 원하는 어떤 것이든 성취할 수 있다.

개인 지식 관리는 오늘날 세계에서 가장 놀라운 기회이자 근본적인 도전 중 하나이다. 사람들은 머릿속으로 점점 더 많이 쏟아져 들어오는 방대한 정보를 관리할 시스템이 절실하다. 학생과 직장인, 기업가와 관리자, 엔지니어와 작가, 그리고 자신이 소비하는 정보와 더욱 생산적이면서 힘이 되는 관계를 구축하고 싶은 사람들 모두 이러한 시스템을 필요로 한다.

기술을 활용하고 정보 흐름에 숙달하는 법을 배우는 사람은 마음먹은 것은 무엇이든 성취할 힘을 갖게 될 것이다. 반면 취약한 생물학적 두뇌의 기억에 계속 의존하는 사람은 삶이 발전하고 복잡해지면서 더욱더 힘들어질 것이다.

나는 위대한 유산을 남긴 작가와 예술가, 사상가들이 무엇인가

---

[*] 이러한 시스템을 일컫는 다른 용어로는 저명한 사회학자 니클라스 루만(Niklas Luhmann)이 고안한 '제텔카스텐(Zettelkasten, 독일어로 '메모 상자'란 뜻)', 미국의 발명가 바네바 부시(Vannevar Bush)가 만든 '메멕스(Memex)', 유명 크리에이터 앤 로어 르 컴프(Anne-Laure Le Cunff)가 명명한 '디지털 가든(Digital Garden)' 등이 있다.

를 창조하는 과정을 어떻게 관리했는지 수년간 연구했다. 그리고 타고난 인지 능력을 확장하고 강화하기 위해 기술을 어떻게 활용할 수 있는지 조사하며 무수히 많은 시간을 보냈다. 오늘날 정보 이해에 쓰이는 도구, 비결과 기술을 직접 사용해보기도 했다. 이 책은 전 세계 수만 명에게 아이디어의 잠재력을 실현하는 방법을 가르치며 알아낸 최고의 통찰력을 추출하여 보여줄 것이다.

세컨드 브레인을 언제든 활용할 수 있도록 구축해놓는다면, 아직 빛을 발하지 못한 당신의 장점과 창의적인 본능이 품은 잠재력을 마음껏 발휘할 수 있을 것이다. 중요한 일을 잊어버리지 않도록 도와주고 저력을 마음껏 펼치게 하는 시스템을 가질 것이다. 예전만큼 스트레스에 시달리지 않고도 더 적은 노력으로 더욱 많이 일하고 배우고 창조할 수 있을 것이다.

1장에서는 내가 세컨드 브레인을 어떻게 구축했는지 이야기하고, 또 그 과정에서 얻은 교훈을 통해 당신도 혼자 힘으로 세컨드 브레인을 구축할 수 있도록 안내하겠다.

차례

1부 유한에서 무한으로,

새로운 가능성의 시작

1장
_ 한계와 제약을 뛰어넘다

머리는 아이디어를 생각하는 곳이지
보관하는 곳이어선 안 된다.

- 데이비드 앨런, 생산성 분야의 권위자 -

대학 3학년이던 어느 날, 뚜렷한 이유 없이 목구멍이 아프기 시작했다. 독감에 걸렸다고 생각했지만 의사는 병의 징후를 찾을 수 없었다. 이후 몇 달에 걸쳐 통증이 서서히 악화하자 다른 전문의들을 찾아다니며 진료를 받았다. 의사들은 모두 내 몸에 아무런 문제가 없다는 진단을 내렸다. 하지만 통증은 견딜 수 없을 정도로 심해져 목소리를 내거나 음식물을 삼키거나 웃기도 힘들었다. 받을 수 있는 진단 검사를 빠짐없이 다 해봤고 왜 이렇게 고통스러워해야 하는지에 대한 답을 필사적으로 찾아 헤맸다.

몇 달, 몇 년이 지나자 언젠가는 이 고통을 없앨 수 있을 거라는 희망이 점점 사라지기 시작했다. 강력한 항발작제를 복용하기 시작하자 통증은 일시적으로 완화됐지만, 온몸의 감각이 마비되고 심각한 단기 기억상실증이 나타나는 등 끔찍한 부작용에 시달렸다. 이 기간에 떠난 여행, 읽은 책, 사랑하는 사람들과 쌓은 소중한 추억은 애당초 그런 일이 없었다는 듯 기억에서 깨끗이 사라졌다. 나는 여든 살 노인처럼 마음이 늙어버린 스물네 살 청년이었다.

나를 표현하는 신체 능력이 계속 저하하면서 좌절감은 절망으로 바뀌었다. 자유롭게 말할 수 없다 보니 우정을 쌓고 데이트를 하고 여행을 떠나며 직업을 찾는 것 등 인생에서 즐길 수 있는 많은 것이 슬금슬금 빠져나가는 느낌이 들었다. 공연을 시작할 기회가 오기도 전에 인생이라는 무대의 막이 내리는 듯했다.

어느 날, 또 다른 진료실에 앉아 진찰을 기다리던 중 갑작스레 뭔가 깨달았다. 내가 지금 교차로에 와 있다는 생각이 순간 머릿속을 스쳐 지나갔다. 나의 건강과 치료에 책임을 지고 적극적으로 나서거나, 해결 방법을 찾을 가망 없이 병원만 전전하며 여생을 보내거나 둘 중 하나를 선택해야 했다.

기록의 힘을 발견하다

이대로 병원을 전전하며 희망 없는 삶을 살 수는 없다는 생각에 수첩을 꺼내서 지금 기분이 어떻고 무슨 생각을 하고 있는지 적어나갔다. 나 자신의 관점과 표현을 써서 내 병력을 처음으로 자세히 글로 옮겼다. 지금까지 도움이 되었거나 별 효과가 없었던 치료법들을 목록으로 정리했다. 원하는 것과 필요하지 않은 것, 기꺼이 희생할 수 있는 것과 도저히 양보할 수 없는 것, 그리고 내가 갇힌 이 고통스러운 세상을 벗어나는 일이 어떤 의미인지도 썼다.

현재의 건강 상태 기록이 종이 위에서 구체적으로 형태가 갖춰지자 지금 뭘 해야 하는지 깨달았다. 나는 벌떡 일어나 접수원에게 진료 기록을 모두 달라고 요청했다. 접수원은 어리둥절한 표정으로 몇 가지 질문을 던졌고, 내 대답을 듣자 파일을 찾아 해당 부분을 복사하기 시작했다. 진료 기록은 수백 페이지에 달했으므로 종이 문서로는 원하는 정보를 절대 찾을 수 없으리란 걸 알았다. 그래서 집에 있는 컴퓨터로 진료 기록을 한 페이지씩 모두 스캔하여 필요한 부분을 검색하고 순서를 재배열하고 주석을 달고 공유할 수 있는 디지털 기록으로 만들었다. 그리고 내가 앓는 병을 관리하는 프로젝트 매니저가 되어 의사들이 알려준 사항을 빠짐없이 자세하게 메모했고, 의사들이 권한 방법을 모두 실천했으며, 다음 진료 때 확인할 질문거리를 만들었다.

모든 정보를 한곳에 모으자 특정한 패턴이 눈에 들어왔다. 의사들의 도움을 받아 나는 '기능성 발성 장애functional voice disorders'라는 고통스러운 증상 유형을 찾아냈다. 여기에는 음식을 삼킬 때 필요한 50쌍 이상의 근육 중 어딘가에 문제가 있다는 사실도 포함되어 있었다. 그동안 복용하던 약 때문에 신체 증상이 겉으로 나타나지 못했고, 그러다보니 신체 증상이 보내던 경고를 알아채기 더 힘들었다는 걸 깨달았다. 나를 괴롭히던 건 알약 하나로 단번에 치료할 수 있는 질병이나 감염이 아니라 전반적인 신체 기능 상태였으며, 내 몸을 보살피는 방법에 변화가 필요했다.

호흡, 영양, 발성 습관, 심지어 어린 시절에 겪었던 일이 어떻게 신경계로 발현할 수 있는지 조사하기 시작했다. 그러자 심신 상관성mind-body connection, 즉 내 몸이 느끼는 방식에 생각과 감정이 어떻게 영향을 주는지 알 수 있었다. 배운 것을 빠짐없이 메모하며 한 가지 실험을 고안했다. 치료사에게 배운 발성 연습을 꾸준히 하면서 식단을 개선하고 규칙적으로 명상하는 등 간단한 생활습관 몇 가지에 변화를 주었다. 놀랍게도 그 방법은 실천하자마자 효과가 나타났다. 통증은 남아 있었지만, 훨씬 더 견딜 만했다.

돌이켜보면 그 당시 썼던 메모는 약이나 수술만큼 내 고통을 완화하는 데 중요한 역할을 했다. 그 메모 덕분에 내 상태에 관한 지엽적인 내용에 치우치지 않고 한 발짝 물러나서 내가 처한 상황을 다른 관점으로 바라볼 수 있었다. 의학이라는 외부 세계와 감각이라는 내부 세계 모두에서 그 메모는 내가 접한 새로운 정보를 효과적인 해결 방안으로 바꿔주는 실용적인 매개체였다.

그때부터 나는 주변의 모든 정보를 저장하고 관리하는 기술이 지닌 잠재력에 푹 빠졌다. 컴퓨터를 이용해 메모하는 단순한 행동은 빙산의 일각에 불과하다는 걸 깨달았다. 일단 디지털 정보로 전환되면 메모는 더 이상 손으로 마구 휘갈겨 쓴 짧은 글에 한정되지 않았다. 디지털 메모는 이미지와 링크, 온갖 형식과 크기의 파일을 비롯하여 어떤 형태든 갖출 수 있었다. 디지털 영역에서 정보는 어떤 목적이든 그에 따라 만들어지고 형태를 갖춘 후 다른 곳으로 전송될 수 있었다.

나는 일상생활에서도 디지털 메모 기록을 시작했다. 학기 중에는 어지럽게 쌓인 스프링 노트들을 보기에도 편하고 검색도 가능한 강의 모음집으로 탈바꿈시켰다. 수업시간에 배운 가장 중요한 요점만 필기하고 필요할 때마다 복습했으며, 에세이를 작성하거나 시험에 통과하기 위해 그 요점을 활용해 공부하는 과정을 학습했다. 그 전의 나는 평범한 학생이었고 성적도 평균 수준이었다. 어렸을 때 선생님들은 집중 시간이 짧고 수업시간에 딴생각을 한다는 의견을 적은 성적표를 손에 들려주곤 했다. 그랬던 내가 우등상을 받고 대학을 졸업했으니 얼마나 기뻐했을지 상상할 수 있을 것이다.

하지만 졸업할 당시 취업시장은 2008년 금융위기의 여파로 최악의 상황이었다. 미국에서 취직하기란 하늘의 별 따기였으므로 청년들을 개발도상국으로 파견하는 해외 자원봉사 프로그램인 '평화봉사단'에 들어가기로 했다. 우크라이나 동부의 조그만 학교로 배정받았고, 8세에서 18세에 이르는 현지 학생들에게 2년간 영어를 가르쳤다.

교육에 필요한 자원을 구하기 힘들고 지원도 거의 받지 못하는 상황에서 내가 만든 기록 시스템은 다시 한 번 생명줄이 되었다. 나는 다른 교사들이 준 교재, 웹사이트, USB 드라이브 어디서든 수업 내용과 연습문제 예시들을 찾아 저장했다. 다음으로는 수업시간에 쓸 영어 구절과 표현, 속어를 뒤섞고 서로 연결하여 단어 게임을 만들어 개구쟁이 학생들이 수업에 계속 몰입하게 했다. 고학년 학생들에게는 개인 생산성을 관리하는 기본 원칙, 즉 일정을 준수하는 방법과 수업시간에 필기하는 법, 목표를 세우고 그에 따른 학습 계획을 짜는 법을 가르쳤다. 그 아이들이 자라서 대학에 지원하고 취업에 성공했을 때 내게 얼마나 고마워했는지 절대 잊지 않을 것이다. 오랜 세월이 흘렀지만 지금도 아이들에게서 감사 메시지를 받는다.

내가 가르친 생산성 향상 기술이 그들의 삶에서 계속 결실을 보고 있기 때문이다.

2년 후 미국에 돌아와 샌프란시스코의 작은 컨설팅 회사에 애널리스트로 취직했을 때는 뛸 듯이 기뻤다. 그런데 막상 직장생활을 시작하자 잔뜩 흥분한 만큼 커다란 도전에 직면했다. 눈코 뜰 새 없이 업무가 진행되어 따라잡기 버거웠던 것이다. 우크라이나 시골 마을을 떠나자마자 실리콘밸리의 중심지로 직행한 나는 끊임없이 쏟아지는 인풋에 전혀 준비되어 있지 않았다. 그건 현대사회의 직장에서 일상적으로 벌어지는 일이었다. 이메일은 수백 통씩 쌓였고, 모든 전자기기에서 시도 때도 없이 울리는 알림 소리는 끊임없이 집중을 방해했다. 그때 동료들을 둘러보며 궁금해했던 기억이 난다. "어떻게 이런 데서 일을 할 수 있을까? 도대체 비결이 뭐지?"

그때 내가 알고 있던 비결은 단 한 가지였다. 나는 다시 기록하는 일을 시작했다. 컴퓨터에 설치된 메모 앱을 이용해 회사에서 배우는 걸 모두 기록했다. 회의 시간에도, 전화 통화 중에도, 인터넷으로 조사하는 동안에도 계속 메모했다. 고객에게 발표할 슬라이드에 인용할 만한 내용을 보고서에서 찾아 기록했다. 노련한 동료들의 피드백도 완전히 이해하고 마음에 새겨두고 싶어서 메모하고 저장했다. 새로운 프로젝트를 시작할 때마다 컴퓨터에 프로젝트 정보 관리를 할 전용 장소를 만들었다. 그 저장소에서 모든 정보를 검토하고 실행 계획을 세울 수 있었다.

쉴 새 없이 밀려오던 정보의 파도가 잠잠해질 무렵, 이제는 필요한 정보를 적시에 정확히 찾아낼 수 있다는 자신감이 생겼다. 동료 직원들은 특정 파일을 찾거나 어떤 사실을 밝혀내거나 고객이 3주 전에 했던 말을 정확히 기억해야 할 때 가장 먼저 나를 찾아 도움을 청했다. 중요한 세부 사항을 속속들이 기억하는 사람이 사무실에서 당신밖에 없을 때 그 뿌듯한 느낌이 어떤지 아는가? 그 느낌은 내가 아는 중요한 가치를 활용하려고 개인적으로 추구한 일로 받은 포상이었다.

공유의 힘을 발견하다

지금까지는 수집한 메모와 파일을 개인적인 용도로만 사용했다. 하지만 세계에서 가장 중요한 몇몇 기관을 위한 컨설팅 프로젝트에서 일하다보니 기업 자산이 될 수도 있겠다는 생각이 들었다. 회사에서 발표한 보고서를 읽다가 미국의 토지, 기계, 건물 같은 물적 자본의 가치는 10조 달러에 달하지만, 인적 자본의 총 가치에 비하면 하늘과 땅 차이라는 걸 발견했다. 인적 자본은 물적 자본의 10배 이상 더 크다. 인적 자본에는 '인간에게 구체화하여 나타난 지식과 노하우, 즉 교육, 경험, 지혜, 기술, 인간관계, 상식, 직관력' 등이 포함된다.

그게 사실이라면 내가 개인적으로 수집한 메모는 시간이 흐르면서 확장되고 혼합되는 지식 자산이었을까? 그 당시 아직 이름을 짓지 않았던 내 세컨드 브레인은 메모 작성 도구일 뿐만 아니라 성실하고 절친한 친구이자 생각을 나누는 파트너로 보이기 시작했다. 깜박 잊어버리면 세컨드 브레인이 늘 기억했다. 길을 잃으면 현재 어디로 가고 있는지 다시 한 번 알려주었다. 아이디어가 떠오르지 않아 쩔쩔매고 있으면 다른 가능성과 길을 제시했다.

하루는 동료 몇 명이 정리 방법을 가르쳐달라고 부탁했다. 그들은 메모지나 스마트폰 앱 같은 도구를 사용하고 있었지만 체계적으로 사용하는 사람은 거의 없었다. 아무 생각 없이 정보를 이곳저곳으로 옮겼고 그때그때 상황에 임기응변으로 대응했으며 그 정보를 다시 찾을 수 있으리라고는 전혀 생각하지 않았다. 생산성 관리 앱은 새로 출시될 때마다 획기적인 미래를 약속했지만 신경 써서 관리해야 하는 또 하나의 애물단지로 전락하는 일이 흔했다.

우리는 함께 북클럽을 만들기로 의견을 모았다. 북클럽은 나중에 워크숍으로 커졌다가 마침내 일반 대중을 대상으로 한 유료 강좌로 발전했다. 내 노하우를 전수받은 사람들의 일과 삶이 변화하는 모습을 보자 내가 매우 특별한 것을 발견했다는 생각이 점점 분명해졌다. 만성질환을 직접 관리해봤던 덕분에 나는 문제를 해결하는 법, 특히 먼 미래가 아닌 지금 결과를 도출하는 데 알맞은 정리 방식을 알고 있었다. 그 방식을 삶의 다른 영역에도 적용하자 다양한 프로젝트 혹은 목표 달성을 위해 정보를 통합적으로 정리하는 방법이 보였다. 게다가 그 정보를 일단 손에 넣으면 도움이 필요한 주변 사람들과 쉽게 공유할 수 있었다.

세컨드 브레인 시스템의 태동

나는 내가 개발한 시스템에 '세컨드 브레인'이라는 이름을 붙였고, 블로그를 개설하여 세컨드 브레인의 작동 방식에 관한 아이디어를 공유했다. 그 아이디어는 예상보다 훨씬 큰 반향을 불러일으켰으며, 《뉴욕타임스》, 《하버드 비즈니스 리뷰》, 《아틀란틱》, 《패스트 컴퍼니》, 《인코퍼레이티드》 등 여러 언론에 소개됐다. 창의력 향상을 위해 디지털 메모를 활용하는 방법에 대해 쓴 글은 생산성 향상에 관심 있는 커뮤니티의 입소문을 탔다. 제넨테크, 토요타, 미주개발은행처럼 영향력 있는 대기업들의 초대를 받아 강연했고 워크숍에서 직원들을 가르쳤다. 2017년 초에는 시스템 사용법을 더 많은 사람에게 가르치기 위해 '세컨드 브레인 구축하기'라는 온라인 과정을 개설했다. 그 후 몇 년 동안 이 과정은

100개 이상의 국가에서 수료생을 수만 명 배출했으며, 열정적이고 호기심 가득한 커뮤니티가 만들어진 덕분에 이 책에 담긴 내용이 더욱 다듬어지고 정교해졌다.

앞으로 두세 장에 걸쳐 어떻게 해서 세컨드 브레인이 역사적인 사상가와 창작자, 작가, 과학자, 철학자, 지도자, 그리고 더 많이 기억하고 성취하려 애썼던 평범한 사람들이 오랜 세월에 걸쳐 물려준 유산인지를 살펴볼 것이다. 다음으로는 성공가도를 달릴 준비를 할 때 필요한 기본 원칙과 도구 몇 가지를 소개하겠다. 이어서 2부에서는 아이디어를 즉시 수집하여 좀 더 목적의식을 갖고 공유하도록 세컨드 브레인을 구성할 때 따라야 할 네 가지 단계를 알려주고, 3부에서는 생산성을 강화하고 목표를 달성하며 일터에서 승승장구하고 번성하는 삶을 살기 위해 세컨드 브레인을 활용하는 효과적인 방법을 제안할 것이다.

이 책은 어떤 이상적이고 완벽한 삶을 누려야 한다는 주장을 하려는 게 아니다. 모든 사람은 인생의 어느 순간 고통을 느끼고 실수를 저지르며 힘겹게 나아간다. 나 역시 어려운 도전을 여러 번 겪었지만, 그동안 걸어온 여정의 각 단계에서 내 생각을 마치 소중히 보관해야 하는 보물처럼 대한 것이 내가 극복하고 성취한 모든 것의 핵심 요소였다.

이 책은 유용한 정보와 도움이 되는 지식이 담겨 있다는 점에서 '자기계발서'의 범주에 들어가겠지만, 더 깊이 들여다보면 자기계발과 정반대 개념에 속하기도 한다. 우리 내부를 '계발'하는 것이 아니라 외부에 있는 시스템, 즉 우리가 가진 한계와 제약에 영향 받지 않는 시스템을 최적화하여 만들자는 내용이기 때문이다. 우리는 스스로 한계를 넘어 최적화될 필요 없이 자유롭게 세상을 탐색하고 궁금해하며, 순간순간 지금 살아 있다고 느끼게 하는 것이 있다면 그게 무엇이든 그쪽을 향해 천천히 발걸음을 옮길 수 있다.

2장
_ 더 큰 성취를
가능케 하다

우리는 두뇌를 기계처럼 회전시키거나
근육처럼 부풀리는 게 아니라,
이 세상에 풍부한 재료를 뿌린 후
생각으로 엮어내어 한계를 뛰어넘는다.

― 애니 머피 폴, 과학 저널리스트 ―

정보는 우리가 하는 모든 일의 핵심 구성 요소이다. 회사에서 프로젝트를 추진하거나 직장을 옮기며 새로운 기술을 배우고 창업하는 등, 성취하고 싶은 일이 있다면 올바른 정보를 찾아 활용해야 한다. 전문가로서의 성공과 삶의 질은 정보를 효율적으로 관리하는 능력에 달려 있다.

《뉴욕타임스》에 따르면 오늘날 일반인이 하루에 소비하는 정보는 자그마치 34기가바이트에 달한다고 한다. 다른 연구에서는 우리가 매일 신문 174부에 해당하는 분량의 콘텐츠를 소비한다고 추산하는데, 이렇게 쏟아지는 정보의 홍수는 우리에게 힘을 실어주기는커녕 오히려 주눅 들게 할 때가 많다. '정보 과부하'는 '정보 탈진'으로 이어져 인간의 정신 자원에 큰 부담이 되고, 우리는 뭔가 잊고 있는 건 아닌지 끊임없이 불안해한다. 인터넷을 통해 세계 곳곳의 지식에 즉시 접근하게 되면서 교육이 강화되고 정보 공유가 원활해졌어야 하지만, 오히려 사회 전반에 걸쳐 관심의 부족을 초래하고 말았다.*

마이크로소프트의 연구 결과, 미국에서 일하는 직장인들은 엉뚱한 곳에 보관된 메모나 물건, 파일을 찾느라 1년에 76시간을 사용한다. 또 미국의 시장분석기관인 인터내셔널 데이터 코퍼레이션International Data Corporation의 보고서에 따르면 지식 노동자는 업무 시간의 평균 26퍼센트를 다양한 시스템에 분산 저장된 정보를 찾고 통합하는 데 쓴다. 심지어 필요한 정보를 실제로 찾아내는 경우는 56퍼센트에 불과하다. 다시 말해, 주 5일 동안 근무하는 사람의 경우 그중 하루 이상을 필요한 정보를 찾느라 허비하는데 그렇게 해도 찾지 못할 때가 절반에 달한다.

이제는 구석기시대에나 통할 기억 방식을 업그레이드해야 할 때이다. 알아둬야 하는 걸 내 '머리에' 모두 저장할 수 없다는 사실을 인정하고, 기억하는 일을 지능형 기계에 위탁해야 할 때가 왔다. 현대생활에서 오는 인지 욕구가 매년 증가한다는 사실도 인식해야 한다. 하지만 우리는 아직도 20만 년 전 현생 인류가 처음 등장했을 때와 똑같이 두뇌를 사용하고 있다.

---

* 미국의 경제학자이자 인지심리학자인 허버트 사이먼(Herbert Simon)은 "정보가 소비하는 것은 꽤 명백하다. 정보는 그 정보를 받는 사람의 관심을 소비한다. 그러므로 정보가 풍부해지면 오히려 관심이 부족해지고 만다"라고 했다.

어떤 사물을 생각해내려 애쓸 때 소비하는 에너지는, 새로운 것을 발명하고 이야기를 만들어내고 패턴을 인식하고 직관에 따르고 다른 사람들과 협력하고 새로운 문제를 조사하고 계획을 세우고 이론을 테스트하는 것처럼 인간만이 할 수 있는 생각을 하는 데 쓰는 에너지와는 다르다. 해야 할 일을 동시에 처리하느라 요리와 자기관리, 취미 생활과 휴식, 사랑하는 이들과 함께 보내는 여가생활처럼 더 의미 있는 활동을 즐길 시간이 줄어든다.

한 가지 숨은 문제가 있다. 기술 활용 방식이 변하려면 사고방식도 변해야 한다. 즉, 세컨드 브레인의 힘을 제대로 활용하려면 정보와 기술, 심지어 자기 자신과의 관계도 새로 설정해야 한다.

비망록의 역사와 디지털 비망록

현재 시대를 꿰뚫어 보는 통찰력을 얻으려면 다른 시대에는 무엇이 효과가 있었는지 알 필요가 있다. 실제로 자신의 생각과 메모를 기록하는 관행은 역사가 오래되었다. 수백 년 동안 레오나르도 다빈치에서 버지니아 울프, 존 로크, 옥타비아 버틀러에 이르기까지 수많은 예술가와 지식인은 흥미롭다고 생각한 아이디어를 항상 소지하고 다니던 노트에 기록했다. 이것이 비망록commonplace book*이다.

비망록은 정보 과부하 이전 18세기부터 19세기 초반 산업혁명

---

* 'commonplace(인용할 가치가 있는 중요한 문장)'라는 단어의 유래는 고대 그리스 시대까지 거슬러 올라간다. 그 당시 법정이나 정치 집회의 연사는 쉽게 참고할 수 있도록 '공공장소(common place)'에 주장에 대한 논거를 모아 두었다.

기간에 대중화되었으며 개인적인 상념을 적어두는 일기나 수첩 이상의 존재였다. 당시 지식층에게는 급변하는 세상과 그 안에서 자신의 위치를 이해하기 위한 학습 도구이기도 했다.

역사학자이자 하버드대학 도서관장이었던 로버트 단턴Robert Darnton은 저서 《책의 미래》에서 비망록의 역할에 대해 다음과 같이 설명한다.

> 이야기의 흐름을 처음부터 끝까지 따라가는 현대 독자들과는 달리, 근대 초기 영국인들은 책을 끝까지 읽지 않고 띄엄띄엄 읽거나 이 책 저 책을 동시에 읽곤 했다. 그들은 내용의 일부를 발췌한 다음 노트의 서로 다른 부분에 옮겨 적어 새로운 패턴을 만들었다. 그런 식으로 발췌문을 계속 추가하며 내용을 다시 읽고 패턴을 재배열했다. 따라서 독서와 작문은 분리할 수 없는 활동이었다. 세상은 부호로 가득했으므로 그 두 가지 활동은 사물을 이해하기 위해 계속해야 하는 노력의 일환이었다. 사람들은 책을 읽으며 이 세상을 이해했고, 읽은 내용을 기록하여 자신만의 개성이 드러나는 책을 만들었다.[*]

비망록은 지식층이 세상과 교류하는 관문 역할을 했다. 그들은

---

[*] 개인적인 글을 기록하고 보관하는 관행은 다른 나라에서도 나타났다. 한자 문화권에 속하는 한국, 중국, 일본은 모두 같은 한자 어원인 '수필(隨筆)'을 사용했다. 뜻 그대로 형식에 구애되지 않고 '붓 가는 대로' 개인의 생각이나 느낌을 적은 산문이다.

비망록의 도움을 받아 대화했고, 다른 자료에서 얻은 단편적인 지식을 연결하여 자기 생각에 영감을 불어넣었다.

우리는 과거의 비망록에 해당하는 현대의 기록물을 이용해 동일한 혜택을 누릴 수 있다. 오늘날 미디어 분야는 최근 논쟁 중인 정치 현안, 유명 연예인의 스캔들, 한창 유행하는 인터넷 콘텐츠처럼 '새롭고 대중적인' 현상을 주로 다룬다. 비망록이 부활하면 최신 유행에 치우친 흐름을 저지하고 나와 정보의 관계를 '변치 않고 사적인' 관계로 전환할 수 있다.

콘텐츠를 무한정으로 소비하는 대신, 좀 더 인내심을 갖고 신중하게 아이디어가 함축한 내용을 천천히 읽어보고 재구성하고 처리하는 방식을 택할 수 있다. 이렇게 하면 중요한 주제를 놓고 좀 더 정중하게 토론할 뿐만 아니라 정신건강을 지키고 산만한 집중력도 치유할 수 있다.

단순히 과거로 회귀하자는 말은 아니다. 이제는 비망록 작성 방식을 현대사회에 맞춰 업데이트할 수 있다. 그 유서 깊은 문화를 훨씬 유연하고 편리하게 바꿀 방법이 있다.

메모와 기록이 디지털화되면 어떤 기기에서든 검색하거나 정리할 수 있고 동기화되며 클라우드에 백업해 안전하게 보관할 수 있다. 나중에 다시 찾을 수 있기를 바라며 종이 위에 아무렇게나 메모하지 않고, 어디를 찾아봐야 하는지 바로 알도록 '지식 보관실'을 구축할 수 있다.

작가 겸 사진작가인 크레이그 모드Craig Mod는 "여백에 채워 넣 **035**

은 글marginalia*을 하나로 통합하여 훨씬 더 풍부한 내용을 담은 비망록으로 만들 수 있다. 언제든지 이용할 수 있으며 검색할 수 있고 쉽게 공유할 수 있는, 우리에게 익숙한 디지털 문서 형태의 비망록이다"라고 썼다.

이 디지털 비망록이 바로 세컨드 브레인이다. 세컨드 브레인이란 학습 노트와 다이어리, 새로운 아이디어를 구상하는 스케치북의 조합과 같다. 세컨드 브레인은 시간이 흐르며 바뀌는 요구사항에 따라 변화하는 다목적 도구이다. 학교에서 수강 중인 강좌의 내용을 필기하는 데 사용하거나 직장에서 프로젝트를 준비할 때 쓸 수 있다. 집안 살림을 꾸려나가는 일에도 유용하게 쓰인다.

어떻게 사용하든, 세컨드 브레인은 한 번만 사용하고 버리는 게 아니라 학습과 성장에 평생 도움이 되도록 설계된 개인 지식 모음이다. 다른 사람들과 생각을 공유하기 전에 혼자 구체적으로 발전시키고 정제할 수 있는 실험실이다. 외부 세계에서 사용할 준비가 될 때까지 아이디어를 마음껏 가공할 수 있는 작업실이며, 아이디어를 먼저 스케치한 뒤 다른 사람들과 협업하여 구체화할 수 있는 화이트보드이다.

우리가 이미 디지털 도구를 자연스럽게 사용하여 머릿속 한계를 넘어 생각을 확장시키고 있다는 사실을 깨닫는다면 어디에서든 세컨드 브레인을 발견할 수 있을 것이다. 가령 캘린더 앱은 중요한

---

　　* 'Marginalia'란 책이나 문서의 여백에 적어놓은 낙서나 의견, 감상, 소감 등을 일컫는다.

일정을 기억하는 뇌의 능력을 확장하여 약속을 잊지 않게 한다. 스마트폰은 의사소통 능력을 확대하여 당신 목소리가 바다 건너 머나먼 대륙까지 닿게 한다. 클라우드는 뇌의 기억 용량을 확장하여 수천 기가바이트에 달하는 정보를 저장하고 우리가 어디에 있든 편리하게 이용하도록 한다.* 이제는 디지털 메모를 우리의 사용 목록에 추가하고 기술을 활용해서 타고난 능력을 강화할 때이다.

---

* 스마트폰을 잃어버리거나 인터넷에 접속할 수 없을 때의 단절감이나 당혹스러움을 떠올려보라. 마치 내 일부를 잃어버린 느낌이 들지 않은가? 그것은 외부 도구가 당신의 머리를 확장했다는 신호이다. 2004년 안젤로 마라비타와 이리키 아츠시가 밝혀낸 사실에 따르면, 원숭이와 인간이 갈퀴를 써서 물체를 자기 쪽으로 끌어오듯이 어떤 도구를 계속 사용하여 손이 닿는 영역을 확장하면 뇌의 특정 신경망은 이 새로운 도구를 신체에 포함하도록 몸의 '지도'를 수정한다. 이 연구 결과는 외부 도구가 우리의 태생적 한계를 확장할 수 있으며, 실제 그렇게 할 때도 많다는 견해를 뒷받침한다.

메모의 재발견:
지식 블록으로서의 가치

지난 몇 세기 동안 비망록은 자신의 글이나 연구를 통합 관리해야 할 이유가 있는 작가, 정치가, 철학자, 과학자 같은 엘리트 지식층에게 특히 유용했다. 요즘은 거의 모든 사람에게 정보를 효율적으로 관리할 방법이 필요하다. 오늘날 전체 노동자의 절반 이상이 지식 노동자이다. 방대한 정보를 다루며 대부분 시간을 보내는 이들에게는 지식이 가장 중요한 자산이다. 사실 직업이 무엇이든 간에 현대사회에서는 모두 참신한 아이디어를 짜내야 하고 까다로운 문제를 해결하며 다른 사람들과 효율적으로 소통해야 한다. 이런 일들을 가끔이 아니라 자주, 그리고 확실히 해내야 한다.

038   그렇다면 지식은 어디에 존재하는가? 지식을 만들거나 찾아내

면 그 지식은 어디로 가는가? '지식'은 학자와 교수만 사용하는 고상한 개념 같지만 실질적인 차원에서 보면 지식은 '메모하기'라는 단순하고 오래된 관습에서 생겨난다.

대부분 사람들에게 메모의 개념은 학교에 다닐 때 형성된다. 시험에 나올 테니 잘 적어두라는 말을 당신도 들어봤을 것이다. 이 말은 시험이 끝나는 순간, 메모한 내용을 두 번 다시 찾아보지 않겠다는 뜻이다. 학습은 근본적으로 한 번 쓰고 버리는 것으로 취급되었고, 학습으로 얻은 지식을 장기적으로 활용할 의도 따위는 없었다. 하지만 전문가의 세계로 들어서면 메모에 관한 요구는 완전히 바뀐다. 학교에서 배운 메모 방식은 시대에 뒤떨어질 뿐더러 지금 필요한 것과는 정반대 방식이다.

전문가의 세계에서 메모는 다음과 같다.

- 무엇을 메모해야 할지 명확하지 않다.
- 메모한 내용이 언제, 어떻게 사용될지 아무도 알려주지 않는다.
- '테스트'는 어느 때든, 어떤 형태로든 실시될 수 있다.
- 메모를 잘 했다면 언제든지 참조할 수 있다.
- 메모만 반복하지 말고 그에 따라 실행해야 한다.

전문가가 해야 하는 메모 방식은 학교에서 배운 방식과 전혀 다르다. 이제는 시험 준비와 별 의미 없는 낙서를 떠나 훨씬 더 흥미롭고 역동적인 것으로 메모의 위상을 높일 때이다. 현대사회의 전문가로서 메모하려면 메모는 '지식 빌딩 블록knowledge building block'이 되어야 한다. 이것은 자기만의 고유한 관점으로 정보를 해석해서 외부에 저장하는 개별 단위이다. 중요한 깨달음을 얻은 책이나 기사의 일부 구절, 인터넷에서 내려 받은 사진이나 이미지, 어떤 주제에 대해 두서없이 떠오른 생각을 정리한 목록 등도 메모에 포함된다. 감동을 준 영화 대사 한 문장부터 책에서 발췌한 긴 글까지도 메모에 포함될 수 있다. 길이와 형식은 중요하지 않다. 어떤 콘텐츠가 나만의 관점으로 해석되고 취향에 따라 엄선되며 나만의 언어로 해석된다면, 혹은 인생 경험에서 끌어내어 안전한 장소에 저장된다면 메모가 될 자격이 충분하다.

지식 블록은 개별적인 조각이다. 독자적으로 존재하며 각자 고유한 가치를 지니고 있지만 서로 결합하면 보고서, 제안서, 스토리처럼 훨씬 더 훌륭한 개체로 거듭날 수 있다. 어렸을 때 가지고 놀던 레고 블록처럼 빠르게 찾고 꺼내어 움직여보고 조립하고 또 재조립하는 과정에서 새로운 형태로 만들 수 있다. 무에서 유를 창조하는 것이 아니다. 일단 한 번 메모를 만들고 나면, 그 다음부터는 메모를 이리저리 뒤섞어보고 여러 조합으로 엮어보는 것으로 충분하다. 어느 순간 짠 나타나는 것이 있을 것이다.

기술의 역할은 더 효율적으로 메모하게 하는 일에만 그치지 않는다. 기술은 메모의 진정한 본질을 변화시킨다. 훼손되거나 잃어버리기 쉽고 검색도 할 수 없는 포스트잇이나 메모지에 생각을 적어둘 필요가 없다. 언제나 기록할 수 있고 어디서나 접속할 수 있는 클라우드가 우리의 새로운 메모지이다. 더 이상 우리 생각을 꼼꼼하게 목록으로 만들어 종이에 옮겨 적느라 시간을 낭비할 필요도 없다. 다만 지식 블록을 수집하고 그것들이 나중에 무엇이 될지 상상해보기만 하면 된다.

두 개의 뇌 이야기

세컨드 브레인이 없는 사람과 있는 사람이 보내는 하루의 모습을 그려보겠다. 이 두 가지 이야기 중에서 어느 쪽이 더 익숙하게 들리는지 확인해보자.

월요일 아침 니나는 잠에서 깬다. 미처 눈을 뜨기도 전에 머릿속으로 복잡한 생각이 물밀 듯이 밀려온다. 처리해야 할 일, 생각해야 할 일, 결정해야 할 일로 차고 넘친다. 주말 내내 부글부글 들끓었던 잠재의식 깊은 곳에서 그 모든 생각이 세차게 밀려온다.

출근 준비를 하는 동안 머릿속에서 온갖 생각이 끊임없이 소용돌이친다. 마치 불안하게 짹짹거리는 조그만 새들이 머리 주위를 푸드덕거리며 빙빙 도는 듯하다. 내려앉을 곳이 아무 데도 없기 때문이다. 지금 어떤 것에 집중해야 하고 무엇을 놓치고 있는지 고민하는 동안 마음속에서 윙윙대는 불안한 소리가 들려온다.

정신없이 바쁜 아침이 지나고 드디어 본격적으로 일을 시작하려 책상에 앉아 이메일 수신함을 연다. 그 순간 쏟아지는 새로운 메시지에 파묻히고 만다. '긴급'이라는 제목과 중요한 발신자 이름으로 깜박이는 이메일들을 보자 아드레날린이 차갑게 솟구친다. 오늘 오전은 이미 망쳤고 계획도 틀어졌다. 오전에 집중하고 싶었던 중요한 업무를 일단 제쳐두고 '이메일 답장하기'라는 지루하고 힘든 일부터 처리한다.

점심 식사를 마치고 돌아올 때까지 가까스로 긴급한 문제들을 처리했다. 마침내 계획했던 우선순위 업무에 집중할 때가 왔다. 하지만 이때 현실적인 문제가 터진다. 급한 불을 끄느라 오전을 정신없이 보낸 탓에 머릿속은 뒤죽박죽이고 몸은 기진맥진하여 일에 집중할 수 없다. 어쩔 수 없이 전에도 자주 그랬던 것처럼 기대 수준을 낮춘다. 다른 사람들의 요구사항으로 빼곡한 업무 목록을 조금씩 줄여나가는 일에 만족하기로 한다.

퇴근 후 중요한 프로젝트를 처리할 마지막 기회가 남아 있다. 이 프로젝트는 니나의 재능을 필요로 하고 잘 해낸다면 업무 경력도 한 단계 끌어올려줄 것이다. 일단 저녁 식사를 마친 후 아이들과 소중한 시간을 보낸다. 아이들이 잠자리에 들자 의욕이 차오른다. 드디어 혼자만의 시간이 찾아왔다.

컴퓨터 앞에 앉자 질문이 시작된다. "어디까지 했지? 파일은 어디에 두었더라? 메모는 다 어디로 사라진 거야?" 겨우 준비를 마치고 일을 시작하려니 이번에는 너무 피곤해서 제대로 일할 수 없다.

이런 패턴은 매일 반복된다. 이렇게 시작부터 잘못되는 일이 지겹게 반복되자 슬슬 포기하고 싶은 생각이 든다. 굳이 왜 하려는 거지? 어차피 못할 텐데 왜 자꾸 하겠다는 거야? 넷플릭스를 보거나 다른 사람들 SNS를 구경하고 싶은 유혹을 왜 뿌리쳐야 하는데? 마음을 단단히 먹고 일할 시간과 에너지가 없다면 애초에 시작하는 게 무슨 소용이야?

니나는 유능하고 책임감 있으며 근면 성실한 전문가이다. 일이나 인생에는 아무런 이상이 없지만, 완벽해 보이는 겉모습 속에는 뭔가 부족한 것이 있다. 그는 자신이 충분히 할 수 있다고 믿는 일에 대해 스스로의 기준을 충족하지 못한다. 자신과 가족을 위해 하고 싶은 일이 많지만 기약 없이 미뤄지고 있다. 한가한 시간과 여유로운 장소가 어떻게든 마련되기를 바라며 그 '언젠가'가 오기를 막연히 기다릴 뿐이다.

니나가 겪는 상황을 어디서 많이 들어본 것 같은가? 이 이야기는 모두 지난 몇 년 동안 사람들이 보낸 실제 메시지를 이용해 구성했다. 그들의 이야기를 읽으면 불평불만으로 가득한 감정이 느껴진다. 자기만의 시간에 끝없이 들이닥치는 요구사항을 받아들여야 하고 숨 막힐 듯 무거운 의무감에 짓눌려 타고난 호기심과 상상력이 시들면서 생긴 답답한 감정이다.

우리는 방대한 지식으로 둘러싸여 있지만 동시에 지혜를 간절히 바란다. 인간의 의식을 확장시키는 다양한 아이디어에도 불구하고 우리의 집중력은 더욱 약해질 뿐이다. 해야 하는 일의 책임감과 진심으로 하고 싶은 일의 열정 사이에서 우리는 마비되고 결국 어느 쪽에도 집중하지 못한다. 그렇다고 편히 쉴 수도 없다.

이와 다른 이야기도 있다. 다른 방식으로 월요일 아침을 시작할 수 있다. 이 역시 실제 있었던 이야기를 바탕으로 하며, 이번에는 세컨드 브레인을 구축한 사람들에게서 들은 이야기이다.

월요일 아침 당신은 잠에서 깬다. 새로운 하루와 한 주를 즐겁게 시작하길 기대한다. 샤워하고 옷을 입는 동안 여러 생각이 절로 떠오른다. 다른 사람들과 마찬가지로 당신도 걱정거리가 있고 책임을 맡고 있지만, 비밀 무기도 있다.

샤워하는 동안 현재 추진 중인 프로젝트를 진행할 더 좋은 방법이 불현듯 뇌리를 스친다. 욕실에서 나와 그 생각을 스마트폰의 메모 앱에 재빨리 기록한다. 가족과 함께 아침을 먹는 동안 머릿속으로 이미 새로운 전략을 짜고 있으며, 그걸 실행하면 어떤 영향이 있을지도 차분히 고민한다. 아이들을 먹이고 학교에 보내는 사이 잠시 비는 시간에 아까 고민했던 내용을 메모한다. 차를 몰고 일터로 향하는 도중 미처 생각하지 못한 문제들이 있다는 사실을 깨닫는다. 운전하는 동안 스마트폰의 오디오 메모 기능을 실행하고 말하는 내용이 자동으로 기록되어 저장되도록 한다.

사무실에 도착하니 여느 때처럼 이메일과 채팅 메시지가 정신없이 쏟아지고 전화가 빗발친다. 새로운 아이디어를 동료들에게 들려주자 그들은 질문을 던지고 우려되는 점을 지적하며 의견을 제시

045

한다. 그때마다 동료들의 의견을 세컨드 브레인에 메모하여 저장한다. 당신은 성급하게 판단하지 않고 행동 방향을 결정하기 전에 피드백을 최대한 많이 받는다.

어느새 점심 시간이다. 잠시 쉬며 간단히 밥을 먹는 동안 머릿속 생각은 철학적인 질문으로 바뀐다. "프로젝트의 궁극적인 목적은 무엇인가? 그건 상품의 장기 비전에 어떻게 어울릴까? 새로운 전략이 주주와 고객, 공급사와 환경에 미치는 영향은 무엇인가?"

당신은 이 질문들을 깊이 고민할 시간이 없지만, 나중에 다시 생각하려고 메모한다. 당신은 다른 사람들과 마찬가지로 스마트폰을 들여다보고 있지만 같은 일을 하고 있지 않다. 시간을 때우지 않고 가치를 창조하고 있다.

고안해낸 전략을 검토할 오후 회의가 시작될 즈음, 당신은 이미 관련 메모를 충분히 모아 준비하고 기다린다. 월요일 오전 몇 시간 만에 수집한 아이디어, 전략, 목표, 도전 과제, 질문, 우려 사항, 의견과 알림 메모이다. 회의를 시작하기 전 10분 동안 메모를 정리한다. 3분의 1은 당장 처리해야 할 일이 아니므로 잠시 제쳐둔다. 그다음 3분의 1은 대단히 중요하므로 회의 안건으로 삼는다. 나머지 3분의 1은 급하지는 않아도 나름 중요하므로 적당한 때에 언급하도록 별도 목록에 넣는다.

회의가 시작되면 팀원들과 프로젝트 진척 상황을 논의한다. 당신은 이미 준비를 마쳤다. 골치 아픈 현안들을 여러 각도에서 자세히 검토했고 가능한 해결 방안을 몇 가지 준비했으며 큰 그림으로 보면 어떤 영향이 있을지도 고민해봤다. 회의 전에 동료 몇 명에게서 피드백을 받아 발표할 제안에 반영하기도 했다.

당신은 팀원들의 의견을 열린 마음으로 대하는 동시에 자신의 의견도 주장한다. 회의의 핵심 목표는 팀원마다 제각각 다른 시각을 활용하여 가능한 최선의 결과를 도출하도록 대화를 이끄는 일이다. 동료들이 제기한 중요한 의견, 새로운 아이디어와 예상하지 못한 가능성 모두 세컨드 브레인에 기록한다.

이렇게 정보를 활용해 일하는 방식이 며칠, 몇 주, 몇 달에 걸쳐 계속되면 당신의 두뇌가 작동하는 방식도 변하기 시작한다. 생각할 때 반복되는 패턴이 나타난다. '왜 일하는가?', '진심으로 원하는 건 무엇인가?', '진짜 중요한 건 무엇인가?'와 같은 질문이 되풀이된다. 세컨드 브레인은 거울처럼 변해 당신 자신에 대해 가르치고, 저장했다가 나중에 실행하려 한 아이디어를 잊지 말라며 다시 비춰준다. 당신의 두뇌는 세컨드 브레인과 떼려야 뗄 수 없는 존재가 되고, 혼자 기억할 수 있는 것보다 더 많이 기억하기 위해 세컨드 브레인에 의지한다.

이 모든 변화는 당신의 머릿속에서만 일어나지 않는다. 사람들은 당신이 뭔가 달라졌다는 걸 알아본다. 상당히 다양한 지식을 필요에 따라 활용할 수 있다는 점도 눈여겨본다. 기억력이 좋다고 칭찬하지만 당신이 어떤 것이든 일부러 기억하려 애쓰는 게 아니라는 사실은 모른다. 다만 당신이 오랜 시간 공을 들여 생각을 발전시켰다며 감탄한다. 사실, 당신은 영감을 불어넣는 씨앗을 심고 그 씨앗이 싹터 꽃을 피우고 열매를 맺으면 거둬들일 뿐이다.

과거에 얻은 지식이 구체적인 형태로 보이기 시작하면 당신은 원하는 미래로 나아갈 때 필요한 것을 이미 다 갖추고 있다는 사실을 깨닫는다. 준비를 완벽하게 마칠 때까지 기다릴 필요가 없다. 정보를 더 많이 소비하거나 조사할 필요도 없다. 이미 알고 있고 가지고 있는 것을 실행하는 일만 남아 있으며, 해야 할 일은 당신 앞에 세밀하고 정교하게 펼쳐져 있다.

이제 당신의 두뇌는 잠재력 실현을 방해하는 장애물이 아니다. 이는 당신이 힘껏 노력하고 성공하는 데 필요한 모든 능력을 보유하고 있다는 뜻이다. 당신이 가진 생각에 이렇게 자신감이 있으면 더 심오한 질문을 던질 자유와 더 큰 도전을 추구할 용기를 얻는다. 당신은 실패할 리가 없다. 실패란 더 많은 정보에 불과하며, 이 역시 앞으로 떠날 여정에 필요한 연료로 사용할 것이기 때문이다. 이것이 바로 세컨드 브레인의 힘을 구축하고 활용하는 방법이다.

20세기 내내 수많은 학자들과 혁신가들은 기술이 인류를 더 바람직한 방향으로 변화시키기 위한 비전을 제시했다. 그들은 인간의 지적 능력을 확대하고 사회가 직면한 여러 문제를 해결하는 과업을 도와줄 '확장된 마음extended mind'을 창조하기를 꿈꿨다.* 그렇게

---

* '확장된 인지(extended cognition)' 분야의 발전과 새로운 발견에 힘입어 '뇌의 한계를 넘어 생각하기'가 얼마나 실용적이고 효과적인지 재조명되었다.

경이로운 기술이 실현될 가능성은 미래를 밝히는 불빛처럼 빛났으며, 이들은 먼지 쌓이고 케케묵은 책 속에 갇힌 지식을 해방하여 누구나 유용하게 사용하도록 만들겠다고 공언했다.*

그 노력은 헛되지 않았다. 그들이 내놓은 아이디어들은 우리가 매일 사용하는 기술 개발에 많은 영감을 주었다. 하지만 역설적으로 정보화시대에 발명된 모든 기술에도 불구하고 우리는 그들이 처음 가졌던 비전에서 너무 멀리 나아가고 말았다. 사람들은 잠시 뒤면 까맣게 잊어버릴 소셜미디어 업데이트를 일일이 확인하고 댓글을 다느라 몇 시간씩 보낸다. 나중에 읽겠다고 신문 기사들을 북마크해두지만, 다시 찾아 읽을 시간을 내지 못한다. 열심히 문서를 작성해도 그 문서는 한 번만 사용된 뒤 쌓여가는 이메일이나 파일 시스템의 심연에 빠져 다시는 빛을 보지 못한다. 갑자기 떠오른 기발한 생각에서 사진, 계획서와 연구서에 이르기까지 수많은 지적 산출물은 하드 드라이브에 갇혀 방치되거나 클라우드 어딘가에 처박혀 사라질 때가 너무 많다.

나는 우리가 변곡점에 도달했다고 믿는다. 기술은 충분히 발전했고 사용자 친화적으로 변모하여 우리의 생물학적 두뇌와 통합할 수 있게 되었다. 컴퓨터는 우리가 생각하는 방식에 없어서는 안 될 핵심 요소가 되었다. 크기는 작아졌어도 기능은 더욱 강력해졌고 사

---

* 바네바 부시는 '메멕스'라 불리는 '학자의 작업 공간(scholar's workstation)'에 대해 이렇게 설명했다. "메멕스는 자신이 가진 모든 책과 기록, 통신 내용을 저장하여 대단히 빠르고 유연하게 찾도록 기계화된 장치이다. 개인의 기억을 확장하는 보완재이기도 하다."

용하기도 훨씬 쉬워졌다. 이제 초기 선구자들이 품었던 비전, 즉 모든 사람이 더 많이 기억하고 생산할 뿐만 아니라 더 큰 성취감을 얻는 삶을 살기 위해 확장된 마음을 가져야 한다는 비전을 실현할 때가 왔다.

3장
_ 기억하고
연결하고
창조하다

자아의 궁극적인 자유는
기억하는 힘에 존재한다.
나는 기억하므로 자유롭다.

- 아비나바굽타, 철학자이자 신비주의자 -

　　　　　　　　　　　　　　　세컨드 브레인이 최고의 개인비서라
고 상상해보라. 전적으로 신뢰할 수 있고 언제나 변함없다. 늘 준비
되어 있으며 당신에게 중요한 어떤 정보든 알아내려고 항상 대기 중
이다. 지시를 철저히 따르는 동시에 유용한 제안도 하며 중요한 일
을 잊지 않도록 알려준다. 그러한 비서의 자격 조건과 담당 업무는
무엇일까? 그 비서를 고용한다면 어떤 '일'을 하게 할 것인가? 비서
가 필요한 업무를 책임지고 수행하도록 만드는 방식을 세컨드 브레
인에도 적용할 수 있다.

　　비서로 가까이 두고 일할 만한지 판단하려면 우선 세컨드 브레
인이 무슨 일을 해야 하는지 알아야 한다. 3장에서는 세컨드 브레인
의 네 가지 주요 기능이 당신을 위해 즉각적으로, 그리고 장기적으

로 활발하게 작동하는 방식, 당신이 가동해야 할 기본 도구, 당신에게 가장 중요한 것을 제공하기 위해 세컨드 브레인이 발전해야 할 방식을 알아보고, 마지막으로 그 모든 것들의 핵심에 있는 'CODE 방법CODE Method'의 4단계를 살펴보겠다.

세컨드 브레인의 강력한 힘

세컨드 브레인이 수행하리라 기대할 수 있는 네 가지 핵심 기능이 있다.

1. 아이디어를 구체화한다.

2. 아이디어 사이의 연관성을 새롭게 밝혀낸다.

3. 시간을 두고 아이디어를 발전시킨다.

4. 나만의 독특한 관점을 정교하게 다듬는다.

이 기능들을 하나씩 자세히 살펴보자.

1 아이디어를 구체화한다

아이디어를 가지고 어떤 일을 시작하기 전에 먼저 머릿속에서 아이디어를 '분리'하여 구체적인 형태로 만들어야 한다. 복잡한 아이디어로 가득한 뇌를 정리해야 생각이 분명해지고 아이디어를 효과적으로 활용하여 일할 수 있다.

1953년 미국의 생물학자 제임스 왓슨James Watson과 영국의 물리학자 프랜시스 크릭Francis Crick은 DNA가 이중나선 구조라는 엄청난 사실을 밝혀냈다. 두 사람은 로절린드 프랭클린Rosalind Franklin과 모리스 윌킨스Maurice Wilkins가 주도한 엑스선 결정학 연구 성과를 비롯하여 다른 선구자들이 구축한 과학적 토대를 기반으로 그 사실을 발견했으며, 이를 계기로 분자생물학과 유전학 전성시대로 향하는 문을 열었다.

왓슨과 크릭의 획기적인 발견은 세상에 널리 알려졌지만, 그들의 성공담에는 잘 알려지지 않은 부분이 있다. 두 사람이 사용한 주요 도구는 제작한 모형이었으며, 이것은 미국의 생화학자 라이너스 폴링Linus Pauling에게서 빌려온 방법이었다. 왓슨과 크릭은 DNA 구조의 일부라고 알려져 있던 분자 형태와 최대한 비슷하게 판지 조각들을 잘라냈고, 그 조각들을 퍼즐처럼 서로 다른 방식으로 조립하는 실험을 진행했다. 그리고 조립한 모형을 탁자 위에 놓고 이리저리 돌려보면서 분자 배열 방식에 관해 알려진 모든 지식과 일치하는 형태를 찾으려 애썼다.

이중나선 구조는 그 당시 알려진 모든 제약사항도 충족하는 듯했고, 그전에 측정된 원소들 사이의 비율을 준수하는 동시에 상보적 염기쌍(DNA에서 수소 결합으로 연결되어 있는 염기쌍)이 서로 완벽하게 잘 들어맞도록 했다.

이 일화는 지난 세기에 있었던 매우 유명한 과학적 발견 사례의 놀라운 측면을 보여준다. 수학적 개념과 추상적 사고에 정통한 과학자들조차 결정적으로 중요한 순간에 까마득한 옛날부터 사용된 가장 기본적인 매체에 의지했다는 점이다. 바로 물리적인 형태가 있는 물건이다.

디지털 메모는 물리적인 형태가 없어도 눈으로 확인할 수 있다. 디지털 메모는 모호한 개념을 분명한 실체로 전환하여 관찰하고 재배열하며 편집하고 서로 결합할 수 있게 한다. 가상 형태로만 존재할 수도 있지만, 그래도 디지털 메모를 눈으로 인식할 수 있으며 손가락을 움직여 다른 곳으로 옮길 수도 있다. 데버라 챔버스Deborah Chambers와 다니엘 라이스버그Daniel Reisberg가 정신적 시각화의 한계에 관한 연구에서 알아냈듯이, "외부 세계에 대처하기 위해 개발한 기술은 내부 세계를 다루는 기술을 능가한다".

2 아이디어 사이의 연관성을 새롭게 밝혀낸다

가장 실용적인 형태로서 창의력이란 여러 아이디어, 특히 서로 관련 없어 보이는 아이디어들을 연결하는 능력이다. 신경과학자 낸시 안드레아센Nancy Andreasen은 뛰어난 과학자와 수학자, 예술가와 작가를 비롯해 창의력이 풍부한 사람들을 대상으로 한 광범위한 연구에서 "창의적인 사람들은 관계를 인지하고 연관성을 찾아 연결하는 일에 더 능숙하다"라는 결론을 내렸다.

다양한 자료를 한곳에 보관하면 이러한 연결 작업이 촉진되며 생각지 못한 연관성을 찾아낼 가능성을 높일 수 있다. 고대 철학서에서 인용한 문구를 재기 발랄한 트윗 문장 옆에서 확인할 수 있다. 흥미로운 유튜브 영상의 스크린샷을 고전 영화의 명장면과 나란히 담아둘 수 있다. 오디오 메모를 프로젝트 계획서, 유용한 웹사이트 링크와 최신 연구 결과를 담은 PDF 문서와 함께 저장할 수 있다. 이 모든 문서 형식을 물리적인 세계에서는 불가능한 방식으로 결합할 수 있다.

글자 타일 조합 게임인 스크래블Scrabble을 해봤다면 새로운 단어를 생각해낼 때 가장 좋은 방법은 아는 단어가 눈에 들어올 때까지 글자들을 섞어 다양한 조합으로 만들어보는 일이란 걸 알 것이다. 세컨드 브레인에서도 똑같이 할 수 있다. 뜻밖의 결과가 나타날 때까지 아이디어 순서를 이리저리 섞어본다. 세컨드 브레인에 저장한 자료가 다양하고 특이할수록 더욱 독창적인 연결 관계가 나타날 것이다.

3 시간을 두고 아이디어를 발전시킨다

우리는 이벤트를 계획하고 상품을 설계하거나 주도적으로 일을 추진하는 등의 과제를 담당할 때, 바로 그 순간에 쓸 수 있는 아이디어에만 의존할 때가 너무 많다. 나는 이런 접근 방식을 '헤비 리프트(heavy lift, 굴착기 작업 시 힘이 부족할 때 순간적으로 인양력을 높이는 장치)'라고 부른다. 이것은 지원 시스템의 도움 없이 우리의 뇌에서 결과를 즉시 내놓으라고 요구하는 방식이다.

우리는 브레인스토밍을 할 때도 그 자리에서 당장 생각해낼 수 있는 아이디어에만 줄곧 의존한다. 가장 창의적이고 혁신적인 접근 방법을 그 자리에서 떠올릴 가능성은 얼마나 될까? 일을 추진할 가장 좋은 방법이 우리가 처음에 생각해낸 방법일 확률은 얼마일까?

이러한 경향은 최신 편향recency bias이라고 알려져 있다. 시간이 지난 일보다 최근에 발생한 일에 더 중요성을 부여하는 현상으로, 우리는 가장 최근에 떠올린 아이디어와 해결 방안, 영향이 실제로 최선인지 따지지 않고 무작정 선호하는 성향이 있다. 만약 우리가 현재라는 한계에서 벗어나 몇 주, 몇 달 혹은 몇 년간 축적된 생각을 마음껏 이용할 수 있다면 어떨까?

나는 이 방식을 '슬로 번(slow burn, 서서히 타오르기)'이라고 부른다. 조그마한 여러 생각이 불 위에서 끓고 있는 맛있는 스튜처럼 천천히 끓어오르게 하는 방법이다. 그것은 시끌벅적하게 소동을 벌이는 대신, 서서히 축적되는 여러 아이디어에 의지하는 창의력을 좀 더 차분하게 오랫동안 이용하는 방법이다. 수많은 아이디어가 영원히 저장되는 세컨드 브레인이 있으면 흘러가는 시간은 당신의 적이 아니라 친구로 바뀐다.

4 나만의 독특한 관점을 정교하게 다듬는다

지금까지 주로 다른 사람들의 아이디어를 모으는 일에 대해 논의했지만, 세컨드 브레인의 최종 목적은 당신의 생각이 빛을 발하도록 하는 것이다.

프린스턴대학이 향후 몇 년 후에 기계로 대체되어 자동화될 가능성이 낮은 직업군에 대해 조사한 연구에 따르면, 놀랍게도 사라지지 않고 가장 잘 버티리라 예측되는 것은 고급 기술이나 오랜 훈련이 필요한 직업이 아니었다. 그것은 '있는 그대로의 정보뿐만 아니라 상세하게 해석한 정보'를 전달할 능력이 필요한 직업이었다. 다시 말해서, 특정 견해를 홍보하거나 옹호하는 일과 관련이 있는 직업들이다. 자신이 속한 비영리 단체가 이뤄낸 선한 영향에 관한 감동적인 이야기를 발표하는 모금 활동가, 실험 결과 해석을 뒷받침할 목적으로 데이터를 이용하는 연구원, 어떤 결정을 지원하기 위해 몇 가지 중요한 선례를 인용하는 프로젝트 매니저를 떠올려보자. 오늘날 기업들은 특정 의견을 제기하고 다른 사람들이 그 의견을 채택하도록 설득하는 능력에 그 어느 때보다도 더 의존하고 있다.

뛰어난 카리스마 또는 거부할 수 없는 매력이 있다고 해서 특정 견해를 지지하는 건 아니다. 이를 뒷받침할 자료가 필요하다. 미국의 기자이자 작가, 영화 제작자인 세바스찬 융거Sebastian Junger는 작가들이 글을 쓰지 못하는 슬럼프를 일컫는 '작가의 벽writer's block'에 대해 이런 글을 남겼다.

"나는 작가의 벽에 부딪힌 것이 아니다. 주제에 관한 힘과 지식을 갖추고 글을 쓰기에 필요한 사전 조사를 충분히 하지 않았을 뿐이다. 적절한 단어를 떠올릴 수 없다는 말이 아니라 (오히려) 글을 쓸 탄약이 부족하다는 뜻이다."

새로운 걸 창조하지 못한다고 해서 당신에게 문제가 있다는 뜻이 아니다. 당신은 감각을 잃어버리거나 창의력이 고갈되지 않았다. 단지 글을 쓸 재료가 충분하지 않을 뿐이다. 영감을 주는 우물이 말라버렸다는 생각이 든다면 그 이유는 각종 사례, 설명, 스토리, 통계, 도표, 비유, 은유, 사진, 마인드맵, 대화록, 인용문 등 당신의 의견을 주장하거나 대의명분을 위해 싸울 때 도움이 되는 자료로 가득한 더 깊은 우물이 필요하기 때문이다.

세컨드 브레인의 출발점:
메모 앱 선택하기

오늘날 최신 기술은 정보의 폭발을 야기했는데, 그와 동시에 정보 관리를 도와주는 도구들도 제공한다. 세컨드 브레인은 해야 할 일 목록, 달력, 이메일과 독서 앱처럼 정보를 다룰 때 사용하는 다양한 도구로 구성되는데, 그중에 세컨드 브레인의 중심체로 추천하는 소프트웨어 유형이 있다. 바로 디지털 메모 앱이다.* 스마트폰에 기본 설치된 무료 메모 앱부터 당신에게

---

* 세컨드 브레인을 실천하는 이들 중에는 계속해서 종이에 메모하는 사람도 많다. 디지털적인 방법을 써서 메모를 수집하고 안전한 장소에 저장하는 방법을 잘 알고 있어도 여전히 종이를 더 애용한다. 두 가지 방법 가운데 하나를 선택해야 하는 문제는 아니다. 당신이 하는 일에 적합한 도구를 선택하는 일이 중요하다. 이 책에서는 디지털 메모의 잠재력 위주로 다루겠다.

꼭 필요한 기능을 갖추고 있는 유료 소프트웨어에 이르기까지 선택의 폭이 매우 넓다. 마이크로소프트 원노트Microsoft OneNote, 구글 킵Google Keep, 애플 노트Apple Notes, 노션Notion, 에버노트Evernote 등이 대표적이다. 이러한 디지털 메모 앱에는 세컨드 브레인을 구축하기 좋은 강력한 특징이 네 가지 있다.

1. 형태에 제한이 없다

종이 공책 한 권에 그림과 스케치, 인용문과 아이디어를 적고 심지어 사진이나 포스트잇까지 붙여놓듯이, 메모 앱도 다양한 종류의 콘텐츠를 한곳에 저장할 수 있다. 따라서 무엇을 어디에 둬야 할지 고민할 필요가 전혀 없다.

2. 격식을 갖출 필요가 없다

메모는 원래 지저분하기 마련이므로 맞춤법이 완벽하거나 단정하게 보이도록 다듬을 필요가 없다. 그래서 어떤 생각이 들자마자 거침없이 술술 써 내려갈 수 있다. 이 과정은 처음 떠오른 아이디어를 확장하기 위해 꼭 필요하다.

3. 자유롭고 개방적이다

메모하기는 끝없이 계속되는 과정이며 그 과정이 어디로 향할지 늘 알 수는 없다. 슬라이드, 스프레드시트, 그래픽이나 비디오처럼 구체적인 결과를 내놓기 위해 설계된 전문적인 소프트웨어들과는 달리, 메모는 목표를 세우기 전에 형식에 구애받지 않고 자유롭게 탐색하는 데 가장 알맞다.

4. 실행 중심적이다

도서관이나 연구 데이터베이스와는 달리, 개인이 쓰는 메모는 한눈에 이해할 수 있거나 꼼꼼하게 작성할 필요가 없으며 생각이 엉뚱하게 빗나가지 않도록 재빨리 붙잡아 당신이 처리해야 할 과제에 계속 집중할 수 있도록 한다.

이 네 가지 특징은 종이 메모에도 적용할 수 있지만, 디지털 메모로 만들면 검색, 공유, 백업, 편집, 연결, 다른 기기와의 동기화를 비롯한 여러 기능을 통해 활용법을 극대화할 수 있다. 디지털 메모는 일상생활을 그린 스케치북에서 볼 수 있는 가벼운 예술적 기교와 최신 소프트웨어가 제공하는 과학의 힘을 결합한다.

사용할 앱과 도구는 당신이 직접 선택할 수 있다. 사용하는 모바일 기기, 업무상 필요하거나 회사가 요구하는 사항, 심지어 사용자의 기질과 취향에 따라 달라진다. 소프트웨어 환경은 역동적이고 끊임없이 변화한다. 새로운 앱이 계속 출시되고 기존 앱은 획기적인 기능을 새롭게 내놓는다. 당신의 필요에 따라 적합하고 편리한 것으로 고르면 된다.

당신은 정보를 다루고 일을 처리하기 위해 워드 프로세서, 메시지 플랫폼, 프로젝트 관리 도구에 이르기까지 수많은 소프트웨어 프로그램을 이용하겠지만, 당신의 메모는 개인 지식 관리를 쉽게 하도록 특별히 설계되는 것이다. 따라서 이미 가지고 있고 이미 사용하고 있는 앱부터 먼저 살펴보는 것이 좋은 출발점이다. 언제든지 기본 옵션부터 먼저 시작한 뒤 요구사항이 더 복잡해지면 나중에 업그레이드할 수 있다.*

중요한 점은 메모를 시작하기 전에 당신이 원하는 기능을 모두 갖춘 '완벽한' 앱부터 찾아야 한다는 덫에 걸려들지 않아야 한다는 것이다. 완벽한 도구를 여러 개 마련하는 게 아니라 의지하고 믿을 만한 도구 세트를 갖추는 일이 중요하며, 나중에 언제든지 바꿀 수 있다는 걸 명심해야 한다.

---

* 메모 플랫폼 대부분에는 표준 형식의 메모를 내보내서 다른 앱으로 불러올 수 있는 기능이 있다. 개인적으로 나는 메모 플랫폼을 마이크로소프트 워드에서 구글 독스로, 다음으로는 에버노트로 두 번 바꿨다. 기술이 발전함에 따라 앞으로도 새로운 메모 플랫폼으로 바꾸게 될 것이다.

개인 지식 관리의 3단계:
기억, 연결, 창조

사람들이 처음 세컨드 브레인을 만들어가는 과정에서 내가 자주 목격하며 적극적으로 권장하기도 하는 세 가지 진행 단계가 있다. 첫째, 기억하기remembering, 둘째, 연결하기connecting, 셋째, 창조하기creating이다. 머리로 할 수 있는 일을 강화하고 확장하는 디지털 도구를 사용할 때의 가치를 충분히 보여주려면 시간이 걸리지만, 그 과정에서 단계마다 분명히 나타나는 이점도 있다.

사람들이 세컨드 브레인을 이용하는 첫 번째 방식은 기억 보조 장치로 활용하는 것이다. 디지털 메모를 사용하여 회의의 핵심 내용, 인터뷰에서 인용한 말, 프로젝트 세부 사항 등 자세히 기억하기 어려운 사실과 아이디어를 저장한다.

카밀은 캐나다 퀘벡에 있는 스타트업 공동 창업자이자 선임 디자이너이다. 그는 주거용 대형 빌딩에 설치할 전기차 충전소를 설계하기 위해 수많은 보고서와 논문에서 읽고 발췌한 내용을 세컨드 브레인을 이용해 저장한다. 보고서 대부분은 융통성 없고 사용하기도 불편한 PDF 문서이지만, 큰 어려움 없이 업무와 관련 있는 부분을 메모로 불러온 뒤 주석과 의견을 추가할 수 있다.

사람들이 세컨드 브레인을 이용하는 두 번째 방식은 여러 아이디어를 서로 연결하는 것이다. 처음에 세컨드 브레인은 주로 기억보조 장치로 쓰이다가 점차 생각 도구로 진화한다. 멘토의 조언 한마디는 나중에 유사한 상황을 겪을 때 도움이 된다. 책을 읽다가 깨우침을 얻었던 비유는 다른 프레젠테이션에 인용되어 빛을 발한다. 수집한 아이디어들은 자연스레 서로에게 이끌려 결실을 본다.

페르난도는 대형병원 종양학자로 일하며 세컨드 브레인을 이용해 환자 기록을 정리한다. 그는 환자들이 얼마나 오랫동안 질환에 시달렸는지, 어떤 치료를 받았는지, 종양의 주요 특징은 무엇인지에 집중하여 각 환자의 병력에서 중요한 내용을 찾고 요약한다. 그리고 환자들을 더 효과적으로 치료하기 위해 과거에 받은 의학 훈련과 연구로 쌓은 지식을 환자의 필요사항에 연결할 목적으로 세컨드 브레인을 활용한다.

사람들이 세컨드 브레인을 이용하는 세 번째이자 마지막 방식은 새로운 아이디어와 결과물을 창조하는 것이다. 사람들은 자신이 어떤 주제에 대해 많이 알고 있다는 걸 깨닫고, 그 지식을 다른 사람들과 공유할 만한 구체적인 것으로 바꾸기로 한다. 뒷받침할 자료가 풍부하며 그 자료를 언제든지 쉽게 이용할 수 있다는 사실을 알면 사람들은 자신의 아이디어를 공개하고 다른 사람들에게 긍정적인 영향을 줄 용기를 얻는다.

테럴은 텍사스에 있는 테크 대기업에서 과중한 업무를 맡은 젊은 아빠이다. 내 강의를 들은 후 그는 세컨드 브레인을 이용해 유튜브 채널을 개설하고 육아 관련 팁과 자신의 이야기를 공개했다. 어린 자녀를 동반하고 해외 여행하는 법, 아버지가 육아휴직을 신청하는 법을 알려주는 동영상 등을 만들었고, 가족과 함께한 주말여행을 찍은 짤막한 영상도 게시했다.

모든 영상과 제작 사항을 머리 밖 외부 공간에서 파악하고 관리할 수 있으므로, 테럴은 아이들과 시간을 충분히 보내면서도 풀타임으로 일하는 본업과 부업 사이의 균형을 잘 유지할 수 있었다. 그는 세컨드 브레인을 활용해 자신을 표현하고, 다른 사람들이 보고 싶어 하는 콘텐츠를 만들고 있다.

이렇듯 세 사람은 각자 자신의 기술을 활용해 혼자 힘으로 해야 할 때보다 더 많이 기억하고 연결하고 창조했다. 이들은 삶의 전성기를 더 보완하는 방식으로 세컨드 브레인을 이용한다. 그 시기가 지나가더라도 계속해서 유의미하고 도움을 주는 사람으로 남기 위해 적절히 메모를 활용할 수 있을 것이다.

CODE:
중요한 것을 기억하는 4단계

세컨드 브레인을 구성하는 과정을 안내하기 위해 네 가지 단계로 구성된 간단하고 쉬운 방법을 개발했다. 각 단계는 수집Capture, 정리Organize, 추출Distill, 표현Express이며, 이를 간단히 'CODE' 방법이라고 부른다.

각 단계들은 세컨드 브레인 구축에 처음 착수할 때뿐만 아니라 계속 진척시킬 때도 쓰인다. CODE는 선사시대 동굴 벽화에서부터 르네상스 예술가의 작업실과 현대 최첨단 분야에 이르기까지 인류 역사를 통틀어 찾아볼 수 있는 불변의 원칙을 나타낸다. 직업, 역할이나 경력에 상관없이, 또 당신이 어떤 메모 방식과 메모 플랫폼을 선호하든 관계없이 유연하게 적용할 수 있다. 모든 사람이 알게 모르게 이 방법을 이미 어떤 형태로든 틀림없이 실천하고 있다고 장

Capture 수집	Organize 정리	Distill 추출	Express 표현
공명하는 내용을 수집하라	실행을 목표로 정리하라	핵심을 찾아 추출하라	작업한 결과물을 표현하라

담할 수 있다. CODE는 매일 우리가 직면하는 정보의 끊임없는 흐름을 항해할 때 꼭 필요한 지도이며, 정보화시대의 요구사항에 맞춰 비망록을 만드는 현대적인 방법이다.

우리가 키와 눈동자 색을 결정하는 유전자 코드를 갖고 있듯이 상상력과 불가분의 관계인 창의성 코드 역시 가지고 있다. 이 코드는 우리의 사고방식, 또 우리가 세상과 상호작용하는 방식을 형성한다. 이 코드는 정보를 다루기 위해 사용하는 앱을 구동시키는 소프트웨어 코드에 반영된다. 역사적으로 이 코드는 비밀 코드이기도 했다. 그것이 어떻게 작동하는지 밝힐 때가 드디어 왔다.*

---

* 놀라운 우연의 일치로, 노르웨이 과학기술대학교에서 신경생리학자로 일하는 메이-브리트 모저(May-Britt Moser)와 에드바드 모저(Edvard Moser)가 수행한 최근 연구에 따르면, 인간의 뇌는 공간추론과 관련 있는 뇌의 일부인 '격자코드(grid code)'를 써서 정보를 기억한다. 그들은 "따라서 격자코드는 많은 정보를 독특하고 효과적으로 나타낼 수 있는 일종의 측정법 또는 좌표계일 수 있다"라고 추측한다.

CODE 방법의 네 가지 단계인 수집, 정리, 추출, 표현에 대해 먼저 간단히 살펴보고 이어서 4장에서 자세히 알아보자.

1 수집 : 공명하는 내용을 수집하라

우리는 스마트폰이나 컴퓨터를 켜는 즉시 흥미진진한 콘텐츠에 푹 빠진다. 생산성을 더 높이는 방법을 소개한 글, 전문가들이 힘들게 터득한 깨달음을 알려주는 팟캐스트, 가슴 설레게 하는 여행지 사진처럼 우리의 눈길을 사로잡는 콘텐츠에 담긴 정보 대부분은 유용하고 흥미롭다.

그런데 한 가지 문제가 있다. 우리는 이렇게 끝없이 이어지는 정보를 모두 소비할 수 없다. 혹여 시도하다간 금세 기진맥진하여 꼼짝도 하지 못할 것이다. 우리는 큐레이터의 시각을 갖추고 세찬 강물처럼 콸콸 쏟아지는 정보에서 뒤로 물러나 어떤 정보로 머릿속을 채울지 결정해야 한다.

과학자가 가장 희귀한 나비만 채집해서 실험실로 가져가듯이 우리의 목표는 진짜로 주목할 만한 아이디어와 지식만 '수집'하는 것이어야 한다. 콘텐츠는 우리가 일부러 개입하지 않아도 주위에 쌓이기 마련이다. 당신이 이 책을 읽는 동안에도 이메일이 수십 통씩 쌓이고 소셜미디어 업데이트 소식이 튀어나오며 각종 알림이 스마트폰 화면을 가득 메운다.

　이처럼 막대한 양의 콘텐츠가 이미 존재하지만 우리는 닥치는 대로 아무렇게나 콘텐츠를 수집하는 경향이 있다. 당신은 짧은 메모를 이메일로 보내기도 하고 아이디어를 짜내 문서에 담거나 읽고 있는 책 구절에 하이라이트 표시를 하기도 한다. 하지만 그 정보는 서로 연결되지 않고 산만해 보일 것이다. 힘들게 찾아낸 지식은 어디 있는지도 모를 폴더에 처박혀 눈에 띄지 않거나 클라우드 어딘가에서 떠돌아다닌다.

　해결책은 그중에서 당신과 공명하는 내용, 즉 가슴 깊이 와 닿는 내용만 골라서 당신이 통제할 수 있고 믿을 만한 장소에 보관하고 나머지는 내버려두는 것이다. 무엇인가 가슴 깊이 와 닿는다면 그것은 직관적인 수준에서 당신의 마음을 움직인 것이다. 가슴 깊이 와 닿는 아이디어는 매우 특이하며 기대했던 바와 달라서 흥미롭거나, 또는 나중에 유용하게 쓰일 때가 많다. 철저히 분석해서 결정하지 말고, 그것이 왜 가슴 깊이 와 닿는지 고민하지 마라. 대신 기쁨, 호기심, 놀라움, 흥분이라는 감정을 찾아 내면을 들여다보라. 그렇게 함으로써 이제는 해당 구절, 이미지, 인용문이나 사실을 수집할 때라는 신호가 가게 하라.

　어떤 것이 가슴 깊이 와 닿을 때 이를 알아차리도록 훈련함으로써 우리는 메모를 더 잘하는 능력뿐만 아니라 우리 자신을 더욱 이해하고 무엇이 우리를 행동하게 하는지 알아내는 힘을 키울 수 있다. 그것은 지혜의 소리가 들리도록 우리가 가진 직관의 볼륨을 높여주는 방법이다.

지식 수집을 습관화하면 정신건강과 마음의 평화라는 혜택이 함께 주어진다. 결정적인 순간에 갑자기 뭔가 기억나지 않아 곤란한 상황이 오면 어쩌나 하는 두려움을 떨쳐버릴 수 있다. 새로운 뉴스와 알림을 일일이 확인하겠다고 달려드는 대신, 삶에 가치를 더해주는 정보만 소비하고 나머지는 과감하게 버릴 수 있다.

2 정리 : 실행을 목표로 정리하라

내 마음과 공명하는 아이디어를 수집하기 시작하면 그 메모들을 정리하고 싶을 것이고, 메모를 최대한 저장하기 위해 완벽한 폴더 체계부터 만들고 싶을 것이다. 하지만 완벽한 체계를 만드는 것은 불가능하다. 설령 완벽한 체계를 만드는 것이 가능하다 할지라도 시간이 너무 많이 소요되고 엄청난 노력을 투입해야 하므로 당신은 지금의 관심사에서 멀어지고 만다.

사람들은 대부분 듀이십진분류법*에 따라 주제별로 정보를 정리하려는 경향이 있다. 대부분 이 분류법을 도서관에서 봤을 것이다. 예를 들어 책을 찾는다면 '건축', '비즈니스', '역사', '지질학'처럼 광범위한 주제 유형에서 찾을 것이다.

---

* 멜빌 듀이가 고안한 도서 분류 체계로 근대 도서관 문헌 정보 분류의 근간을 이루었다. 모든 자료를 0에서 9까지 10개의 '주류'로 나눈 뒤 세부 분류도 다시 10개의 숫자로 분류하는 방식이다. 현재 이 방법은 세계에서 가장 널리 쓰이고 있다.

하지만 디지털 메모는 훨씬 쉽고 간단한 정리 방식을 적용할 수 있다. 우선순위와 목표는 단번에 바뀔 수 있으며, 또 실제로 그렇게 될 것이므로 지나치게 딱딱하고 융통성 없는 정리 방법은 피해야 한다. 메모를 정리하는 가장 좋은 방법은 현재 추진 중인 프로젝트에 따라 실행을 염두에 두고 정리하는 것이다. 새로운 정보를 접하면 "이 정보는 프로젝트를 진행하는 데 어떻게 도움이 될까?"라고 질문하며 당신에게 유용한 정보인지 숙고하라.

놀랍게도 행동으로 옮기는 일에 집중하면 엄청난 양의 정보가 급격히 간소해지고 단순해진다. 언제든 실행할 수 있고 유의미한 일은 현실적으로 거의 존재하지 않는다. 그 말은 다른 모든 것을 무시할 수 있는 분명한 필터가 있다는 뜻이다.

실행을 염두에 두고 정리하면 생각이 대단히 명확해진다. 보관하고 있는 것은 모두 목적이 있다는 걸 알기 때문이다. 보관하고 있는 정보들은 자신의 목표와 우선순위에 부합하는 것들이다. 결국 정보를 저장하고 정리하는 일이 생산성에 방해가 되는 것이 아니라 도움이 된다.

3 추출 : 핵심을 찾아 추출하라

공명하는 아이디어를 수집하여 보관하고 실행을 염두에 두고 정리하기 시작하면 아이디어 사이의 패턴과 연관성이 반드시 보일 것이다. 정원 가꾸기를 다룬 기사를 읽으면서 고객층을 넓히는 데 필요한 통찰력을 얻을 수 있다. 한 고객이 정성 들여 쓴 감사의 글을 읽으면서 모든 고객이 감사의 글을 남길 수 있는 웹페이지를 만들어야겠다는 아이디어를 떠올릴 수 있다. 어떤 명함을 보면서 전에 대단히 흥미로운 대화를 나눴던 사람이 생각나서 같이 커피 한 잔 마시자고 연락할 수도 있다.

인간의 마음은 연관성이 가득 담겨 지글지글 타오르는 팬과 같다. 팬 안에 씨앗을 한 움큼 집어넣으면 새로운 아이디어로 변해 팝콘처럼 튀어 오를 것이다. 모든 메모는 아이디어의 씨앗이며, 당신이 전부터 알고 있는 것과 어떤 주제에 대해 이미 생각하고 있는 것을 잊지 않게 한다. 이렇게 아이디어를 연관 짓는 과정을 촉진하고 속도를 더 높이는 효과적인 방법이 있다. 바로 핵심만 남을 때까지 메모를 추출하는 것이다.

모든 아이디어에는 '핵심essence', 즉 열과 성을 다해 진심으로 전달하려는 중심 내용이 있다. 복잡한 통찰을 알기 쉽게 설명하려면 수백 페이지에 걸쳐 수천 단어의 긴 글을 써야 할 수도 있지만, 핵심 메시지 한두 문장으로 전달하는 방법 역시 존재한다. 아인슈타인은 새롭게 발견한 획기적인 물리학 이론을 'E=mc^2(질량 - 에너지 등가원리)'라는 짧은 공식으로 요약한 사실로 유명하다. 아인슈타인이 자신의 생각을 그렇게 명쾌한 방정식으로 추출할 수 있다면 당신도 어떤 글이나 책, 동영상, 프레젠테이션의 요점을 알아보기 쉽게 요약할 수 있을 것이다.

메모의 요점을 쉽게 찾는 일이 왜 중요할까? 당신이 정신없이 바쁜 와중에 작년에 읽은 책을 10페이지로 정리한 내용을 전부 검토할 시간이 없기 때문이다. 중요한 내용만 재빨리 찾을 수 있어야 한다. 최소한 메모를 읽으며 중요한 요점에 하이라이트 표시라도 해 놓았다면 그 책을 몇 시간 동안 다시 읽지 않고도 책의 내용을 생각해낼 수 있을 것이다.

메모할 때마다 자기 자신에게 질문하라. "어떻게 하면 미래의 나 자신을 위해 이 일이 쓸모 있도록 만들 수 있을까?" 이 질문을 하면 메모를 저장한 이유, 생각하던 내용, 그리고 정확하게 무엇이 당신의 관심을 끌었는지에 대한 설명을 주석으로 달 수 있다.

만약 당신이 쓴 메모를 미래에 해독할 수 없거나 너무 길어서 읽어볼 엄두조차 나지 않는다면 그 메모는 쓸모없을 것이다. 스스로를 단순히 메모 적는 사람이 아니라 메모를 주는 사람이라고 생각하라. 당신은 지금 미래의 자신에게 찾기 쉽고 이해하기도 쉬운 지식을 선물하고 있다.

4 표현 : 작업한 결과물을 표현하라

앞서 설명한 수집, 정리, 추출 단계는 한 가지 최종 목표에 맞춰 조정된다. 즉, 당신만의 아이디어와 이야기, 지식을 다른 사람들과 공유하는 것이다.

지식이 아무에게도 도움이 되지 않거나 아무것도 만들어내지 못한다면 무슨 소용이겠는가?* 당신의 목표가 체중 감량이든 직장에서 승진하는 것이든 지역 사회가 단단히 결속하게 하는 것이든 개인 지식 관리는 목표 실행을 돕기 위해 존재한다. 그 밖에는 모두 방해만 될 뿐이다.

호기심 많고 배우기 좋아하는 사람에게 흔히 발생하는 문제는 많은 정보를 자신에게 끊임없이 주입하면서도 막상 다음 단계로 나아가 그 정보를 적용하는 경우는 거의 없다는 점이다. 이들은 연구 자료를 산더미처럼 쌓아놓고도 먼저 나서서 제안하지는 않는다. 세상에 밝혀지지 않은 여러 사례들을 수집했으면서도 잠재 고객 앞에서 직접 설득하려 하지는 않는다. 인간관계에 관한 조언을 가능한 한 많이 듣고 검토하지만 누구에게도 먼저 데이트 신청을 하는 법이 없다.

우리는 삶을 풍요롭게 해줄 경험을 끝없이 지연시키고 뒤로 미루곤 한다. 아직 준비되지 않았다고 생각하기 때문이다. 놓치고 있는 정보가 있고, 그것만 있으면 모두 바꿀 수 있다는 생각을 떨쳐내지 못한다. 분명히 말하건대, 그것은 올바른 인생을 살아가는 방식이 아니다. 개인적이고 구체적이며 검증된 정보는 실제로 사용할 때에 비로소 '지식'이 된다. 당신은 알고 있는 것이 효과가 있다는 걸

---

* '생산성(productivity)'이라는 단어는 '생산하다'란 뜻을 가진 라틴어 동사 'producere'와 어원이 같다. 그 말은 일과를 마칠 때 오늘 하루 생산한 산출물이나 결과물을 내놓지 못한다면 생산적인 사람인지 의심된다는 뜻이다.

알게 되어야 자신감을 얻는다. 그전까지는 이론에 불과하다.

그래서 나는 소비보다 창조하는 일에 시간과 노력을 더 많이 투자하라고 권한다.* 우리는 모두 창조하고 싶은 욕구를 가지고 태어난다. 좋은 것, 진실한 것, 아름다운 것을 생생하게 표현하고 싶어 한다. 그것은 인간의 근본적인 본성의 일부이다. 새로운 것을 창조하는 일은 스스로에게 매우 깊은 성취감을 안겨줄 뿐만 아니라, 다른 사람들에게 영감을 주고 즐겁게 하며 교훈을 주고 긍정적인 영향도 줄 수 있다.

그렇다면 무엇을 만들어내야 하는가?

그것은 개인이 가진 기술과 관심사, 성격에 따라 다르다. 분석력이 매우 뛰어난 사람이라면 캠핑 장비 옵션 항목들을 평가한 뒤 추천 상품 목록을 만들어 친구들과 공유할 수 있다. 가르치는 일을 좋아한다면 자신이 만든 디저트 레시피를 SNS에 올릴 수도 있다. 공원을 짓는 일처럼 지역 문제에 관심이 있다면 추가 예산을 확보해 달라고 시의회를 설득할 계획을 짤 수도 있다.

평가하고 공유하고 가르치고 기록하며 게시하고 설득하는 이 모든 행동은 무엇인가를 '표현'한다는 뜻이다.** 이 모든 행동은

---

* 정보를 대하는 소비지상주의자들의 태도, 즉 '많을수록 더 좋다', '결코 충분히 보유하고 있다고 볼 수 없다', '지금 가진 것으로는 부족하다'는 사고방식은 인터넷만 들여다보며 시간을 보내는 이들의 불평에 지나지 않는다. '최고의' 콘텐츠를 찾으려고 애쓰는 대신, 무언가를 만들어내는 것으로 초점을 전환하라. 이렇게 하는 편이 훨씬 더 만족스럽다.

** '표현'에는 출판, 연설, 발표, 수행, 제작, 작성, 그림, 해석, 비평, 번역 등 다양한 활동이 포함된다.

외부에서 소재를 얻고 개선 과정을 거치며 중요한 누군가 혹은 무엇인가에 영향을 준다.

정보는 끊임없이 밀려들고 늘 미완의 작업이다. 최종적인 것은 아무것도 없으므로 완벽히 준비되면 시작하겠다고 기다릴 필요가 없다. 지금이라도 간단한 웹사이트에 먼저 글을 올린 뒤 시간을 두고 조금씩 더 게시할 수 있다. 초안을 먼저 올리고 나중에 시간 있을 때 수정하면 된다. 더 빨리 시작할수록 개선의 길을 향해 먼저 출발할 수 있다.

지금까지 새로운 개념과 용어를 많이 소개했다. 이쯤 되면 조금 벅찰지도 모른다. 세컨드 브레인을 구축하려면 새로운 것을 정말 많이 배우고 실천해야 한다는 생각이 들고 부담감을 느낄 수도 있다. 하지만 놀라운 진실이 하나 있다. 당신은 해야 할 일의 대부분을 이미 하고 있다.

당신은 새로운 것을 이미 배우고 있다. 멈추고 싶어도 그렇게 할 수 없다. 흥미로운 아이디어들을 벌써 소비하고 있다. 당신이 지금 열어놓은 수많은 인터넷 창에 주목하라. 당신은 학업, 직업, 사업에 필요한 모든 정보를 파악하고 관리하려고 많은 노력을 기울였다. 당신에게 필요한 건 그 정보를 관리하기 위한 조금 더 계획적이고 신중한 방법, 그리고 그 일을 처리하기 위한 몇 가지 실천 가능한 습관이다.

이제 2부에서는 CODE 방법 4단계를 이용해 기억력과 지능, 창의력을 획기적으로 확장하는 방법을 제시하고 단계별로 실천 가능한 기법들을 공개하겠다. 오늘 실천하면 내일부터 효과를 보기 시작할 것이다. 그 기법들을 실천할 때 첨단 기술은 필요하지 않다. 지금 주머니 속이나 책상 위에 있는, 매일 사용하는 기기와 앱만 있으면 충분하다.

2부 소비에서 생산으로,

지식 관리의 원칙

4장
_ 공명하는 내용을
수집하라

저장하지 않은 것은 모두 사라집니다.

- 닌텐도 '화면 나가기' 메시지 -

정보는 뇌를 위한 음식이다. 새로운 아이디어를 '생각할 거리'라고 부르는 건 우연이 아니다. 우리가 생존하려면 음식과 물이 필요하다. 그런데 주변 환경을 이해하고 적응하며 다른 사람들과 관계를 유지하고 협력하며 이익을 증진하기 위해 현명한 결정을 내리는 일처럼, 우리가 살아가려면 정보 역시 필요하다는 사실은 그리 분명히 다가오지 않을 수 있다.

정보는 기호품이나 사치품이 아니다. 생존에 꼭 필요한 기반이다. 신체 기능을 유지하기 위해 섭취하는 음식처럼 어떤 정보를 취할지 선택하는 일은 우리의 책임이자 권리이다. 어떤 정보가 좋은지, 어떤 정보가 더 필요하고 덜 필요한지, 또 궁극적으로 그 정보를 이용해 무슨 일을 할지 결정하는 문제는 우리에게 달려 있다. 우리 자신은 무엇을 소비하느냐에 따라 만들어지며 그것은 영양과 마찬가지로 정보에도 똑같이 적용된다.

세컨드 브레인은 끊임없는 정보의 흐름에서 불필요한 걸 거르고 쓸 만한 아이디어만 엄선하여 믿을 만한 장소에 보관하는 방법을 알려준다. 이 과정을 나만의 '지식 정원'에 씨앗을 심는 과정이라 생각해보라. 이 정원에 들어오면 자기 말을 들어 달라며 꽥꽥 소리치는 사람들에게서 벗어나 자유롭게 나만의 생각을 키우고 발전시킬 수 있다.

씨앗이 좋아야 정원도 아름답게 가꿀 수 있다. 우리가 찾을 수 있는 가장 흥미롭고 유용한 아이디어를 가지고 지식 정원에 씨앗을 뿌리는 일부터 시작하자.

당신은 이미 다양한 출처에서 수많은 콘텐츠를 얻고 있을 수도 있지만, 나중에 그 콘텐츠를 이용해 무엇을 할지는 크게 생각해보지 않았을 것이다. 어쩌면 부지런히 콘텐츠를 모아 정리하고 있지만 유용하게 사용하지 못하고 쓸데없는 정보를 무작정 저장하기만 하는 '디지털 호딩digital hoarding' 습관에 빠져 허우적대고 있을 수도 있다. 아니면 아직 이 모든 일의 시작 단계에 머물고 있을지도 모른다. 현재의 상황과 관계없이 일단 처음부터 시작해보자. 당신만을 위한 지식 모음을 구축하기 위해 CODE의 첫 번째 단계인 수집 단계를 활용하는 방법부터 시작하자.

정보 수집:
창작의 첫 단계

테일러 스위프트는 팝 음악계의 우상이자 역사상 음반을 가장 많이 판 아티스트 중 한 명이다. 발표한 앨범은 모두 차트 1위를 기록했고 전 세계에서 2억 장 이상 판매되었으며, 그래미상을 비롯해 수많은 상을 거머쥐었다. 가장 위대한 싱어송라이터 명단에 들었을 뿐 아니라《타임》선정 세계에서 가장 영향력 있는 100인과《포브스》선정 100대 셀러브리티에도 이름을 올렸다.

가수로 활동하는 동안 스위프트는 자신의 창의적인 작사·작곡 과정을 보여주는 다큐멘터리 영화를 다섯 편 공개했다. 영화 곳곳에서 그가 스마트폰에 몰두하는 모습을 확인할 수 있다. "전 스마트폰 속으로 사라져요. 스마트폰은 메모를 저장하고 편곡하는 곳이기 때문이죠." 그는 머릿속을 스치고 지나가는 짧은 가사 혹은 멜로디를 메모했다가 다시 읽어보고 수정하고 반복해 듣는다. 어디를 가든 메모하고 어디에서든 그 메모를 확인하며, 프로듀서와 협업 아티스트로 구성된 폭넓은 협력자들에게 그 메모를 곧바로 보낼 수 있다. 그들이 보내온 피드백 역시 스마트폰에 바로 저장할 수 있다.

메가 히트곡 〈블랭크 스페이스Blank Space〉의 작업 과정에 관한 인터뷰에서 스위프트는 이렇게 말한다. "제 일상 얘기로 시작할 거예요. 그럼 이런 생각이 들겠죠. '와우, 그럼 연인과의 관계에서 현실적으로 두 가지 선택지가 있어. 영원히 함께하거나 아니면 불길에 휩싸여 추락하는 거야.' 그러면 그 생각을 메모해요. 그다음 가사한 줄을 떠올리겠죠. 귀에 확 와 닿는 가사 말이죠. 이를테면 '난 기분 좋은 꿈처럼 차려입은 악몽일 뿐이야' 같은 거요. 다음으로는 그 가사를 어울릴 만한 곳에 놓고서 지난 몇 년 동안 생각했던 다른 가사들을 가져다 다리를 놓듯이 연결해요. 이 노래는 그동안 발표했던 최고의 작품 중에서도 최고였어요."

스위프트에게 작곡이나 작사는 특정 시간과 장소에서만 할 수 있는 개별 활동이 아니다. 그것은 머리가 작동하면서 불현듯 떠오른 새로운 비유와 기억에 남는 가사를 만들어낸 결과물이다. "하루 중 언제든지 영감을 얻어요. 어떤 큰일을 겪고 있을 때, 또는 상황이 정리되어 그 일을 극복했을 때도 마찬가지예요. 무엇이든 영감을 주는 소재가 될 수 있어요. 설거지를 하거나 한참 인터뷰가 진행 중일 때에도 머릿속에서 기발한 생각이 확 떠올라요. 그거 후렴구로 괜찮겠

네. 그건 후렴구 시작 전에 나오면 되겠다. 그건 맨 처음 가사로 하자……."

그는 순간적으로 스쳐 지나가는 생각을 바로 수집하는 일이 왜 중요한지 설명한다. "그 생각을 했을 때의 짜릿한 흥분을 최대한 이용해서 끝을 봐야 해요. 그렇게 하지 않으면 별로 좋지 않다고 여기고 잊어버리니까요."

큰 성공을 거둔 테일러 스위프트조차 아이디어가 처음 태동할 때부터 완성될 때까지 저장할 시스템이 필요하다. 그는 메모를 생활화하여 일상에서 느끼는 감정과 경험에 뿌리를 둔 언어와 비유를 사용하고, 자칭 '스위프티Swifties'라 부르는 팬들과 강력한 연대를 형성할 수 있었다. 테일러 스위프트의 음악을 들으면 가수를 따라 자아를 발견하는 여정을 떠나는 느낌을 준다. 그의 앨범들은 그가 어떤 일을 겪었는지, 인생의 시기마다 어떤 사람으로 성장하고 있는지를 차례차례 들려준다.

이 이야기는 큰 성공을 거두고 여러 작품을 내놓는 창작자들도 재능을 발휘하려면 지원 시스템이 필요하다는 점을 보여준다. 천부적인 재능을 충분히 갖추고 태어났느냐의 문제가 아니다. 잠깐 반짝하고 사라지는 불꽃 이상으로 재능을 꽃피우려면 그 능력이 한 방향으로 모아 개발되어야 한다. 희극 배우 제리 사인펠트Jerry Seinfeld는 자신의 책《이거 괜찮아 보여?Is This Anything?》에서 다음과 같이 말했다.

웃긴 소재가 생각날 때마다, 그게 무대에서 공연 중이거나 사람들과 대화하는 중이거나 좋아하는 그림을 그리거나 큼직한 연습장 위에 낙서하던 중이라 할지라도, 즉시 그 생각을 메모해서 촌스러운 폴더 안에 보관했다. 사람들은 내가 이 메모들을 모두 직접 보관해왔다는 얘기를 듣고 놀라워했다. 나는 사람들이 왜 그게 놀랍다고 생각하는지 이해할 수 없다. 오히려 내가 왜 다른 것도 보관했는지 이해할 수 없다. 이 메모들 말고 더 중요한 게 과연 있을까?

좋아하는 운동선수나 뮤지션, 영화배우를 떠올려보자. 그들이 대중 앞에 보여주는 모습 이면에는 새로운 아이디어를 이용하여 창조적인 아웃풋을 내기 위해 거쳐야 하는 과정이 있다. 발명가와 엔지니어, 유능한 리더들도 마찬가지다. 우연이나 요행으로는 혁신이 이루어지지 않고 영향력도 행사할 수 없다. 창의력은 창조하는 과정에 달려 있다.

지식 저장고:
지식을 눈덩이처럼 불리는 마법

앞서 2장에서 여러 지식인들과 작가들이 기록하고 보관했던 비망록의 역사를 살펴봤다. 그들에게 정보의 목적은 명확했다. 글을 쓰고 대중 앞에서 연설하고 사람들과 대화할 때 필요한 지식을 제공하는 목적이었다. 그들은 아이디어를 어떻게 사용할지 잘 알았으므로 어떤 아이디어가 기록할 만한 가치가 있는지 매우 효율적으로 알아보는 시각을 갖추고 있었다.

이러한 관행은 오늘날 창작가들 사이에서 계속된다. 일부 작사가들과 작곡가들은 노래를 만들 때 가져다 쓸 만한 가사와 반복되는 후렴구를 적어둔 '후크 북hook book'을 갖고 있다. 소프트웨어 엔지니어들은 쓸 만한 코드를 쉽게 가져다 쓸 수 있도록 '코드 라이브러리code libraries'를 구축한다. 변호사들은 향후 소송에 참조할 만한 과거 사건들의 세부 사항을 담은 '사건 파일'을 만들어 보관한다. 마케터들과 광고 기획자들은 필요할 때를 위해 시선을 사로잡는 강렬한 광고 사례를 모아 '스와이프 파일swipe files'을 만들어둔다.

우리가 직면한 어려운 도전은 이러한 창작가들의 시각을 우리가 하는 일에 어떻게 적용하느냐의 문제이다. 어떻게 사용할지 정확히 알지도 못하는데 어떤 유형의 정보를 보존해야 하는가? 우리가 사는 세상은 이전 시대보다 더욱 빠르게 변화하지만 우리 대부분은 창의적인 도구를 단 하나도 가지고 있지 않다. 미래에 어떻게 될지 전혀 모르는데 무엇을 저장할지 어떻게 결정할 수 있을까? 이 질문에 답하려면 '지식'의 정의를 근본적으로 확장해야 한다.

지식이 항상 저 바깥 어딘가에 있어서 반드시 찾으러 가야 하는 것은 아니다. 지식은 어디에나 존재하고 우리 주변에도 있다. 가득 쌓인 이메일 속에도, 수많은 문서 파일 속에도 숨어 있으며, 클라우드 드라이브에서도 조용히 발견되기를 기다리고 있다. 지식 수집이란 당신이 이미 즐기고 있는 독서에서, 또 날마다의 일상에서 삶의 풍요로움을 발굴하는 일이다.

지식은 오래전 세상을 떠난 그리스 철학자들의 현명한 담론만은 아니다. 박사학위를 가진 학자들이 쓴 두꺼운 교재에서 찾아볼 수 있는 가르침에 국한되지도 않는다. 우리가 살아가는 디지털 세상에서 지식은 짧은 글, 스크린샷, 북마크한 기사, 팟캐스트, 혹은 다른 미디어처럼 '콘텐츠'로 나타날 때가 많다. 여기에는 외부 자료에서 가져오는 콘텐츠뿐만 아니라 이메일을 작성하고 프로젝트 계획서를 짜고 아이디어를 브레인스토밍하고 자신의 생각을 기록하면서 스스로 만들어내는 콘텐츠도 포함한다. 그것들은 아무렇게나 만들어낸 가치 없는 가공물이 아니라, 자신이 아는 걸 구체적인 형태로 결정화하는 '지식 자산knowledge assets'이다.*

이러한 지식 자산은 작년에 사용한 재무 계획 회의 안건을 조금 고쳐 내년에 다시 쓰는 것처럼 따분하고 재미없는 경우도 있다. 한편으로는 세계관을 바꿔버릴 수 있는 역사책을 읽으며 기록한 메모처럼 고상하면서 위대한 것도 있다. 아니면 그 둘 사이 어디든 될 수 있다. 문제를 해결하고 시간을 절약하며 개념을 분명히 밝히거나 과거의 경험을 통해 배우는 데 사용할 수 있으면 무엇이든 지식 자산이 될 수 있다.

결론적으로, 지식 자산은 외부 세계나 내면의 생각에서 만들어질 수 있다. 외부 지식의 대표적인 유형은 다음과 같다.

- **핵심 내용:** 책이나 기사를 읽고 찾아낸 통찰력 있는 구절
- **인용문:** 팟캐스트나 오디오북을 듣고 기억에 남는 구절
- **북마크와 '좋아요':** 흥미로운 인터넷 링크나 소셜미디어의 '좋

---

* MIT 경제학자 세자르 히달고(César Hidalgo)는 《정보의 진화》라는 저서에서 '상상력의 결정체(crystals of imagination)'라 부르는 생산물이 우리가 알고 있는 것을 다른 사람들이 접근할 수 있는 구체적인 사물로 변화시키는 방법에 대해 다음과 같이 설명한다. "우리의 생각을 구체적인 실체가 있는 디지털 객체로 결정화(結晶化, crystallize)하면 생각을 다른 사람들과 공유할 수 있다." 또 이렇게도 썼다. "상상을 구체적으로 결정화하는 능력이 있으면 다른 사람들의 신경계에 존재하는 지식과 노하우를 실제로 사용할 수 있다."

아요' 게시물

- **음성 메모:** 모바일 기기에 저장한 짧은 녹음 파일
- **회의 메모:** 회의나 통화 중에 논의한 주요 내용 메모
- **이미지:** 감흥을 불러일으키는 흥미로운 사진 또는 기타 이미지
- **강의 내용:** 수업, 콘퍼런스, 프레젠테이션 등에서 얻은 교훈

주변을 둘러보면 이미 우리가 이러한 외부 지식을 많이 갖고 있다는 걸 알 수 있다. 여기저기 어지럽게 흩어져 저장되었을 순 있어도 분명히 존재한다. 그 지식을 얻기 위해 당신이 노력했다는 사실에 주목하라. 이제 해야 할 일은 그 지식을 모아 지식 정원에 뿌릴 씨앗으로 삼는 일이다. 어떻게 하는지 그 방법을 곧 제시하겠다.

외부 세계에서 자료를 수집하다보면 내면 세계에 아이디어가 샘솟고 깨달음을 얻는 순간이 나타난다. 그 생각들도 수집할 수 있다. 내면에서 비롯된 자료들의 대표적인 유형은 다음과 같다.

- **스토리:** 좋아하는 일화(당신의 이야기이든 다른 사람들의 이야기이든 상관없다)
- **통찰력:** 크고 작은 깨달음
- **기억:** 잊고 싶지 않은 인생 경험
- **감상:** 수첩이나 일기에 적은 개인적인 생각과 교훈
- **사색:** 불현듯 우연히 떠오른 생각

생각, 통찰력, 기억의 의미는 즉시 명확하게 이해되지 않을 때가 많다. 그것이 우리에게 어떤 의미가 있는지 충분히 이해하기 위해 기록하고 다시 확인하고 다른 관점에서 바라볼 필요가 있다. 그 작업을 머릿속으로만 하기는 무척 어렵다. 다른 관점에서 자신의 생각을 살필 수 있는 외부 매체가 필요하며, 무엇인가를 글로 적는 일은 지금까지 발명된 것 중에서 가장 효과적이고 편리한 매체이다.

앞에서 언급한 개인적인 생각을 나만 볼 수 있는 수첩이 아니라 소프트웨어에 기록하는 게 내키지 않을 수도 있다. 무엇을 메모할지 결정은 늘 내가 하지만, 세컨드 브레인 역시 나만 이용 가능하다는 사실을 기억하라. 어떤 메모는 원한다면 다른 사람들과 공유할 수 있지만 그 안에 저장된 내용은 기본적으로 나만 볼 수 있다.

일단, 앞서 살펴본 외부와 내면의 지식 목록에서 현재 가장 많이 보유하고 있으며 중요하다고 생각하는 두세 가지 유형의 콘텐츠를 선택하라. 내면에 존재하는 지식 원천을 선호하는 사람들도 있고 외부 세계로 편향된 사람들도 있다. 하지만 대부분 그 둘 사이 어딘가에 있다. 최종적으로 당신은 수십 개의 서로 다른 원천에서 정보를 수집하는 법을 배우겠지만, 깊은 물로 뛰어들기 전에 발부터 먼저 담가보듯이 처음에는 작은 일부터 시작하는 것이 중요하다.

지금까지 설명한 사례들이 너무 광범위해 보일 수 있으므로 세컨드 브레인에 보관하지 말아야 할 지식이 과연 있을까 하는 의문이 생긴다. 내 경험상 적합하지 않은 콘텐츠 유형은 크게 네 가지이다.

1. 안전하게 보관하고 싶은 민감한 정보인가

메모에 저장한 콘텐츠는 어떤 기기에서든 쉽게 접근할 수 있으므로 접근성에서는 매우 훌륭해도 보안은 취약하다. 세금 납부 기록, 정부 문서, 암호와 건강 기록 같은 민감한 정보는 메모에 저장하면 안 된다.

2. 전용 앱을 사용하면 더 잘 다룰 수 있는 형식이나 파일인가

포토샵 파일이나 비디오 영상처럼 전문적인 파일을 메모에 저장할 수는 있어도 해당 파일을 열려면 어쨌든 연결 앱이 필요하다. 따라서 그런 파일을 메모에 저장하면 그다지 도움이 될 게 없다.

3. 대용량 파일인가

메모 앱은 짧고 용량이 작은 텍스트와 이미지에 적합하게 만들어졌으므로 대용량 파일을 저장하면 성능이 저하할 때가 많다.

4. 공동 편집을 해야 하는가

메모 앱은 개인이 혼자 사용하기에 적합하므로 공동 작업에는 그리 알맞지 않다. 메모를 다른 사람과 공유할 수는 있어도 어떤 문서를 실시간으로 여러 사람이 함께 공동 편집하려면 다른 플랫폼을 사용하는 게 좋다.

열두 가지 질문:
노벨상 수상자의 수집 방법

우리 주변에는 콘텐츠가 매우 풍부하므로 어떤 것이 보관할 가치가 있는지 정확히 알아내기 어려울 수 있다. 나는 사람들이 이 결정을 더 쉽게 내리도록 도와주기 위해 통찰력을 키우는 연습을 제안하는데, 나는 그 연습을 노벨물리학상 수상자인 리처드 파인먼에게 영감을 받아 '좋아하는 열두 가지 문제 Twelve Favorite Problems'라고 부른다.

파인먼은 취향이 매우 광범위하고 다재다능한 사람이었다. 어렸을 때 집 안에 굴러다니는 예비 부품들을 써서 가정용 경보시스템을 제작하기도 하는 등 일찌감치 공학 부문에 뛰어난 재능을 보였다. 흥미진진한 삶을 사는 동안 브라질에서 물리학을 가르치고 봉고와 콩가 드럼 연주법을 배워 오케스트라와 공연도 했으며 다른 문화

권을 탐색하며 열정적으로 전 세계를 여행했다. 물론 파인먼은 이론 물리학과 양자역학 분야에서 획기적인 사실을 발견한 과학자로 가장 많이 알려져 있으며, 그 일로 노벨상을 받았다. 한가한 시기에는 챌린저 우주왕복선 폭발 참사 조사위원회에서 결정적인 역할을 했고 책을 여섯 권 출판하기도 했다.

어떻게 한 사람이 그렇게 많은 분야에 기여할 수 있었을까? 자신의 세대에서 가장 인정받는 과학자인 동시에 바쁜 일로 가득하고 흥미로운 인생을 주도할 시간을 어떻게 냈을까? 파인먼은 한 인터뷰에서 자신의 전략을 공개했다.

> 좋아하는 열두 가지 문제를 끊임없이 마음에 새기고 있어야 합니다. 그 문제들이 대체로 휴면 상태에 있더라도 말입니다. 새로운 연구나 결과에 대해 듣거나 읽을 때마다 그 질문들에 하나씩 대입해서 테스트하고 해결에 도움이 되는지 살펴봅니다. 가끔 이거다 싶을 때가 있습니다. 그러면 사람들은 이렇게 말할 겁니다. "어떻게 해낸 거지? 그는 천재가 틀림없어!"

파인먼이 쓴 접근법은 답이 정해지지 않은 열두 가지 문제 목록을 계속 유지하는 방식이었다. 과학 분야에서 새로운 사실이 밝혀지면 그는 문제 해결의 실마리를 얻을 수 있는지 알아보기 위해 그 사실을 각 질문에 대입해 테스트했다. 이렇듯 여러 분야에 걸친 접근 방식을 활용하자 호기심을 계속 충족하는 동시에 겉보기에 관련 없제임스 글릭James Gleick이 쓴 《파인먼 평전》에도 언급되었듯이, 파인먼은 식사 중에 어떤 일을 우연히 목격하고 물리학 이론의 영감을 얻은 적이 있었다.

파인먼이 학생 식당에서 식사할 때 누군가가 접시를 공중으로 휙 던졌다. 한쪽 테두리에 코넬대 인장이 각인된 식당 접시였다. 접시가 허공으로 날아간 순간 그는 한 가지 특이한 경험을 했는데, 한참 나중에 그것이 깨달음의 순간이었다고 회상했다. 접시는 공중에서 회전하는 동시에 흔들렸는데, 파인먼은 접시의 인장을 보고 회전과 흔들림이 정확히 일치하지 않는다는 걸 알았다. 하지만 바로 그때 파인먼에게는 그 두 움직임이 상관관계가 있어 보였다. 그건 물리학자인 그의 직관이었을까?

종이에 그 문제를 열심히 풀며 고민한 끝에 파인먼은 접시의 흔들림과 회전 사이 비율이 2대 1이라는 사실을 발견했는데, 그것은 더 심오한 근본 원리가 작용한다는 걸 보여주는 상관관계였다. 동료 물리학자가 파인먼에게 그걸 알아서 도대체 어디에 쓰려는 것이냐 묻자 그는 태연하게 대답했다. "그런 건 전혀 중요하지 않아요. 중요하고 말고는 신경 쓸 필요가 없죠. 그냥 재미있잖아요?"

파인먼은 직관과 호기심을 충실히 따를 뿐이었다. 하지만 그건 결국 중요한 사실로 판명되었다. 파인먼은 회전의 기초를 이루는 방정식에 관해 연구하여 작업에 필요한 정보를 얻었고, 그 작업의 성과로 마침내 노벨상을 받았다.

파인먼은 결과가 어떻게 나오든 관심 있는 분야를 파고들었다. 책을 읽고 대화하고 일상생활을 하는 가운데 오래된 문제를 해결하는 방안을 찾으려 끊임없이 고민하고 질문을 던졌다. 그러다가 하나의 실마리를 찾으면 연결을 만들어낼 수 있었다. 다른 사람들의 눈에는 그것이 천재적이고 탁월한 찰나의 순간처럼 보였다.

당신 자신에게 이렇게 질문하라.

"항상 관심이 있었던 질문들은 무엇인가?"

여기에는 "어떻게 하면 매일 규칙적으로 운동할까?"처럼 현실적인 질문뿐만 아니라 "어떻게 하면 이 사회를 더 공정하고 공평하게 만들 수 있는가?"처럼 숭고하고 포괄적인 질문도 포함된다. "어떻게 하면 사랑하는 사람들과 더 가깝게 지낼 수 있을까?"처럼 인간관계에 관한 질문과 "어떻게 하면 가치 있는 일을 더 오래 할 수 있을까?"처럼 생산성에 관한 질문도 포함될 수 있다.

내 강의를 들은 수강생들이 좋아하는 질문들을 추가로 소개하겠다.

- 어떻게 하면 과거에 머물지 않고 현재에 더 집중할까?
- 어떻게 하면 더 자신 있게 결정할 수 있을까?
- 어떻게 하면 중장기 목표와 맡은 책임에 부합하는 투자 전략을 만들 수 있을까?

- 아무 생각 없이 소비하다가 마음먹고 창조로 전환한다는 건 어떤 모습일까?
- 어떻게 하면 아이들이 잠자리에 든 뒤 드라마를 보지 않고 일찍 잘 수 있을까?
- 어떻게 하면 내가 종사하는 산업이 계속 수익을 내면서도 지속 가능한 생태계를 유지하는 데 도움이 될까?
- 어떻게 하면 책임이 큰 일을 맡은 두려움을 극복할 수 있을까?
- 어떻게 하면 우리 학교가 특별한 도움이 필요한 학생들에게 자원을 더 많이 제공할 수 있을까?
- 어떻게 하면 책을 쌓아두지만 않고 읽을 수 있을까?
- 어떻게 하면 속도를 내면서 동시에 휴식할 수 있을까?
- 어떻게 하면 의료보험제도가 사람들의 요구에 더 빨리 반응하게 할까?
- 어떻게 하면 몸에 좋은 음식을 힘들이지 않고 먹을 수 있을까?

이 질문들에서 일부는 추상적이고 일부는 구체적이라는 사실에 주목하라. 깊은 소망을 나타낸 질문도 있지만, 즉석에서 떠올린 관심사를 표현한 질문도 있다. 어떻게 하면 더 나은 삶을 사는가에 관한 질문이 많지만, 어떻게 하면 직장에서 성공할 수 있는지 집중하는 질문도 있다. 이 연습의 핵심은 이 문제들을 정해진 답이 없는 '열린' 질문으로 만드는 일이다. 우리가 사는 이 놀라운 세상을 향한 경이로움과 호기심을 불러일으키는 질문을 찾기 위해서이다.

당신이 좋아하는 문제가 가진 힘은 시간이 흘러도 질문의 내용이 변함없이 잘 유지된다는 점이다. 여러 프로젝트를 담당하고 직장을 옮기고 다양한 인간관계를 맺고 경력을 개발하며 바쁘게 살아가는 동안 각 질문의 세부적인 틀은 바뀔 수 있지만, 해를 거듭해도 변하지 않고 우리를 따라오는 경향이 있다. 가족이나 어린 시절 친구들에게 당신이 어렸을 때 어떤 것에 마음을 뺏겼었는지 물어보면 좋다. 그런 관심사는 어른이 된 지금도 여전히 상상력에 불을 지필 것이다. 관심사와 관련되어 수집한 콘텐츠는 시간이 한참 흐른 뒤 먼 미래에도 의미가 있을 것이다.

어렸을 때 나는 조립식 장난감 블록인 레고에 푹 빠졌다. 부모님은 내가 다른 아이들과 같은 방식으로 레고를 갖고 놀지 않는다는 걸 알아보셨다. 나는 레고 조각들로 무엇인가를 조립하는 대신, 정리하고 또 정리하며 시간을 보냈다. 모양과 크기가 모두 다른 수천 개의 레고 조각이 뒤엉킨 혼돈 속에서 어떻게 질서를 창조할 것인가 하는 문제에 마음이 완전히 사로잡혔다. 완벽한 정리 체계를 찾아내기만 한다면 일생일대의 대표작, 다시 말해 좋아하던 공상 과학 영화에서 보던 것 같은 레고 우주선을 조립할 수 있을 거라는 생각에 레고 조각들을 색상, 크기, 주제별로 정리하는 체계를 새롭게 만들어내곤 했다.

어떻게 하면 혼돈에서 창의력이 드러날 수 있을까? 그 질문은 지금도 나를 움직이는 원동력이다. 다만 지금은 레고 대신 디지털 정보를 정리하는 형태이다. 이 질문을 계속 추구하자 지난 몇 년 동안 인생의 수많은 시기에 걸쳐 많은 걸 배울 수 있었다. 목표는 그 질문에 맞는 최종적인 정답을 내놓는 게 아니라, 그 질문을 학습의 방향을 제시하는 북극성으로 삼아 활용하는 것이다.

잠시 시간을 내서 좋아하는 질문 몇 가지를 적어보라. 도움이 되길 바라는 마음으로 몇 가지 사항만 당부하겠다.

- 어렸을 때 무엇에 집착했는지 가까운 사람들에게 물어보라(어른이 된 지금도 같은 일에 푹 빠져 있을 경우가 많다).
- 정확히 열두 가지를 생각해내지 못할까 봐 걱정하지 마라(정확한 숫자가 중요한 건 아니지만 적어도 몇 가지는 생각해보자).
- 질문 목록을 완벽하게 만들지 못할까 봐 걱정하지 마라(처음 해보는 일이니 점점 더 발전할 것이다).
- 답이 여러 개 나올 수 있는 주관식 질문으로 표현하라(답을 하나만 고를 수 있는 '네/아니오' 질문은 피한다).

좋아하는 질문 목록을 이용해 무엇을 수집할지 정하라. 답을 하는 것과 관련 있으면 어떤 것이든 상관없다.

수집 기준:
너무 많거나 적게 보관하지 않는 방법

세컨드 브레인이 대답해주길 바라는 질문들을 찾아내고 나면, 이젠 어떤 정보가 가장 유용할지 분명하게 선택해야 할 때이다. 인터넷에서 이것저것 찾아보던 중 평소 관심 있던 마케팅 전문가가 캠페인을 어떻게 운영하는지 알려주는 블로그 게시물을 찾았다고 상상해보자. 당신은 순식간에 마음을 빼앗긴다. 바로 이것이 그동안 찾았던 자료다! 이 전문가는 드디어 자신의 비밀을 공개했다!

본능에 따라 당신은 그 게시물을 통째로 저장할 수도 있다. 고급 정보이니 전부 보관하는 게 어떨까? 하지만 문제가 있다. 그 게시물은 내용도 어렵고 몇 십 쪽의 긴 설명서라는 점이다. 지금 그 내용을 다 이해하려면 최소한 30분 정도 걸리고, 나중에 또 읽을 때도 그만큼의 시간이 필요할 것이다. 그때쯤이면 세부 내용을 대부분 잊어버릴 것이기 때문이다. 시간 날 때 읽어보겠다며 북마크만 해놓는 것도 좋은 생각은 아니다. 그 링크에 어떤 내용이 담겼는지 알 수 없을 것이기 때문이다.

사람들은 대체로 이쯤에서 막혀버린다. 그들은 처음 본 콘텐츠에 무작정 뛰어들어 열심히 읽어대지만 자세한 내용은 곧 잊어버린다. 혹은 웹 브라우저 창을 수십 개 열어놓고 그동안 접하지 않았던 흥미로운 자료를 보고 갑자기 죄책감을 느낀다.

이런 상황에서 벗어날 방법이 한 가지 있다. 그것은 콘텐츠마다 중요한 가치가 균등하게 배분되지 않는다는 사실을 깨닫는 데서 시작한다. 특별히 더 재미있고 유용한 부분은 항상 있기 마련이다. 이 사실을 깨달으면 답은 명확하다. 가장 중요하고 유용하며 내용이 풍부한 자료만 발췌하여 간결하게 메모한 후 저장한다. 여러 장의 내용 전체를 그대로 저장하지 말고 엄선한 일부 문장만 저장한다. 인터뷰 내용을 처음부터 끝까지 다 저장하지 말고 가장 좋은 구절만 신중하게 골라 저장한다. 웹사이트 화면을 일일이 저장하지 말고 가장 흥미로운 내용을 담은 부분의 스크린샷 몇 개만 저장한다.

최고의 큐레이터들은 전시용 컬렉션에 어떤 작품을 포함할지 굉장히 까다롭게 선정한다. 우리도 그렇게 해야 한다. 메모 앱을 사용하면 출처를 확인하거나 나중에 세부 내용을 더 깊이 파고들고 싶을 때 언제든지 원래 콘텐츠를 확인할 수 있도록 링크를 함께 저장할 수 있다.

디지털 메모 수집을 시작할 때 사람들이 쉽게 빠지는 함정은 너무 많이 저장한다는 점이다. 우연히 찾아낸 자료를 모두 저장하려 하면 쓸데없는 정보의 바다에 빠져 허우적거리는 위험을 각오해야 할 것이다. 그렇게 되면 세컨드 브레인은 타인의 SNS를 구경하는 것과 다를 바 없어진다.

이것이 바로 '큐레이터의 관점'을 취해야 하는 이유이다. 우리는 선택한 정보를 놓고 판단하고 편집하며 해석한다. 큐레이터처럼 생각한다는 말은 흘러들어오는 정보에 속수무책으로 휩쓸리고 마는 게 아니라 책임진다는 뜻이다. 처음에 수집한 자료를 더욱 간결하게 정리할수록, 미래의 당신은 그 자료를 정리하고 추출하고 표현하느라 들이는 시간과 노력을 줄일 수 있을 것이다.*

어떤 지식이 보관할 가치가 있는지 판단하는 데 도움이 될 네 가지 지식 수집 기준을 소개하겠다.

1 영감을 불러일으키는가

영감을 얻는 일은 살면서 매우 드물게 발생하지만 무척 소중한 경험이기도 하다. 당신이 하는 일에서 최고의 결과를 내려면 없어서

---

*   메모 앱에 콘텐츠를 얼마나 저장할지 좀 더 정확한 조언을 해주자면 원본의 최대 10퍼센트를 넘기지 않는 편이 좋다. 그 이상 저장하면 나중에 그 자료를 다 읽기 어려워질 것이다.

는 안 될 연료이지만, 필요할 때마다 언제든지 영감을 얻는 건 불가능하다. 어떤 질문에 대한 답은 구글에서 검색할 수 있어도 느낌은 그렇게 할 수 없다.

영감을 더 자주 불러일으키는 방법이 한 가지 있다. 당신에게 영감을 주는 인용문과 사진, 아이디어와 이야기를 수집해 보관하라. 휴식이 필요하거나 새로운 관점으로 봐야 할 때, 혹은 동기부여가 조금 필요할 때마다 그동안 모아둔 자료를 훑어보면 어떤 것이 당신의 상상을 불러일으키는지 알 수 있다. 예를 들어, 나는 과거 수년간 고객들이 보내준 감사의 메시지들이 가득 들어 있는 폴더를 보관한다. 하는 일이 성에 차지 않거나 만족스럽지 않다는 생각이 들 때마다 그 폴더를 열어 다시 읽는다. 그러면 부정적이었던 생각이 완전히 바뀐다.

2 나와 내 일에 유용한가

목수들은 각양각색의 못과 나사받이, 쓰고 남은 나무토막, 금속 조각 같은 잡동사니를 작업장 한쪽 구석에 보관한다. 이렇게 '자투리'를 보관하는 데에는 별다른 비용이 들지 않지만, 놀랍게도 그것들은 향후 프로젝트에 없어서는 안 될 조각이 될 때가 많다.

지금은 특별히 영감을 주지 않아도 나중에 도움이 될지 모를 정보를 접할 때가 있다. 통계치, 참고 자료, 연구 결과, 쓸모 있는 도표 같은 것들은 목수가 작업실 주변에 보관하는 예비 부품에 해당한다. 가령 나는 사진과 그래픽 이미지, 온라인과 오프라인에서 찾아낸 그림이 가득 들어 있는 폴더를 보관한다. 슬라이드나 웹페이지에 들어갈 이미지가 필요하거나 새로운 아이디어를 생각해야 할 때마다 그전에 쓸 만하다고 판단해 보관 중인 풍부한 이미지들을 가져다 활용할 수 있다.

3 개인적인 정보인가

보관해야 할 귀중한 정보 유형 중 한 가지는 나만의 생각과 의견, 추억 같은 개인적인 정보이다. 수첩이나 일기를 쓰는 일같이 오래된 관행처럼, 우리는 메모를 활용해 삶을 기록으로 남기고 지금까지 살아온 과정을 더 잘 이해할 수 있다.

내가 살아오면서 다른 사람들과 대화를 나누고 실수를 저지르고 성공을 거두며 얻은 교훈과 체득한 지혜에는 다른 누구도 접근할 수 없다. 내 인생의 짤막한 순간순간들을 나만큼 소중히 여기는 사람은 아무도 없다.

나는 가족이나 친구들과 나눈 문자 메시지들을 종종 스크린샷으로 저장한다. 이렇게 서로 나눈 메시지를 보면서 따뜻한 마음과 즐거운 유머를 느끼는 순간은 무척 소중하다. 그들 곁에 항상 함께할 수 없기 때문이다. 잠시만 시간을 내면 된다. 이를 통해 가까운 **107**

사람들과 나눈 대화의 추억을 영원히 간직하리란 걸 알고 있어서
마음이 놓인다.

4 놀랄 만한 사실인가

사람들이 하는 메모 대부분은 그들이 이미 잘 알고 있거나, 혹
은 동의하거나 동의할 만한 아이디어일 때가 많다. 인간에게는 자신
이 믿는 것이 옳다고 확인해주는 증거를 찾으려는 본능적인 편견이
있다. 이처럼 한쪽 방향으로 생각이 치우치게 되는 현상을 '확증 편
향confirmation bias'이라 한다.

하지만 이미 잘 아는 아이디어를 수집하는 것은 세컨드 브레인
의 목적이 아니다. 저명한 정보 이론가인 클로드 섀넌Claude Shannon
은 '정보는 당신을 놀라게 하는 것'이라고 간단히 정의했다. 어떤 사
실이 놀랍지 않다면 그건 이미 어느 정도 알고 있다는 뜻이다. 그러
니 왜 그걸 메모로 남겨야 하겠는가? 어떤 사실을 접하고 놀라워한
다는 것은 새로 접한 정보가 자신이 알고 있는 내용과 완전히 일치
하지 않는 것임을 알려주는 훌륭한 지표이며, 우리의 사고방식을 바
꿀 잠재력이 있다는 뜻이다.

영감을 불어넣지도 않고 개인적이지도 않으며 딱히 쓸모 있어
보이지도 않는 아이디어가 문득 생각날 때가 있다. 하지만 그 아이
디어엔 뭔가 놀라운 점이 있다. 왜 그런 생각이 드는지 딱 꼬집어 말

할 수 없지만 그 아이디어가 당신의 두뇌를 활기차게 가동시키고 집중하게 만들어서 기존 견해와 충돌을 일으키게 이끈다. 바로 그런 아이디어를 수집해야 한다.

세컨드 브레인은 이미 알고 있는 내용을 또 확인하는 방법이 되어서는 안 된다. 우리는 이미 스스로 믿는 내용을 집중적으로 제공하는 알고리즘과 우리의 생각을 끊임없이 강화하는 소셜 네트워크에 둘러싸여 있지 않은가.

어디에서든 아이디어를 수집하는 능력 덕분에 우리는 다른 방향으로 나아갈 수 있다. 서로 상충하고 기존의 신념을 뒷받침하지 않는 아이디어를 저장하면 성급하게 결론을 내리지 않고 여러 출처에서 얻은 다양한 정보를 받아들이도록 훈련할 수 있다. 아이디어를 다르게 해석하고 확장하고 이것저것 섞어보는 등 마음껏 펼치다보면 원래의 아이디어에 가졌던 애착이 약해진다. 그러면 어떤 측면이나 요소를 다른 데서 빌려와서 활용할 수 있다. 수집한 지식이 당신의 마음을 바꾸지 않는다면 무슨 소용이 있는가?

지금까지 수집할 만한 지식인지 결정하는 데 도움이 될 몇 가지 기준을 살펴보았다. 하지만 이번 장에서 반드시 기억해야 하는 한 가지는 결국 가슴 깊이 공명하는 내용을 보관해야 한다는 점이다.

여기 그 이유가 있다. 체크리스트를 확인하며 분석하듯 결정을 내리자니 부담되고 스트레스를 받는다. 그것은 에너지가 많이 필요한 사고방식이다. 메모하느라 에너지를 너무 많이 소비해버리면 서로 연결하고 여러 가능성을 생각해내고 이론을 만들고 새로운 아이디어를 떠올리는 일처럼 훨씬 더 가치 있는 다음 단계로 넘어갈 힘이 별로 남지 않는다. 독서와 학습을 불쾌한 일로 만들어버린다면 시간이 갈수록 그 두 가지 활동에서 멀어질 것이다. 독서를 습관화하는 비결은 힘들이지 않고 즐겁게 하는 것이다.

콘텐츠를 소비할 때 아이디어를 받아들이면서 마음이 움직이거나 깜짝 놀라는 느낌이 드는지 관심을 기울여라. 영혼에 울리는 메아리처럼 사방에 울려 퍼지는 이 특별한 '반향'은 어떤 것이 진정 주목할 만한 것인지 알려주는 당신의 직관이다. 왜 그것이 반향을 불러일으키는지 이유를 정확히 알아낼 필요는 없다. 그저 신호가 나타나는지 감지하라. 눈이 살짝 크게 떠지거나 심장이 두근거리거나 입안이 마르거나 주변 세상이 희미해지면서 시간 감각이 둔해질 수도 있다. 어떤 식이든 이런 신호가 나타나면 '저장하기'를 누를 때이다.

신경과학 분야의 연구 결과, '감정은 이성적인 사고를 방해한다기보다는 체계적으로 정리한다'는 사실이 밝혀졌다. 무엇인가 가슴 깊이 와 닿으며 반향을 불러일으킬 때, 우리의 감정 기반인 직관적인 마음은 논리적인 사고가 그 이유를 설명하기에 앞서 그것이 흥미롭다고 알려준다. 나 역시 어떤 콘텐츠가 말로 충분히 설명할 수 없음에도 마음속 깊이 와 닿고 난 뒤 그 콘텐츠의 진정한 잠재력이 나중에 나타나는 걸 볼 때가 많다.

우리의 직관은 지금 무슨 일이 벌어지고 있는지 안다는 걸 증명하는 과학적 증거가 있다. 《행동 변화를 끌어내는 설계Designing for

Behavior Change》라는 책에 다음 내용이 실려 있다.

> 어떤 유명한 연구에 참여한 사람들에게 결과가 미리 정해진 카드 네 벌이 주어졌다. 어떤 게임은 돈을 따고 어떤 게임은 돈을 잃도록 설정되었다. 게임을 시작했을 때 사람들은 결과가 이미 정해져 있다는 걸 전혀 모르고 있었다. 그렇지만 게임을 하는 동안 사람들이 돈을 잃는 카드를 쓰려고 할 때, 그들의 몸에서 신체적 '스트레스'를 받는다는 징후가 나타났다. 의식적인 마음이 상황을 깨닫기 전에 직관적인 마음이 뭔가 잘못되었다는 걸 깨닫고 저절로 나온 반응이었다.

연구자들이 내린 결론은 "우리는 의식하지 못해도 우리의 직관적인 마음은 배우고 반응한다"라는 것이다. 직관에서 나오는 내면의 목소리를 계속해서 무시하면 그 목소리는 점점 잦아들다 사라질 것이다. 뭐라고 말하는지 귀 기울여 듣는 법을 연습하면 점점 크게 들릴 것이다. 그러면 당신은 어떤 상황에 있든 그 목소리가 들릴 것이다. 그 목소리는 어떤 선택을 하고 어떤 기회를 추구해야 하는지 안내할 것이다. 당신과 어울리지 않는 사람과 상황을 멀리하라고 경고할 것이다. 당신이 두려워할 때도 전혀 굴하지 않고 목소리를 높여 당신의 신념을 표현할 것이다.

창의적인 삶과 더 나은 인생을 위해 내면에 있는 직관의 목소리를 듣는 법을 배우는 일보다 더 중요한 게 있을까? 직관의 목소리는 111

상상력과 자신감, 자발성이 샘솟는 원천이다. 직관이 들려주는 말을 메모하여 매일 그 목소리를 듣도록 스스로를 훈련할 수 있다.

추가로, 공명하는 내용을 수집할 때 메모에 같이 저장해두면 유용하게 쓰이는 세부 항목들이 있다. 웹페이지 주소, 제목, 작성자 또는 게시자, 날짜처럼 메모 출처의 주요 정보를 수집하는 것이다. 책이나 논문, 보고서의 경우 각 장의 제목과 주제, 글머리기호로 정리된 주요 항목을 수집해도 유용하다. 그렇게 하면 메모에 짜임새가 더해지고 작성자가 당신을 대신해 이미 진행한 추출 과정을 알 수 있기 때문이다.

수집 도구:
쉽고 재미있게 저장하는 방법

세컨드 브레인에 어떤 유형의 자료를 저장해야 할지 알았으니 이제는 핵심을 다룰 차례이다. 수집은 정확히 어떻게 하는가?

심층 분석한 마케팅 기사를 읽는 동안 특정 조언이 당신의 업무 계획과 매우 밀접한 관계가 있다고 판단할 때를 가정해보자. 대부분의 메모 앱은 외부 자료에서 내용을 발췌하고 수집하는 기능이 기본 내장되었으며, 언제든지 단순하게 텍스트를 잘라내 새 메모에 바로 붙일 수 있다. 그 외에 디지털 콘텐츠를 쉽고 재미있게 수집하도록 설계되었을 뿐 아니라, 추가로 더욱 전문적인 기능을 갖춘 '수집 도구'도 많이 찾아볼 수 있다.

가장 흔하게 쓰이는 도구들은 다음과 같다.

- **전자책 앱:** 어플에 따라 하이라이트 처리한 부분 또는 주석을 한꺼번에 외부로 내보낼 수 있다.
- **나중에 읽기 앱:** 온라인에서 찾은 콘텐츠를 나중에 읽도록 북마크 할 수 있다. 팟캐스트나 동영상도 나중에 듣거나 시청할 수 있다.
- **기본 메모 앱:** 모바일 기기에 기본적으로 설치되어 있을 때가 많으며, 짧은 텍스트를 쉽게 수집할 수 있다.
- **소셜미디어 앱:** 콘텐츠에 '좋아요' 표시를 하여 메모 앱으로 내보낼 수 있다.

- **웹 클리퍼 앱:** 웹페이지 일부를 저장할 수 있다. 메모 앱의 기본 기능일 때도 많다.
- **오디오/비디오 텍스트 변환 앱:** 오디오나 비디오의 구술 내용을 텍스트로 옮긴다.
- **기타:** 그 외에 한 앱에서 다른 앱으로 콘텐츠를 내보내는 과정을 자동화하는 제3자 서비스, 시스템 통합 및 플러그인 등이 있다.

이 도구 중에서 일부는 무료이고 일부는 사용료를 청구하기도 한다. 어떤 도구는 완전히 자동으로 기능하며 백그라운드에서 조용히 작동한다. 예를 들어 전자책에 하이라이트 표시를 하면 메모 앱과 자동으로 동기화되는 것도 있다. 반면 어떤 도구는 종이 공책을 사진으로 찍어 디지털 문서로 저장하듯 수작업이 약간 필요하다.[*] 하지만 어떤 경우에도 수집 작업에는 시간이 별로 걸리지 않는다. 공유하기, 내보내기, 또는 저장하기만 누르면 된다. 그러면 무엇을 소비하고 있든 가장 좋은 부분만 세컨드 브레인에 저장할 수 있다.

물론 당신은 컴퓨터 폴더와 클라우드 드라이브, 문서 공유와 공동 작업을 수행하는 다양한 플랫폼 등 수많은 소프트웨어를 계속 활용해 정보를 다룰 것이다. 수집 도구는 주변 환경을 감지하려고 세

---

[*] 소프트웨어 분야는 끊임없이 변화하므로 다양한 기기와 운영 체제에서 사용할 수 있는 유/무료 수집 도구들을 계속 업데이트하여 소개하는 안내서를 만들었다. buildingasecondbrain.com/resources에서 찾아볼 수 있다.

상으로 뻗어가는 확장된 신경계로 간주하라. 아무리 많은 소프트웨어를 다양하게 사용하더라도 저장된 지식을 나중에 거들떠보지도 않을 수십 군데 장소에 그냥 내버려두는 일은 없도록 하라. 발견한 콘텐츠 중에서 가장 괜찮은 콘텐츠를 골라 메모 앱으로 합치고 실행하도록 하라.

우연히 찾아낸 유용한 콘텐츠를 수집 도구를 사용해 저장하는 방법 중 가장 널리 알려진 방법은 다음과 같다.

▪ **전자책 구절 수집:** 전자책 앱 대부분은 읽는 동안 중요한 구절을 하이라이트 할 수 있도록 만들어졌다. 가령 아마존 킨들에서는 하이라이트 처리하고 싶은 문장이나 단락이 있으면 손가락으로 드래그하기만 하면 된다. 그런 뒤 공유하기를 선택해 하이라이트 표시한 부분을 디지털 메모로 한번에 내보낸다. 읽는 동안 텍스트 옆에 의견도 추가할 수 있으며, 이렇게 하면 어떤 구절을 읽으면서 무엇이 흥미로웠는지 기억하는 데 도움이 될 것이다.

▪ **온라인 기사 혹은 웹페이지 발췌문 수집:** 읽고 싶은 온라인 기사나 블로그 게시물을 접하면 나중에 읽기 앱에 저장하라. 이 앱은 적당한 때가 되면 읽거나 시청하거나 듣고 싶은 모든 걸 꽂아두는 디지털 잡지 보관대와 같다. 저장한 기사들을 휴식 시간이나 퇴근 후 여유 있는 시간이 생길 때마다 빠르게 훑어본 뒤 한 가지를 골라 읽어라. 전자책처럼 여기에도 하이라이트 처리할 수 있으며 제3자 플랫폼을 사용해 메모 앱에 자동으로 보낼 수도 있다.

- **팟캐스트 인용문 수집:** 듣는 중에 좋아하는 에피소드 부분을 북마크하거나 '잘라낼clip' 수 있는 팟캐스트 플레이어 앱이 있다. 어떤 팟캐스트는 오디오를 텍스트로 변환해주기도 한다. 그러면 그 부분을 메모 앱으로 보내고 나중에 찾아볼 수 있다.

- **음성 메모 수집:** 스마트폰에 대고 말하면 음성을 텍스트로 변환하여 메모로 만들어준다.

- **유튜브 동영상 수집:** 많이 알려지지 않은 기능이지만, 일부 유튜브 동영상에는 말하는 내용을 텍스트로 자동 변환하는 기능이 있다. '스크립트 열기' 버튼만 클릭하면 새로운 창이 실행된다. 여기서 내용을 복사하여 메모에 붙여 넣을 수 있다.

- **이메일 발췌 내용 수집:** 인기 많은 메모 앱 대부분에는 어떤 이메일이든 특정 주소로 전송하는 기능이 있다. 해당 이메일의 본문 전체와 첨부 파일도 메모에 추가될 것이다.

- **다른 앱이 제공하는 콘텐츠 수집:** 사진 앱에서 이미지를 편집하거나 그림 앱에서 스케치하거나 소셜미디어 앱 게시물에 '좋아요'를 누를 수도 있다. 그 앱에 '공유하기' 버튼이 있거나 복사하여 붙여넣기를 허용하는 한, 당신이 만든 것은 무엇이든 바로 메모로 보내어 안전하게 보관할 수 있다.

적용하기:
생각을 외부에 저장하면
얻을 수 있는 장점

아이디어는 출퇴근할 때, TV를 시청
할 때, 아이들과 놀거나 샤워할 때처럼 아무 때나 무작위로 떠오를
때가 많다. 세컨드 브레인은 머릿속에 뒤죽박죽 엉킨 생각을 모아
안전하게 보관해둘 장소가 된다. 이렇게 하면 생각을 오랫동안 보관
할 수 있을 뿐 아니라, 무엇인가 기록하는 단순한 행동이 가져다주
는 장점들도 여러 가지 있다.

먼저, 직접 선택한 단어로 적어둔 정보를 기억할 확률이 훨씬
더 높다. 연구자들은 사람들이 말하기나 쓰기처럼 여러 단어를 연달
아 활발히 생성하면 단순히 읽을 때보다 뇌의 더 많은 부분이 활성
화된다는 사실을 밝혀냈다. 이는 '생성효과Generation Effect'라고 알려
져 있다. 무엇인가 글로 적는 일은 춤동작을 연습하거나 골대로 농

구공을 던지는 연습을 하는 것처럼 아이디어를 '리허설'하는 방법이며, 이렇게 하면 그 아이디어는 머릿속에 훨씬 오래 남는다.

기억력을 높이는 일은 시작에 불과하다. 어떤 아이디어를 글로 표현한다는 것은 머릿속의 콘텐츠를 단순하게 있는 그대로 종이나 디지털 형태로 옮긴다는 문제가 아니다. 글을 쓰면 이전에는 없었던 새로운 지식이 만들어진다. 단어를 하나씩 써 내려가면 내면에서는 연상 작용이 줄지어 촉발하고 아이디어가 발전하며, 이 모든 것은 걷잡을 수 없이 쏟아져 종이 위 혹은 기기 화면을 글로 가득 채울 수 있다.* 생각이 글로 나타나는 것과 마찬가지로 글을 쓰는 행위 역시 생각을 확장시킨다. 일방통행이 아니라 쌍방의 상호작용이라는 뜻이다.

생각을 글로 표현하면 건강과 웰빙에도 도움이 된다. 1990년대 가장 많이 인용된 심리학 논문 중 하나는 '감정이 얽힌 사건을 글로 써서 표현하면 사회·심리·신경 영역에 커다란 변화가 이루어진다'라는 사실을 밝혀냈다. 광범위하게 실시된 여러 연구에 따르면 자신의 내적 경험을 글로 쓴 사람들은 병원을 찾는 일이 감소했고 면역 체계가 개선되었으며 신체적인 고통도 감소했다고 한다. 감정에

---

* 이 현상을 '분리 이득(detachment gain)'이라고 한다. 다니엘 라이스버그가 쓴 《분리 이득: 생각을 자유롭게 나타낼 때의 장점(The Detachment Gain: The Advantage of Thinking Out Loud)》에 따르면, 이것은 말하기나 쓰기처럼 '생각을 외부화된 형태로 표현할 때 얻을 수 있는 기능적인 장점'을 의미하며, '다른 방법을 썼더라면 찾을 수 없었을지도 모를 새로운 발견을 해낼 가능성'을 만들어낸다. 스펠링을 기억하려고 단어를 써보는 연습을 했다면 이미 분리 이득을 경험했다.

관한 주제로 글을 쓴 학생들은 성적이 향상됐고 갑작스레 해고당한 전문직 종사자들은 새로운 직장을 더 빨리 찾았으며 직원들의 결근율도 낮아졌다.

이렇게 발견한 사실 중에서 가장 놀라운 점은, 이 과정에서 다른 사람들이 주는 인풋에 연연하지 않았다는 사실이다. 그들이 쓴 글을 다른 사람이 읽어보거나 반응을 보일 필요가 없었다. 글을 쓰는 행위 자체로 그러한 혜택들을 누릴 수 있었다.

뇌의 외부에 콘텐츠를 수집하면서 얻을 수 있는 또 다른 혜택은 '끊임없이 반응해야 하는 고리reactivity loop'라고 내가 명명한 악순환에서 탈출할 수 있다는 점이다. 인터넷의 매우 큰 특징이기도 한 이 고리는 즉각적인 반응을 요구하고 분노를 유발하며 선정적인 콘텐츠가 햄스터 쳇바퀴처럼 돌고 도는 것이다. 어떤 아이디어를 처음 접하는 순간은 그게 어떤 의미인지 결정하기에 가장 나쁜 순간이다. 그 아이디어를 잠시 옆으로 치우고 객관성을 좀 더 확보해야 한다.

미디어가 폭풍처럼 퍼붓는 정보를 막아주는 방패인 세컨드 브레인이 있으면 아이디어에 일일이 대응하거나 아이디어를 영원히 잃어버릴 위험을 무릅쓸 필요가 없다. 일단 보관해두었다가 좀 더 침착하고 흔들리지 않을 때 다시 처리할 수 있다. 지금 닥친 긴급한 요구에서 벗어나 시간을 두고 천천히 새로운 정보를 흡수하여 내 생각에 통합할 수 있다. 한가할 때 읽으려고 저장한 뉴스나 기사를 다시 열어보면 당시에는 굉장히 중요하게 보인 것들이 나중에 보면 사소하고 불필요한 내용이 많다는 사실에 놀라게 된다.

메모하기는 자신의 생각을 외부화하는 가장 쉽고 간단한 방법이다. 특별한 기술이 필요 없고 기본적으로 당사자만 볼 수 있으며 언제 어디서나 할 수 있다. 생각이 일단 머리 밖에 있으면 그 생각을 차분히 살피고 이것저것 시도해본 뒤 더 좋은 것으로 발전시킬 수 있다. 그것은 머릿속을 흘러가는 생각의 잠재력을 최대로 발휘하는 지름길과 같다.

나는 이 장에서 수많은 아이디어를 소개했고 당신이 받아들일 게 매우 많다는 것도 안다. 지식을 수집하는 방법은 상당히 많지만, 이제 막 시작하려면 그 모든 옵션을 감당하기 벅차다는 생각이 들 수도 있다. 이쯤에서 세컨드 브레인 구축을 시작하는 데 도움이 될 만한 질문을 하나 해보겠다. 아이디어를 수집하는 일이 쉽고 간단하다면 그건 어떤 모습일까?

답이 정해져 있는 질문이 아니다. 더 많이, 혹은 더 적게 수집하고 싶은 건 무엇인지 생각해보라. 어떤 느낌일까? 지금부터라도 당장 저장할 수 있을 만큼 이미 잘 알고 있는 콘텐츠는 무엇인가? 오늘 혹은 이번 주에 수집할 콘텐츠는 어떤 것일까? 나는 평균적으로 메모를 하루에 두 개씩만 저장한다. 오늘 우연히 접한 정보 가운데 당장 기록할 수 있는 두 가지 아이디어, 통찰력, 의견, 관점이나 교훈은 무엇인가?

아직 시작 단계이므로 너무 많은 수고를 들이지 않고 수집하는 일이 중요하다. 당신은 그 일이 자연스러운 습관이 될 만큼 충분히 수행해야 하는 한편, 찾아낸 아이디어의 가치를 오롯이 활용할 수 있는 다음 단계를 대비하여 시간과 에너지를 보존해야 한다.

더 많이 수집하는 게 문제가 아니다. 당신이 이미 겪고 있는 경험에 대해 메모하는 일이 중요하다. 인생이라는 과일에서 즙을 더 짜내고 맛의 미묘한 차이에 더욱 세심하게 주의를 기울여 매순간의 풍미를 한껏 음미하자는 것이다.

'정확하게' 수집하는지 아닌지는 걱정하지 마라. 여기에는 정답도 오답도 없다. 당신이 좋은 내용을 얻고 있는지 알 수 있는 유일한 방법은 그것을 실생활에서 사용해보는 것이다. 뒤에서 그 부분을 다룰 예정이다. 그동안 디지털 메모 앱과 수집 도구를 여러 가지 사용해보고 어느 것이 자신에게 잘 맞는지 확인하라.

어느 때가 되었든 벽에 부딪힌 듯하거나 감당하지 못할 듯싶으면 한 걸음 물러난 뒤 영원한 것은 아무것도 없다는 말을 떠올려보라. 디지털 콘텐츠는 끝없이 변하므로 지금 어떤 결정을 내렸다고 해서 그것만 전적으로 지켜야 할 필요가 없다. CODE 방법의 모든 단계는 상호 보완하는 관계이지만 한 번에 한 단계씩 시도해볼 수도 있다. 공명하는 부분부터 시작하고 자신감이 커지면 거기서부터 확장하라.

다음 5장에서는 세컨드 브레인에 모아둔 지식 자산으로 무슨 일을 해야 하는지 알아보겠다.

5장
_ 실행을 목표로
정리하라

열정을 다 바쳐 창의적인 일을 하려면
규칙적이고 질서 잡힌 생활을 해라.

- 귀스타브 플로베르, 프랑스 소설가 -

트와일라 타프Twyla Tharp는 가장 창의
적인 현대무용 안무가 중 하나로 손꼽힌다. 그의 작품세계는 발레에
서 브로드웨이 쇼, TV와 할리우드 영화에 이르기까지 160편이 넘
는다. 사실 춤은 '정리하기'와는 거리가 먼 활동으로 보일 수 있다.
무용수들의 신체를 이용해 항상 똑같이 진행하기란 어렵기 때문에
무대에서 즉흥적으로 자연스럽게 이루어지는 듯 보일 때가 많다. 하
지만 타프는 자신의 책《창조적 습관》에서 지난 60년간 믿을 수 없
을 만큼 수많은 작품을 배출하게 한 창의적 과정의 핵심에는 단순한
정리 기법이 있다고 밝혔다.

타프는 그 정리 기법을 '상자box'라고 부른다. 우선 새로운 프로
젝트를 시작할 때마다 상자를 꺼내 이름표를 붙인다. 보통 자신이

124

담당한 안무 이름으로 정한다. 이 첫 번째 행동은 안무 작업을 시작할 때 목적의식을 불어넣는다. "상자가 있으면 정리되었다는 느낌이 듭니다. 어디로 갈지 아직 모를 때도 정신을 똑바로 차리게 하죠. 상자는 또한 책임의식도 상징합니다. 프로젝트 이름을 써넣는 건 단순한 행동이지만, 내가 일을 시작했다는 뜻이기도 하지요."

타프는 창의적인 에너지가 가득 담겨 부글부글 끓어오르는 가마솥처럼 프로젝트와 관련 있는 건 빼놓지 않고 모조리 상자 안에 넣는다. 자신이 '공책, 스크랩한 뉴스, CD, 스튜디오에서 혼자 촬영한 비디오테이프, 무용수들의 리허설 비디오, 영감을 불어넣었을지도 모를 책과 사진과 예술 작품' 같은 자료를 새로 찾을 때마다 어디에 보관할지 늘 알고 있다. 모두 상자 안에 넣어 보관한다. 다시 말해 해당 프로젝트 작업을 할 때마다 정확히 어디를 찾아봐야 하는지 알고 있다. 바로 상자 안이다.

타프는 책에서 그 상자가 없어서는 안 될 매우 귀중한 것으로 판명된 일화를 들려준다. 팝과 록음악 장르의 아이콘 빌리 조엘의 히트곡 컬렉션을 댄스 공연으로 만드는 협업 프로젝트였다. 대담한 아이디어였다. 콘서트도 뮤지컬도 아닌 그사이 어딘가에 있지만, 어느 쪽과도 확연히 구별되었다. 서로 다른 노래에 등장하는 인물들은 같은 스토리를 염두에 두고 만들어지지 않았으므로 어떻게 하면 그들을 하나의 이야기에 녹여 넣을 수 있을지 확실치 않았다.

이처럼 정해진 답이 없는 프로젝트조차 다른 모든 프로젝트와 같은 방식으로 목표를 갖고 시작했다. "목표를 분명히 하고 프로젝

125

트에 착수하면 좋습니다. 때로 그 목표는 '단순할 것' 혹은 '완벽한 작품', 아니면 '효율적으로'처럼 내가 처음에 무슨 생각을 했는지 잊지 말라는 개인적인 주문에 불과할 때도 있지요. 상자 속으로 제일 먼저 들어가는 건 바로 그 목표를 적은 종이예요."

조엘과 협업하면서 타프에게는 두 가지 목표가 있었다. 첫 번째는 춤에서 이야기의 역할을 이해하고 숙달하는 일이었다. 그것은 오랫동안 그의 호기심을 사로잡았던 창의적 도전이었다. 두 번째 목표는 훨씬 더 현실적이면서 첫 번째 못지않게 동기부여가 되는 일이었다. 바로 고용한 댄서들에게 출연료를 후하게 지급하는 것이었다. "그래서 프로젝트 목표를 글로 옮겼어요. '이야기를 들려줘라'와 '춤추는 일이 돈이 되게 하라'. 파란색 카드 두 장에 각각 적은 다음 상자 속에 넣었지요. 이 글을 쓰고 있는 지금도 그 두 목표는 상자 속에, 수개월 동안 조사한 자료 밑에 그대로 남아 있어요. 내 초심을 잊지 못하게 단단히 고정해주는 닻처럼요."

다음으로 프로젝트와 관련 있어 보이는 연구 자료와 아이디어 모두 상자 속으로 들어갔다. 빌리 조엘의 뮤직비디오, 라이브 공연, 강연, 사진, 스크랩한 뉴스, 노래 목록과 그 노래들에 대해 적은 메모 등이었다. 베트남 전쟁을 취재한 뉴스 영상과 영화, 그 당시 출판된 중요한 책, 심지어 무대에 오르지 못하고 중단된 프로젝트의 자료를 비롯하여 다른 상자에 담긴 자료도 수집했다.

수집한 물건들은 타프 혼자 사용할 목적이 아니었다. 그것들은 팀원들이 불꽃처럼 영감을 떠올리게 하는 기폭제가 되었다. 귀걸이

한 쌍과 매듭 장식 조끼는 의상 디자이너와 공유했고, 사이키델릭 조명에 관한 책들은 조명 디자이너에게 영감을 주었으며, 빌리 조엘의 공연과 어린 시절 롱아일랜드에서 살았던 집을 찍은 사진들은 프로덕션 디자이너와 토론할 자료가 되었다.

수집한 자료만 상자 12개에 달했다. 그 모든 소재를 다 외부에서 수집했다고 해서 자신의 창의력을 더하지 않았다는 뜻은 아니다. 예를 들어 타프는 빌리 조엘이 초창기 시절에 부른 〈쉬즈 갓 어 웨이She's Got a Way〉에 관해 적은 메모들을 발견했다. 이 노래는 순수하고 달콤한 사랑 이야기였지만 타프는 의미를 바꾸기로 했다.

"그때 내가 쓴 메모를 보면 그 노래가 좀 더 거친 내용으로 변해 최종적으로는 지저분한 술집 두 곳 장면이 동시에 진행됩니다. 하나는 베트남, 다른 하나는 고향에 있는 술집이지요. 빌리에게 '이렇게 내용을 바꾸면 당신 노래의 진정한 의미를 망칠 거예요'라고 경고해야겠다고 생각했어요. 하지만 빌리는 '하고 싶은 대로 하시죠'라고 아무렇지도 않게 답했지요."

트와일라 타프의 상자는 그가 창의적인 여정을 떠날 때 큰 도움이 되었다. 먼저, 그 상자 덕분에 위험을 감수하고 대담하게 모험을 떠나도 안전하다고 느꼈다. "상자는 토양 같은 존재예요. 기본적으로, 근본적으로 필요하고 현실에 존재하죠. 또 집 같은 존재예요. 마음을 다시 가다듬고 일하는 자세를 한결같이 유지해야 할 때 언제든 찾아갈 수 있지요. 상자가 늘 거기에 있다는 걸 알면 거리낌 없이 과감해지고 용감해지며 실패를 무서워하지 않아요."

127

또 프로젝트를 잠시 보류했다가 나중에 다시 찾아 진행할 수도 있었다. "상자는 내가 프로젝트와 연결되어 있다고 느끼게 하지요. 프로젝트를 잠시 덮어두고 있을 때도 그렇게 느껴요. 상자를 선반 위로 치웠더라도 그게 거기 있다는 걸 안답니다. 상자 위에 굵고 검은 글씨로 적힌 프로젝트 이름을 보면 내가 한때 어떤 아이디어를 냈으며 또 필요하면 곧 다시 돌아올 수 있다는 걸 잊지 않죠."

마지막으로, 과거에 거둔 성공을 돌아볼 수도 있었다. "상자가 있어서 과거를 되돌아볼 기회가 됩니다. 이걸 제대로 인식하는 사람들은 많지 않아요. 그들은 프로젝트를 마치고 나면 안심하죠. 잠시 쉬었다가 바로 다음 아이디어를 추진하고 싶어 해요. 그 상자는 성과를 반성할 기회입니다. 옛날에 만든 상자를 하나씩 순서대로 찾아보면 프로젝트의 시작이 어땠는지 알 수 있어요. 이렇게 해보면 여러모로 유익하죠. 어떻게 했는가? 목표를 달성했는가? 더 좋은 결과를 냈는가? 추진하는 도중에 바뀌었는가? 이 모든 걸 알 수 있어요. 상자가 없었더라면 더 효율적으로 할 수 있었을까요?"

트와일라 타프의 상자는 평범한 상자가 지닌 진정한 가치를 잘 보여준다. 그 상자는 사용하기 쉽고 이해하기도 쉬우며 만들기도 쉽고 관리하기도 편하다. 안에 담긴 내용물을 잃어버리지 않고 이곳저곳으로 이동할 수 있다. 별로 힘들이지 않아도 찾을 수 있고 다른 사람들과 공유할 수 있으며 이제 더는 필요하지 않을 때 보관해둘 수도 있다. 이렇듯, 복잡하고 정교한 결과물을 얻기 위해 반드시 복잡하고 정교한 시스템이 필요한 건 아니다.

PARA 시스템:
실행 가능성에 따른 정보 분류 방법

　　　　　　　　　　물리적 환경을 디자인하고 정리하는
데 우리가 시간을 얼마나 많이 쏟는지 생각해보라. 멋진 가구를 사
고 벽을 무슨 색으로 할 것인지 몇 주 동안 머리를 싸매고 고민하며
실내식물과 책을 어떻게 배치할지 계속 손을 댄다. 조명과 실내 온
도, 공간 배치의 세부 사항은 우리가 느끼고 생각하는 방식에 막대
한 영향을 끼친다는 사실도 알고 있다.

　이 현상을 일컬어 성당효과Cathedral Effect라고 한다. 주변 환경
이 우리의 사고방식을 강력하게 형성한다는 사실이 여러 연구를 통
해 밝혀졌다. 예를 들어 장엄한 천국의 모습이 떠오르는 유서 깊은
교회 건물이 우뚝 솟아 있다고 치자. 천장이 높은 공간에 있으면 우
리는 좀 더 추상적으로 생각하는 경향이 있다. 조그마한 작업실처럼

129

천장이 낮은 방에 있으면 구체적으로 생각할 가능성이 크다.

안정감과 침착함을 느끼게 해주는 물리적 공간의 중요성에 의문을 제기하는 사람은 아무도 없다. 그런데 디지털 작업 공간에 대해서는 어떤가? 당신은 생산성이나 창의성을 높이기 위해 디지털 작업 공간을 배치하는 데에는 시간을 거의 투입하지 않았을 것이다. 지식 노동자로서 우리는 매일 컴퓨터, 스마트폰, 웹과 같은 디지털 환경에서 시간을 보낸다. 그러한 가상공간을 통제하지 않는다면, 또 원하는 생각을 할 수 있도록 조성하지 않는다면 그곳에서 오래 머물기 힘들며 집중도 하지 못할 것이다.

세컨드 브레인은 단순한 도구가 아니라 환경이다. 또 눈에 익숙하고 구불구불한 길뿐만 아니라 비밀스럽고 한적한 구석이 곳곳에 자리 잡은 지식의 정원이다. 모든 길은 새로운 아이디어와 관점을 얻기 위한 출발점이다. 정원은 자연의 모습을 띠고 있지만, 우연히 만들어지지 않는다. 정원에는 씨를 뿌리고 잡초를 솎아내고 그 사이로 굽이굽이 이어진 길을 만들 관리인이 필요하다. 우리는 깨어 있을 때 시간을 많이 보내는 디지털 환경에 좀 더 의도적으로 관심을 가져야 한다.

이 환경을 조성하고 나면 무엇인가 실행하거나 생성해야 할 때 어디를 찾아봐야 할지 알 것이다. 일을 시작하는 데 필요한 자료를 30분 동안 힘들여 모을 필요가 없을 것이다. 세컨드 브레인은 세상과 잠시 단절하여 자기만의 세계를 상상하고 싶을 때면 언제든지 들어갈 수 있는 마음의 성당과도 같다.

세컨드 브레인을 구축하는 다음 단계는 수집하기 시작한 작은 지식 조각들을 모아 최적의 사고를 할 수 있는 공간에 정리하는 일이다.

아이디어를 일관된 방식으로 수집하기 시작하면 주변에 넘쳐흐르는 정보를 알아보고 지금껏 느껴본 적 없는 새로운 흥분감에 사로잡힐 것이다. 어떤 흥미로운 아이디어를 접하더라도 모두 안전하게 저장해 활용할 수 있다는 걸 알고 있으므로, 책을 읽거나 사람들과 대화하거나 어떤 사람을 인터뷰한 내용을 들을 때 더 주의 깊게 관심을 기울일 것이다. 이젠 최고의 아이디어를 늘 기억할 수 있기를 바랄 필요가 없다. 당신은 반드시 기억해낼 수 있다.

하지만 얼마 안 가 새로운 문제에 맞닥뜨릴 것이다. 그동안 모은 귀중한 자료로 무엇을 할 것인가? 자료를 부지런히 모으면 모을수록 이 문제는 더 커질 것이다! 메모를 정리하고 검색하는 효과적인 방법을 마련해두지 않고 메모만 수집하는 일은 감당하지 못할 더 큰 부담으로 다가올 뿐이다.

나는 디지털 라이프를 어떻게 정리할 것인가라는 문제를 해결하기 위해 지난 몇 년간 여러 가지 방법을 실천했다. 물리적인 공간 정리 방식에서 빌려온 기법들을 먼저 시도했다. 특별하게 구성된 온갖 종류의 노트를 써봤으며 도서관 책 배열에 사용하는 십진법도 시도해봤다. 파일들을 날짜와 주제, 종류별로 정리하는 방법을 시도했고 또 정교하게 짠 수많은 계획에 따라 정리해봤지만 모두 실패하고 말았다.

문제는 이러한 정리 시스템 중 어느 것도 일상생활과 통합되지 않는다는 점이었다. 이런 시스템들을 쓰면 너무 복잡한 규칙을 따라야 해서 다른 급한 일들을 처리할 시간을 빼앗겼다. 말하자면 그것들은 금방 한물간 시스템으로 변해 더는 쓸모없게 되리라는 걸 의미했다.

나는 정리에 실패할 때마다 메모와 파일들을 당시 집중하고 있던 프로젝트 폴더 하나에 모두 넣어버렸다. 이렇게 하면 적어도 업무에 당장 필요한 것들을 하나도 빠짐없이 가지고 있을 수는 있었다. 태그를 달거나 정리해서 보관하거나 키워드를 지정할 필요는 없었다.

그러던 어느 날 문득 깨달았다. 파일들을 왜 진작 그렇게 정리하지 않았을까? 프로젝트별로 정리하는 것이 최소한의 노력을 들여 정보를 관리하는 가장 자연스러운 방법이라면 그걸 기본값으로 설정하는 건 어떨까?

곧 그렇게 했고, 놀랍게도 그 방법은 효과가 있었다. 시간이 흐르면서 수천 명의 수강자, 팔로워들과 함께 이 실행 기반 정리법을 다듬고 단순화하고 테스트했다. 그리고 마침내 이 정리 방식을 PARA라고 명명했다.* PARA는 우리가 살아가면서 접하는 정보의 네 가지 대표적인 유형인 프로젝트Projects, 영역Areas, 자원Resources,

---

* Para는 '평행선(parallel)'처럼 '나란히(side by side)'라는 뜻의 그리스어이다. 이렇듯 알맞게 정의했으므로 우리는 세컨드 브레인이 생물학적 두뇌와 '나란히' 작동한다는 사실을 잊지 않을 수 있다.

보관소Archives를 나타낸다. 이 네 가지 유형은 보편적이며 출처나 형식, 목적과 관계없이 어떤 정보든 포함한다.*

당신의 직업이나 종사하는 분야에 상관없이 PARA로 이 모든 걸 다룰 수 있다. PARA는 정보를 종류별로 나누지 않고 얼마나 실행 가능한지에 따라 정리하기 때문이다. 프로젝트가 디지털 파일의 가장 큰 구성단위이다. 주제와 하위 항목으로 연달아 이루어진 복잡한 계층 체계에 따라 메모를 정리하는 대신, '이것은 어떤 프로젝트에 가장 도움이 될까?'라는 간단한 질문 하나에만 답하면 된다. 이 방법은 당신이 현재 프로젝트 몇 건을 수행 중이고 정보는 그 프로젝트를 지원하도록 정리되어야 한다고 가정한다.

예를 들어 회복 탄력성을 더욱 강하게 키우는 방법에 관한 유용한 기사를 우연히 읽고 메모에 저장한다고 가정해보자. 당신은 이 정보가 언젠가 도움이 되리라 확신하지만, 그 메모를 그동안 어디에 저장해야 하는지 어떻게 아는가? 나중에 그 메모가 필요할 때 어디를 찾아야 할지 어떻게 기억하겠는가? 잘못된 선택을 할 수 있다는 위험 때문에 이것은 금세 불안감을 유발하는 결정이 될 수 있다.

대부분은 이 메모를 주제별로 '심리학'이라는 폴더에 저장할 것이다. 완벽하게 논리적인 선택으로 보인다. 그런데 문제가 한 가지 있다. '심리학'이라는 주제는 범위가 너무 넓다. 지금부터 몇 주 혹

---

* 눈치챘겠지만 나는 네 글자로 된 체계를 굉장히 좋아한다. 연구자들은 이 체계를 '마법의 숫자 4'라고 부른다. 4라는 숫자는 홀깃 볼 때도 셀 수 있고 크게 신경 쓰지 않아도 기억할 수 있는 가장 큰 숫자이기 때문이다.

은 몇 달 뒤 모습을 상상해보라. 한참 일하던 중에 그렇게 광범위한 주제 밑에 저장된 모든 메모를 얼마나 오랫동안 찾아봐야 할까? 그 안에 수십 건의 기사와 책, 기타 자원에 관한 메모가 있겠지만, 그중 상당수는 전혀 실행할 수 없을 것이다. 어떤 메모가 있는지 알아내는 데만 몇 시간은 걸릴 것이다.

다른 방법이 있다. 수집한 메모를 실제 사례에 따라 선택하고 저장하는 방법을 보여주겠다. 작성 중인 심리학 논문이나 준비 중인 프레젠테이션과 같은 특정 프로젝트를 위해 폴더에 메모를 조금 추가하거나 태그하는* 작은 수고만 더한다면 어떤 아이디어가 필요한 순간에 바로 찾아낼 것이다. 너무 빠르지도 늦지도 않은 적기에 찾을 것이다.

메모가 유용하게 쓰일 만한 프로젝트를 지금 진행하지 않는다면 메모를 어디에 저장할지 선택할 수 있는 몇 가지 옵션이 있다. 당신이 책임지고 있는 인생의 주요 '영역'마다 주어진 전용 장소, 그리고 참고 자료와 각종 사실, 영감을 주는 내용을 저장한 개인 도서관 같은 '자원'이 그 옵션에 포함된다. 시간이 흘러 프로젝트를 마치고 새로운 기술을 익히고 목표 달성을 위해 나아가다보면 어떤 메모와 자원은 이제 더는 실행할 수 없으리란 걸 깨달을 것이다. 눈에 보이지 않아도 필요하면 언제든지 찾을 수 있는 곳에 보관하기 위해 그

---

* 대부분의 메모 앱이 주요 구성단위를 지칭할 때 '폴더'란 용어를 사용한다. 어떤 소프트웨어는 '태그'를 같은 의미로 사용하는데 이 역시 별 문제없다.

것들을 '보관소'로 옮길 수 있다.

프로젝트, 영역, 자원, 보관소는 PARA 정리 방식을 구성하는 네 가지 유형이다. 그것들을 하나씩 살펴보겠다. 당신의 디지털 세계를 세심하게 공들여 구성하느라 많은 시간을 소비할 필요 없이, PARA 는 정말 중요한 것, 즉 목표에 따라 아이디어를 신속하게 분류하도록 안내한다.

우리가 정리 과정에서 만날 수 있는 가장 큰 유혹은 정리 과정 자체를 목적으로 취급하면서 너무 완벽을 추구한다는 점이다. 질서 는 그 자체로 만족스러운 요소가 내재하며, 지식을 개발하여 공유 하지 않고 질서만 확보되면 거기서 멈춰버리기 쉽다. 우리는 정보를 외부 세상에서 사용하지 않고 과다하게 축적만 해서 관리하느라 시 간을 낭비하지 않도록 경계해야 한다.

정보를 저장하는 장소별로 각각의 정리 계획을 세우느라 마찰 을 유발하는 대신, PARA 정리 방식은 어떤 소프트웨어 프로그램이 나 플랫폼 혹은 어떤 메모 작성 도구를 쓰든 제한 없이 사용될 수 있 다. 당신의 디지털 라이프 전체에 걸쳐 같은 유형과 원칙을 가진 동 일한 시스템을 사용할 수 있다.

프로젝트를 진척시키려면 대체로 여러 플랫폼을 동시에 사용할 것이다. 모든 일을 처리할 수 있는 단 하나의 플랫폼은 없다. 즉, 소 프트웨어 프로그램을 하나만 쓰자는 게 아니라, 정리 시스템을 하나 만 사용하여 여러 가지 앱을 수시로 바꿔가며 쓰더라도 정리의 일 관성을 유지하자는 것이다. 하나의 프로젝트는 메모 앱에 있든, 컴

135

퓨터 파일에 있든, 클라우드에 있든 관계없이 동일한 프로젝트이며, 그러면 시스템을 바꿔가며 일할 때 생각의 흐름을 잃지 않고 업무를 처리할 수 있다.

메모와 파일을 현재 수행 중인 프로젝트를 중심으로 구성함으로써 당신의 지식은 '아이디어 묘지'처럼 흙먼지만 끌어 모으지 않고 실질적으로 작동할 수 있다. PARA 정리 방식은 대단히 힘들고 끝없는 노력을 요구하는 일이었던 '정리하기'를 끝내기 쉬운 과제로 바꿔주므로 당신은 더 중요한 작업을 할 수 있다.

결론적으로, PARA 시스템을 사용하면 저장하고 싶은 모든 정보를 다음 네 가지 유형 중 하나로 배치할 수 있다.

1. **프로젝트**: 일이나 생활에서 현재 진행 중이며 단기간 노력이 필요한 일
2. **영역**: 오랫동안 관리하고 싶고 장기적으로 책임지는 일
3. **자원**: 향후 도움이 될 수 있는 주제 혹은 관심사
4. **보관소**: 전에는 위의 세 가지 유형에 속했지만, 지금은 비활성화된 항목

1 프로젝트: 현재 진행하는 일

프로젝트에는 우리가 달성하려고 노력하고 있는 단기적인 결과

가 포함된다. 즉, 현재 진행하는 일이다.

프로젝트에는 작업을 준비하기 알맞은 몇 가지 특징이 있다. 먼저, 프로젝트는 시작과 끝이 있다. 특정 기간 진행되다 끝난다. 둘째, 프로젝트는 완결되려면 '완성', '승인', '착수', '발표'처럼 구체적이고 확실한 결과가 있어야 한다.

프로젝트 중심 작업 방식은 창작 예술과 공연 예술에서 흔히 나타난다. 예술가는 그림을 그리고 무용수는 춤을 추고 음악가는 노래를 만들고 시인은 시를 짓는다. 이것들은 분명히 식별할 수 있는 별개의 작업물이다. 이러한 프로젝트 중심 방식은 전반적인 지식 작업에서 점점 더 많이 찾아볼 수 있으며, 이러한 현상은 영화 제작 방식을 따서 '할리우드 모델Hollywood Model'이라 부른다.

《뉴욕타임스》에 실린 기사에서 설명하듯이, "프로젝트를 확인한다. 팀을 구성한다. 팀원들은 업무를 완수하는 데 필요한 기간만큼 함께 일한다. 프로젝트 종료 후 팀이 해체한다. 이러한 할리우드 모델은 다리를 건설하고 앱을 설계하고 음식점을 창업하는 일에도 활용된다."

팀이나 부서에 걸쳐 협업하거나, 심지어 서로 다른 회사끼리도 협업 프로젝트를 수행하고 끝나면 각자 제 갈 길을 가는 일이 점점 더 흔해진다.

프로젝트의 예는 다음과 같다.

▪ **직장 프로젝트:** 웹페이지 디자인 완료, 콘퍼런스 발표 자료 작

성, 프로젝트 계획표 작성, 채용 계획 수립

- **개인 프로젝트:** 스페인어 강좌 이수, 휴가 계획, 거실 가구 구매, 지역 자원봉사
- **부수적인 프로젝트:** 블로그 게시물 게시, 크라우드 펀딩 캠페인 착수, 최고 사양의 팟캐스트용 마이크 조사, 온라인 강좌 이수

작업하고 있는 일이 아직 명확하고 구체적인 프로젝트 수준까지 오지 못했다면, 이러한 변화를 줘서 생산성을 높일 수 있다. 자영업자든 대기업 직원이든 혹은 그 중간쯤 위치에서 일하든, 우리는 모두 프로젝트 기반 작업의 세계로 향하고 있다. 당신이 현재 어떤 프로젝트에 전념하고 있는지 잘 알아두는 일은 업무의 우선순위를 정하고 진행 계획을 세우며 중요하지 않은 일을 거절하는 데 필수적이다.

2 영역: 오랫동안 열과 성을 다해 관리하는 일

모든 일은 프로젝트만큼 중요하지만, 그렇다고 다 프로젝트가 되는 것은 아니다. 예를 들어 우리 삶에서 '재무Finances'라는 영역은 정해진 종료 날짜가 없다. 자금은 우리가 살아 있는 한 계속해서 고민하고 관리해야만 하는 영역이다. 하지만 재무에는 최종 목표가 없다. 복권에 당첨되어도 자금을 관리해야 하며 신경 쓸 일이 훨씬 더

많아질 것이다. 이처럼 영역은 우리가 장기적으로 관심을 갖고 책임지는 일이다.

직장생활에서 우리가 책임지고 담당하는 영역은 '제품 개발', '품질 관리', '인적 자원'처럼 다양하다. 즉, 우리가 수행할 것을 전제로 고용된 업무이다. 시간이 흐르면서 공식적으로 혹은 비공식적으로 담당하는 다른 업무가 추가될 때도 있다. 이들은 각각 책임 영역의 한 사례이며, 모두 합쳐 PARA 정리 방식의 두 번째 주요 유형을 구성한다. 개인적인 것이든 업무와 관련이 있는 것이든 이 모든 영역을 효율적으로 다루려면 정보가 어느 정도 필요하지만, 프로젝트에 필요한 정보와는 다르다. 다음의 예시를 살펴보자.

프로젝트	영역
5킬로그램 감량	건강
책 출판	글쓰기
3개월 치 지출 절감	재무
테스트용 앱 제작	상품 디자인
계약서 양식 제작	법률

재무의 경우, 수많은 종류의 정보 중에서도 특히 금융 컨설턴트 **139**

와 통화하며 들은 자문, 사업 목적의 구매 영수증이나 송장, 월별 가계 예산에 관련한 메모 등이 있을 것이다. 자금 예측, 개인 재무관리 소프트웨어 조사, 요즘 주시하고 있는 투자 동향에 관한 데이터처럼 계속 관리해야 할 예측성 정보도 있을 수 있다.

'제품 개발' 같은 업무 관련 영역의 경우 제품 설명과 R&D 결과, 고객 조사 인터뷰 내용과 고객 만족 지수 정보를 저장할 필요가 있을 것이다. 디자인에 영감을 주고 설계도를 제작하거나 제품 색상을 결정할 때 사용하고 싶은 제품 사진도 있을 수 있다. 그 모든 건 삶의 영역과 당신과의 관계, 그리고 그 관계를 어떻게 관리하거나 이끌어나가고 싶은지에 달려 있다.

개인 생활 영역 사례에는 다음이 포함될 수 있다.

- **당신이 책임지는 활동이나 장소:** 집, 요리, 여행, 자동차
- **당신이 부양하거나 책임지는 대상:** 친구, 자녀, 배우자, 반려동물
- **당신이 책임지는 성과 수준:** 건강, 개인적인 성장, 우정, 자금 관리

직장 업무 혹은 사업 영역 사례로는 다음이 포함될 수 있다.

- **당신이 책임지는 부서나 기능:** 고객 관리, 마케팅, 자금 운영, 상품 개발

- **당신이 관리하거나 책임지는 대상:** 직속 부하직원, 관리자, 이
  사회, 공급업체
- **당신이 책임지는 성과 수준:** 전문가로서의 자기계발, 영업 및
  마케팅, 인맥 관리와 네트워킹, 구인 및 채용

프로젝트와 달리 영역에는 최종 결과가 없지만, 영역을 관리하는 일은 여전히 중요하다. 앞의 개인 생활 영역 목록을 보면 사실 이 영역들은 당신의 건강과 행복, 안전과 삶의 만족에 매우 중요한 역할을 한다.

도달해야 할 목표는 없는 반면, 이 영역들에는 각각 유지하고 싶은 수준이 있다. 가령 재무 영역의 적정 수준은 청구서를 제때 처리하고 가족이 기본적으로 먹고살게 하는 정도일 수 있다. 건강 영역의 적정 수준은 일주일에 몇 번 운동하고 콜레스테롤 수치를 적절하게 유지하는 정도일 수 있다. 가족에 대해서는 매일 저녁과 주말에 즐겁게 어울리는 정도일 수 있다.

오직 자기 자신만이 그 수준을 정할 수 있다. 목적 달성을 위해 각각의 목적마다 전용 장소를 만들어두면 큰 도움이 된다. 그렇게 하면 인생의 중요한 측면마다 의미 있는 여러 생각, 의견, 아이디어 혹은 유용한 정보를 보관하는 장소를 어딘가에 항상 갖추고 있는 셈이다.

3 자원: 향후 참고하고 싶은 것

우리가 보관하고 싶은 정보의 세 번째 유형은 자원이다. 이것은 기본적으로 프로젝트나 영역에 속하지는 않지만, 당신이 흥미를 느끼는 어떤 주제든 포함된다. 예를 들면 다음과 같다.

- **어떤 주제에 관심이 있는가:** 건축, 인테리어 디자인, 영문학, 맥주 양조
- **어떤 주제를 조사하고 있는가:** 습관 형성, 메모 기록, 프로젝트 관리, 영양
- **어떤 유용한 정보를 참고하고 싶은가:** 휴가 일정, 인생 목표, 사진, 제품 추천서
- **어떤 취미나 열정이 있는가:** 커피, 고전 영화, 힙합 음악, 애니메이션

이 주제 중에서 어느 것이든지 그 자체로 자원 폴더가 될 수 있다. 이 주제들을 '조사' 혹은 '참고 자료'로 생각해도 된다. 그것들은 당신이 계속 관심을 가지고 살펴보는 트렌드, 당신의 직업이나 종사하는 산업계와 관련 있는 아이디어, 사적인 취미와 관심사, 그 밖에 그저 궁금해서 더 알아보고 싶은 것들이다.

이 폴더들은 생물 노트, 역사 노트, 수학 노트처럼 과목마다 따로 쓰는 수업 공책과도 같다. 현재 진행 중인 프로젝트 혹은 영역과

관련 없는 자료, 지금 혹은 당분간 실행할 수 없는 메모나 파일은 나중에 참고하도록 자원 폴더에 둘 수 있다.

4 보관소: 완료했거나 보류한 일

마지막으로 보관소에 관해 설명할 차례다. 앞에서 설명한 세 가지 유형 중에서 이제 더는 추진하지 않는 항목이라면 모두 여기에 포함된다. 예를 들면 다음과 같다.

- 완료하거나 취소된 프로젝트
- 이제는 관리하지 않는 책임 영역(가령, 회사를 그만두거나 다른 집으로 이사할 때)
- 이제는 의미 없는 자원(가령, 흥미를 잃은 취미 혹은 관심 없는 주제)

보관소는 PARA 정리 방식의 중요한 부분이다. 작업 공간을 어지럽히지 않도록 폴더를 '냉동실처럼 장기 보관'하는 동시에, 혹시 필요할 때를 대비해 영구 보관할 수 있기 때문이다. 집이나 차고와 달리, 디지털 자료를 영원히 보관한다고 해서 발생할 불이익은 전혀 없다. 향후 그 정보가 필요할 일이 생기면, 예를 들어 과거에 완료했던 프로젝트와 유사한 새 프로젝트를 담당한다면 불과 몇 초 만에 해당 정보를 불러올 수 있다.

143

PARA의 작동 방식:

언제 어디서나 사용 가능한 정리 시스템

PARA는 당신의 디지털 세계 전반에 걸쳐 작동하도록 설계되었으며 어디서나 사용 가능한 정리 시스템이다. 한곳에서만 작동하지 않으며 자료를 보관하는 수십 곳마다 완전히 다른 정리 체계를 사용하게 하지도 않는다. 컴퓨터의 문서 폴더와 클라우드 드라이브, 디지털 메모 앱처럼 어디에서든 사용될 수 있고 또 사용되어야 한다.

이제 PARA가 어떤 모습인지 살펴보자. 다음은 내 메모 앱 폴더에 PARA를 적용하면 어떤 모습인지 알려주는 사례이다.

제목
▶ 1 프로젝트 (11)
▶ 2 영역 (36)
▶ 3 자원 (45)
▶ 4 보관소 (216)
▶ 0 인박스 (0)

이 최상위 폴더들 안에는 내 삶을 구성하는 특정 프로젝트(P), 영역(A), 자원(R), 보관소(A) 폴더가 따로 존재한다. 첫째로, 내가 지금 진행하는 '프로젝트' 각각의 폴더는 다음과 같다.

제목
▼ 1 프로젝트 (11)
▶ 2021년 세금 (2)
▶ 세컨드 브레인 13 (14)
▶ 《세컨드 브레인》 책 출간 (43)
▶ 《세컨드 브레인》 원고 (202)
▶ 자금 운용 계획 (2)
▶ 코스 책임자 (4)
▶ 인지 관련 기사 발췌 (5)
▶ 홈 스튜디오 (27)

이 폴더들 안에는 내 아이디어를 담은 메모들이 저장되어 있다. 대부분의 사람들이 진행하는 프로젝트 수는 보통 5개에서 15개 사이이다. 대신 각 폴더에 저장된 메모의 가짓수(괄호 안 숫자)는 2개에서 200개 이상에 이르기까지 격차가 크다.

다음은 중간 규모 프로젝트의 일반적인 폴더에 담긴 메모의 예시이다(차고를 홈 스튜디오로 리모델링하는 프로젝트이며, 다음 장에서 더 자세히 설명하겠다).

홈 스튜디오(메모 27개)

차고 리모델링에 영감을 주는 사진

이벤트 기획자와의 통화

스튜디오의 모습과 느낌은 어떤가? 음악 소리는 잘 전달되는가?
기초 공사부터 시작하기: 광섬유 인터넷 (1기가)…

백업 전원에 관한 메모

용량의 80%를 초과하지 않기를 권장
음소거/입력 버튼: 누르고 3초 뒤 다시 누르면 알람이 울리지 않는다…

새 게시물: 원격 근무 시대를 대비한 홈 스튜디오 구축 방법

시청자는 누구인가? 소규모이지만 줌(Zoom)을 효과적으로 사용하고 싶은 전문가들…

주고받은 이메일: 홈 스튜디오 다음 단계

통화해서 반가웠습니다. 이 건에 대해 계속 논의했고, 홈 스튜디오를 만들 생각을 하니 무척 기대됩니다…

루카스에게서 받은 시공업체 소개서

전체적인 틀을 잘 잡을 수 있는 시공사 보내드립니다. 업체 사람에게 프로젝트 범위를 미리 알려줬습니다…

왼쪽의 그림은 '홈 스튜디오' 폴더에 저장된 27개의 메모 목록
이다. 그중 차고 리모델링 작업에 영감을 주는 사진 모음이 포함된
메모를 클릭하면 오른쪽에 해당 콘텐츠가 나타난다(위).

언뜻 보면 복잡하게 느껴지지만 실제로는 지난 수년간 축적
한 수천 개의 메모를 모두 망라하는 3단계 계층 구조, 즉 최상위

147

PARA 유형, 프로젝트 폴더, 폴더 속 메모가 전부다.

최상위 폴더 중 둘째로 살펴볼 폴더는 '영역'이다. 다음은 내가
관리하는 영역 중 일부이다. 각 폴더에는 내 삶에서 진행 중인 영역
별로 관계 있는 메모가 들어 있다. 일과 관련된 영역은 '포르테 랩스
(Forte Labs, 저자의 성인 '포르테'를 활용한 것이다 - 옮긴이)'의 줄임말인 'FL'
로 시작하며 알파벳순으로 정렬된다.

제목
▼ 2 영역 (36)
▶ 아들 (8)
▶ 자동차 (5)
▶ 의류 (2)
▶ 요리 (69)
▶ 재무 (19)
▶ FL: 어드민 (12)
▶ FL: 세컨드 브레인 콘텐츠 (190)
▶ FL: 세컨드 브레인 마케팅 (45)
▶ FL: 베데니 (20)
▶ FL: 체크리스트/템플릿 (12)
▶ FL: 고객 (32)

이 중에서 '건강' 영역에 저장된 메모를 살펴보자(149쪽).

건강(메모 34개)	건강(메모 34개)
근육운동 **(4시간 전신운동)** 팔을 머리 위로 최대한 높이 뻗은 자세에서 시작한다. (다이빙 자세처럼 두 손을 펴서 겹친다.)···. →	**근육운동** **(4시간 전신운동)** 팔을 머리 위로 최대한 높이 뻗은 자세에서 시작한다. (다이빙 자세처럼 두 손을 펴서 겹친다.) 운동하는 내내 두 팔을 귀 뒤쪽 혹은 귀에 바싹 붙인다. 손가락이 바닥에 닿을 때까지 4초 동안 몸을 숙인다. 그동안 두 손은 공이 있는 위치에서 더 멀리 뻗는다. 손가락이 바닥에 닿으면 몸을 최대한 늘린 상태로 2초 정지한다. 그대로 상체를 올려 근육이 최대한 수축한 상태로 2초 정지한다. ←
의료보험 구성 업데이트 상세 보장 내용을 확인하기 위해···.	
모발 관리 메모 1. 드라이어로 대충 말리지 말고 모발이 자라는 방향으로 수건으로 토닥거리며 모발을 말린다. 2. 너무 뜨거운 물로 머리를 감지 않는다. 3. 머리빗을 사용한다···.	
심호흡하면 침착해지는 이유 《사이언스》에 발표된 최신 연구에 따르면, 연구원들이 신중하게···.	
간편식 계획 과일이 든 시리얼, 우유, 베이컨, 토마토, 아보카도···.	
간헐적 단식 1. 16시간 금식, 8시간 섭취 기준 2. 세포 '대청소' 3. 인슐린과 혈압 수치를 낮춘다···.	

최상위 폴더 중 세 번째 '자원' 폴더에는 내가 관심 있는 주제별로 하위 폴더를 만들었다. 여기 저장된 정보에는 현재 실행할 사항이 없으므로 이 때문에 프로젝트 폴더가 어지럽혀지는 걸 원하지 않는다. 하지만 필요하게 되면 언제든 사용할 준비가 되어 있다.

제목
▼ 3 자원 (42)
▶ 인사평가 (21)
▶ 예술&철학 (39)
▶ 책&글쓰기 (14)
▶ 브랜드 아이덴티티/로고 (31)
▶ 비즈니스&전략 (146)
▶ 명함 (70)
▶ 크리스마스 선물 (3)
▶ 기후변화 (1)
▶ 마케팅 코스 (22)
▶ 문화&창의성 (80)
▶ 디자인 (245)

최상위 폴더 중 네 번째 폴더인 '보관소'에는 앞의 세 가지 유형에서 더는 사용하지 않는 것들이 들어 있다. 눈앞에서 모두 사라지게 해서 잊어버리고 싶지만, 조사한 내용을 찾아보고 학습하거나 과거 자료를 활용해야 할 때를 대비하여 보존하는 것이다.

제목
▼ 4 보관소 (198)
▸ 샌프란시스코 정보 (21)
▸ 의류회사 프로모션 (1)
▸ AJ 웨비나 (10)
▸ 아마존 동료 (2)
▸ 북클럽 (3)
▸ 아파트 조사 (1)
▸ 아바야 통신회사 (3)
▸ 베어링스 (3)
▸ 세컨드 브레인(책) 12 (6)
▸ 자전거 절도 신고 (5)
▸ 블랙 프라이데이 (5)

PARA 정리 방식은 정보를 저장하는 곳이면 어디든 활용할 수 있으며, 콘텐츠를 어디에 저장하든 동일한 유형과 규칙을 적용할 수 있다. 예를 들어 내 컴퓨터의 문서 폴더는 다음과 같이 구성되었다.

문서
이름
▸ 📁 1 프로젝트
▸ 📁 2 영역
▸ 📁 3 자원
▸ 📁 4 보관소

그중에서 현재 진행하고 있는 프로젝트 각각에 속한 폴더는 다음과 같다.

1 프로젝트
이름
▶ 📁 2021년 세금
▶ 📁 세컨드 브레인 13
▶ 📁 《세컨드 브레인》 책 출간
▶ 📁 《세컨드 브레인》 원고
▶ 📁 자금 운용 계획
▶ 📁 코스 책임자
▶ 📁 인지 관련 기사 발췌
▶ 📁 홈 스튜디오
▶ 📁 핵심 2
▶ 📁 새로운 웹사이트
▶ 📁 2022 겨울 휴가지

위의 폴더들 안에는 각 프로젝트를 실행하는 데 활용하는 파일들이 저장되어 있다. 당신이 지금 읽고 있는 이 책에 관한 프로젝트 폴더는 다음과 같다.

《세컨드 브레인》 원고
이름
▶ 📁 챕터
▶ 📁 제안서
▶ 📁 계약서
▶ 📁 슬라이드와 이미지
▶ 📁 자산
▶ 📁 마인드맵
▶ 📁 원고 버전
▶ 📁 조사
▶ 📁 북 리뷰 그룹

지금까지 살펴본 것처럼 폴더를 만드는 일은 비교적 쉽다. 하지만 메모를 정리하려는 모든 이의 가슴에 서늘한 공포를 자아내는 더 어려운 질문이 있다. "이걸 어디에 저장할까?"

앱이 있으므로 우리는 매우 편하게 콘텐츠를 수집할 수 있다. 한 번 클릭하거나 탭만 하면 된다. 하지만 그다음에 무엇을 해야 하는지 지침을 받지 않는다. 메모를 만들어서 어디에 둬야 하는가? 새로 만든 파일을 저장할 정확한 위치는 어디인가? 자료가 쌓일수록 이 문제는 더욱 절박해지고 스트레스를 준다.

처음에 메모를 수집할 때는 그 메모를 어디에 둬야 하고 어떤 의미인지 결정하려고 애쓰는 유혹에 빠지기 쉽다. 그런데 한 가지

153

문제가 있다. 아이디어를 처음 수집하는 순간은 그것이 어떤 것과 관련 있는지 결정하기에 최악의 시기라는 점이다. 첫 번째 이유는 그 아이디어를 처음 접한 뒤 해당 아이디어를 활용한 최종 목적에 대해 깊이 고민할 시간이 없기 때문이다. 하지만 그보다 더 중요한 이유는 무엇인가 수집할 때마다 빨리 결정을 내리도록 자기 자신을 강요하는 과정에서 마찰이 발생하기 때문이다. 그러다 보면 메모 수집은 정신적으로 부담스러운 일이 되고 애초에 그 작업에 착수할 가능성 자체가 줄어든다.

그러므로 수집과 정리를 두 단계로 분리하는 일이 특히 중요하다. 특정 순간에 '공명하는 내용'을 보관하는 일은 무엇인가를 장기간 저장하기로 마음먹는 일과는 별개의 결정이다. 대부분의 메모 앱에는 '인박스inbox' 혹은 '일상 메모'가 있다. 새로 수집한 메모는 그곳에 일단 저장한 뒤 나중에 다시 확인해 어느 폴더로 보낼지 결정할 수 있다. 즉, 새로운 아이디어를 세컨드 브레인으로 소화할 준비를 마칠 때까지 대기하는 공간이라 보면 된다.

아이디어 수집과 정리를 분리하면 현재에 집중하고 어떤 내용이 가슴 깊이 와 닿는가를 깨달은 뒤, 그 아이디어를 어떻게 처리할지 따로 시간을 내어 결정하는 데 도움이 된다(예를 들어 뒤의 9장에서 다룰 '주간 리뷰' 시간이 그러하다).

메모를 여러 건 수집하고 나면 PARA 방식을 써서 정리할 시간이다. 네 가지 주요 유형은 메모를 어디에 보관할지 가능한 한 쉽게 결정하도록 실행 가능성에 따라 정렬된다.

1. **프로젝트:** 실행 가능성이 가장 크다. 현재 진행하고 있으며 명확한 마감일을 염두에 두고 있기 때문이다.

2. **영역:** 계획 기간이 길어서 지금 당장 실행할 가능성은 프로젝트보다 낮다.

3. **자원:** 상황에 따라 실행할 수도 있다.

4. **보관소:** 필요하지 않으면 비활성화된 상태로 계속 유지된다.

이제 다음과 같이 맨 위에서 아래까지 순서대로 확인하면 메모를 어디에 저장할지 결정하는 데 편리하게 쓸 수 있는 체크리스트가 된다.

1. 이 메모는 어떤 '프로젝트'에서 가장 유용하게 쓰일까?

2. 1에 해당 사항이 없다면: 이 메모는 어느 '영역'에서 가장 유용하게 쓰일까?

3. 2에 해당 사항이 없다면: 이 메모는 어느 '자원'에 속하는가?

4. 3에 해당 사항이 없다면: 이 메모는 '보관소'에 보관하라.

다시 말하자면, 당신은 메모나 파일을 유용하게 쓸 수 있는 곳뿐만 아니라 가장 신속하고 유용하게 쓰일 곳에 저장하려 늘 애쓰고 있다. 메모를 프로젝트 폴더에 저장하면 다음에 그 프로젝트를 수행할 때 그 메모를 확인할 수 있다. 메모를 영역 폴더에 저장하면 나중에 일이나 삶의 한 영역에 대해 신중히 생각해볼 때 그 메모를 접할

155

것이다. 자원 폴더에 저장하면 그 주제에 몰두하여 관련 자료를 읽어보거나 조사하고 싶을 때만 그 메모에 주목할 것이다. 보관소에 저장하면 원할 때만 그 메모를 확인할 수 있다.

눈코 뜰 새 없이 바빠지면 프로젝트와 목표 달성을 도중에 포기하기 쉽다. 특히 개인적인 프로젝트와 장기적인 목표는 나중에 언제든지 시간을 내서 진행할 수 있을 것 같고, 일정 관리를 유연하게 할 수 있을 것 같다. 메모, 북마크, 하이라이트, 그리고 우리가 열심히 했던 각종 조사는 파일 시스템 밑으로 점점 더 깊이 내려앉아 마침내 그것들이 존재했다는 사실조차 잊고 만다.

반면 실행 가능성을 기준으로 정리하면 언제가 될지 모를 미래로 우리의 열망을 계속 미루고 지체시키는 성향에 대응할 수 있다. PARA 방식을 실천하면 세컨드 브레인 구축을 시작하는 데 필요한 정보를 이미 많이 갖고 있다는 걸 알게 되므로 이 아득한 꿈을 지금 여기서 실현하도록 끌어당길 수 있다. 지식을 정리하는 목적은 목표를 향해 전진하는 것이지 메모 작성 분야에서 박사학위라도 취득하자는 게 아니다. 지식이란 실행해야 가장 잘 적용될 수 있다. 이 말은 프로젝트를 진척시키는 데 도움이 되지 않는 것이 있다면 그건 프로젝트를 방해하고 있다는 걸 의미한다.

PARA 정리 방식과 부엌 정리 방식에는 유사점이 있다. 부엌에 있는 물건들은 전부 어떤 결과, 즉 최대한 효율적으로 식사를 준비하도록 설계되고 정리된다. 보관소는 냉동고와 같다. 식사 재료는 필요할 때까지 냉동 보관된다. 실제로 재료가 냉동고에서 나오는 건 아주 먼 미래일 수도 있다. 자원은 식료품 저장고와 같다. 어떤 요리에든 사용할 수 있지만, 그전에는 눈에 띄지 않는 곳에 깔끔하게 치워져 있다. 영역은 냉장고와 비슷하다. 비교적 이른 시일 내에 사용할 계획이고 더 자주 확인하는 항목들을 보관한다. 프로젝트는 불 위에서 끓고 있는 냄비나 팬과 같다. 바로 지금 활기차게 준비하고 있는 항목들이다. 음식 종류는 당신이 먹고 싶은 메뉴를 만들려면 얼마나 요리하기 쉬운지에 따라 준비된다.

정보 정리의 우선 원칙:
장소가 아니라 쓰임을 생각하라

부엌을 음식 종류에 따라 정리하면 얼마나 터무니없을지 상상해보라. 신선한 과일과 말린 과일, 과일 주스와 냉동 과일은 모두 과일로 만들었다는 이유로 같은 장소에 보관될 것이다. 그런데 이것이 바로 대부분의 사람들이 파일과 메모를 정리하는 방식이다. 책을 읽으며 메모했다는 이유만으로 책 메모는 책 메모끼리, 다른 사람의 말을 인용했다는 이유만으로 인용문은 인용문끼리 보관한다.

아이디어가 어디서 왔는지에 따라 정리하지 말고 아이디어가 향하는 곳, 구체적으로 말하면 그 아이디어의 도움을 받아 당신이 실현할 결과에 따라 정리하는 편이 좋다. 어떤 지식이 가치가 있는지 알아보는 진정한 시험은 그것이 완벽하게 정리되고 이름이 적절하게 지어졌느냐가 아니라, 당신에게 중요한 누군가 혹은 무엇인가에 영향을 미칠 수 있느냐이다.

PARA 정리 방식은 파일링 시스템이 아니라 생산 시스템이다. 어떤 메모나 파일이 속할 '완벽한 장소'를 찾으려 애쓰는 일은 불필요하다. 애초에 그런 곳이 존재하지도 않는다. 전체 시스템은 당신의 변화무쌍한 삶에 맞춰 끊임없이 달라지고 변화한다. 많은 이들이 이 개념을 완전히 이해하는 걸 어려워한다. 사람들은 단단히 고정된 조직 시스템에 익숙하다. 또 도서관 책의 청구기호처럼 각 항목을 정확히 어디에 두는지 알려주는 엄격한 규칙을 찾아내길 바란다.

사적인 지식 정보에 대해 말하자면, 그렇게 지정된 장소는 없다. 우리는 실행하기 위해 정리하며, '실행 가능한 것'은 늘 변화한다. 어떤 메시지나 이메일을 받고 나서 그날의 분위기가 완전히 바뀔 때도 있다. 우선 처리 사항은 한순간에 변할 수 있으므로 디지털 메모를 보관하고 이름을 정하며 태그를 설정하고 유지 관리하는 일을 최소화해야 한다. 그 모든 노력을 헛되이 낭비할 위험을 감수해서는 안 된다.

텍스트, 이미지, 메모 혹은 전체 폴더 등의 어떤 정보든 서로 다른 유형 사이로 이동할 수 있고 또 그렇게 해야 한다. 가령 '코칭 클래스'라는 프로젝트 폴더에 지금 수강 중인 과정에서 배우는 코칭 기술에 관한 메모를 저장할 수 있다. 나중에 관리자가 되어 직원들이 들고 오는 보고서를 코칭해야 한다면 그 메모를 '직속 부하직원'이라는 영역 폴더로 옮길 수도 있다. 언젠가 그 회사를 그만두지만 코칭에 여전히 관심이 있다면 그 메모를 자원 폴더로 옮기면 된다. 더 시간이 흐른 어느 날 그 주제에 완전히 흥미를 잃는다면 보관소로 옮겨버릴 수도 있다. 만약 비즈니스 코치로 부업을 시작한다면 그 메모는 다시 프로젝트로 돌아갈 수 있으며, 그러면 그 지식을 다시 한 번 실행할 수 있다.

메모의 목적은 당신의 요구사항과 목표가 변화하면서 시간이 지남에 따라 달라질 수 있고 또 실제로도 변한다. 모든 인생은 세월의 풍파를 뚫고 나아간다. 디지털 메모는 세월에 따라 바뀌어야 하며, 당신의 경험이 쌓인 깊은 물속을 휘저어 새로운 지식이 수면에 떠오르게 해야 한다.

콘텐츠의 용도를 알고 있다면 나중에 사용할 목적으로 정보를 수집하는 작업은 훨씬 더 쉽고 효율적으로 이루어진다. PARA 정리 방식을 실천하는 이유는 이것저것 저장하기 위해 폴더를 여러 개 만들자는 것만은 아니다. 그것은 자신이 어떤 일에 전념하고 있고 무엇을 바꾸고 싶고 또 어디에 가고 싶은지 일과 삶의 구조를 찾아내는 일이다.

나는 이 교훈을 고생하면서 어렵게 깨달았다. 대학생일 때 샌디에이고 애플 스토어에서 파트타임으로 일했는데, 당시 그곳은 세계에서 가장 많은 고객이 방문하는 애플 매장 중 하나였다. 그곳에서 나는 '다른 사람에게 컴퓨터 사용법을 좀 더 효과적으로 가르치는 법'을 처음으로 배웠다.

컴퓨터를 막 구매한 고객들을 소규모로 모아 사용법을 가르쳤

고 일대일 상담도 했다. 이 시기는 애플의 iLife 크리에이티브 소프
트웨어 제품들의 황금기였다. 맥 계열의 제품은 모두 웹사이트를 만
들고 음악을 녹음하며 포토북을 인쇄하고 동영상을 제작할 수 있는
사용자 친화적인 앱이 미리 설치되어 출시되었다. 추가 비용 없이
완벽한 멀티미디어 스튜디오를 이용하는 것 같았다.

　나는 고객들과 함께 자리에 앉아 그들이 조금 전에 산 새 컴퓨
터에 관해 어떤 질문을 하든 대답해주곤 했다. 그들은 대부분 윈도
즈 운영 체제에서 쓰던 파일을 그대로 옮겨왔고, 수년 동안 쌓인 문
서들은 화면과 문서 폴더에 어지럽게 흩어져 있었다.

　처음에는 문서를 하나씩 정리하면서 고객들에게 애플 컴퓨터
사용법을 안내하려고 했다. 하지만 이 방법은 전혀 효과가 없었다.
일대일 세션은 한 시간에 불과했으므로 수백 개, 수천 개의 옛날 파
일을 정리하자니 티도 나지 않았고 시간도 턱없이 모자랐다. 게다가
그렇게 보낸 시간은 어쨌든 보람 있게 보낸 시간이 아니었다. 그 파
일들은 고객의 현재 목표나 관심사와 관련 없는 오래된 문서일 때가
많았기 때문이다.

　방식을 다르게 해야겠다는 생각이 들어서 이번에는 내가 고객
에게 먼저 질문한 다음 대답을 들었다. 그러다가 마침내 이들은 모
든 파일이 깔끔하게 정리된 컴퓨터가 필요한 것도 아니고 그런 걸
원하는 것도 아니라는 걸 깨달았다. 고객들은 새 컴퓨터를 이용해
무엇인가를 새롭게 만들거나 이루고 싶어서 돈과 시간을 소비한 것
이었다.

고객들은 부모님의 결혼기념일 파티에서 상영할 동영상, 자신이 운영하는 컵케이크 가게 홈페이지, 자신이 속한 밴드의 음반을 제작하고 싶어 했다. 혹은 가족 계보를 연구하거나 대학을 졸업하거나 더 좋은 조건의 직장에 안착하고 싶어 했다. 그 외의 것들은 모두 뛰어넘어야 할 방해물에 불과했다.

그래서 다른 방식을 써보기로 했다. 고객들이 옮긴 옛날 파일을 모두 '보관소'란 제목의 새 폴더에 날짜를 지정하고 저장했다(예를 들자면 '보관소 21년 5월 2일'). 고객들은 처음엔 걱정하고 주저하기도 했다. 하지만 금세 자신이 아무것도 잃어버리지 않았고 원한다면 언제든지 옛날 파일을 찾을 수 있다는 걸 깨달았다. 나는 그들이 희망과 기대를 되찾고 기뻐하는 모습을 바라보았다.

고객들은 '언제가 될지 모르지만 모든 것이 완벽하게 정리될 미래'에 창의적인 열망을 실현하겠다며 계속해서 일을 미루었다. 하지만 정리하는 일을 제쳐두고 지금 당장 하고 싶은 일에 집중하게 하자 별안간 모든 게 분명해졌고 동기부여가 생겼다.

한동안 나는 이렇게 한 일이 나중에 가면 다시 날 귀찮게 할 거라고 의심했다. 고객들은 결국 옛날로 돌아가 그 오래된 파일을 새 컴퓨터에 정리하고 싶어 할 것이다. 그렇지 않은가? 고객들이 매장에 몇 번이고 다시 찾아오는 모습이 보였다. 나는 누군가가 내게 다가와 나 때문에 옛날 파일을 모두 잃어버렸다고 비난할까 두려워하며 대기했다.

하지만 그런 이유로 날 찾아온 사람은 아무도 없었다. "옛날 컴퓨터에서 옮긴 모든 파일을 정리하고 싶어요"라고 말하는 사람도 없었다. 그들은 새 컴퓨터를 이용해 진행한 창의적인 프로젝트가 가족과 사업, 성적과 직장생활에 끼친 긍정적인 영향에 관한 이야기들을 들려주었다. 어떤 고객은 최근 백혈병 진단을 받은 친구를 위해 모금 운동을 벌였다. 다른 고객은 자영업자 대출 신청이 승인되어 댄스 스튜디오를 열었다. 어떤 학생은 혼란스러운 디지털 세계를 능숙하게 다루는 법을 배운 덕분에 가족 중에서 유일하게 대학을 졸업했다고 말했다. 그들이 컴퓨터를 어떻게 정리했거나 메모했는지에 대한 세부 내용은 사소했지만, 그들의 창의력이 자신과 다른 사람들의 삶에 끼친 영향은 결코 하찮은 것이 아니었다.

이 경험에서 얻은 교훈이 몇 가지 있다.

첫째, 사람들은 뭔가를 창조하려면 깨끗하게 정리된 작업 공간이 필요하다는 사실이다. 과거의 '잡동사니'가 지금의 공간을 꽉 채우고 어지럽히면 사고력과 업무 역량을 최대한 발휘할 수 없다. 그러므로 보관소 저장 단계가 매우 중요하다. 아무것도 잃어버리는 게 없으며 검색하면 다 찾을 수 있지만, 보이지 않는 곳으로 옮기고 생각나지 않게 해야 한다.

둘째, 새로운 것들을 만들어내는 일이 정말 중요하다는 걸 배웠다. 고객들이 마침내 목표를 달성하여 슬라이드 쇼를 실행하거나 동영상을 내보내거나 이력서를 인쇄할 때, 나는 그들의 눈빛에 열정이 불꽃처럼 피어오르는 모습을 목격하곤 했다. 자신이 앞으로 나아가는 데 필요한 것들을 모두 갖고 있다는 걸 깨닫고 매장을 떠나는 고

163

객들을 보면 그들이 자신감을 새로 찾았다는 건 분명했다.

창의적인 프로젝트가 완료되면 이는 세컨드 브레인의 혈류 역할을 한다는 사실도 알았다. 완료된 프로젝트는 세컨드 브레인 전체에 영양을 공급하고 신선하게 채우며 행동을 준비하게 한다. 메모 기록 시스템이 얼마나 체계적이고 아름답거나 매력적인지는 중요하지 않다. 구체적인 성과를 보이며 꾸준히 프로젝트를 완료해야 결단력과 추진력, 성취감을 불어넣을 수 있다. 당신이 이룩한 승리가 아무리 하찮아 보여도 상관없다. 보잘것없는 돌파구일지라도 생각보다 더 창의적이고 흥미진진한 미래를 향한 디딤돌이 될 수 있다.

적용하기:
재빨리 움직이고 가볍게 터치하라

━━━━━━━━━━ "재빨리 움직이고 가볍게 터치하라."

존경하는 멘토 중 한 명이 준 조언이다. 이 말은 지금도 큰 도움이 되고 있다. 그는 당시 내가 업무를 대하는 방식이 폭력적이라고 생각했다. 나는 사무실에 늦게까지 남아 1분도 헛되이 쓰지 않으며 생산성에 박차를 가했고, 마치 목숨이 달린 일인마냥 쌓인 업무를 해치웠다. 그건 성공에 이르는 길이 아니라 번아웃으로 치닫는 길이었다. 정신적, 신체적 여력을 소진했을 뿐더러 정면 돌파 역시 그다지 효과적이지 않았다. 목표를 설정하고 전략을 짜내고 최소한의 노력으로 많은 일을 성취하게 하는 자원을 어떻게 찾아야 할지 몰랐다.

나의 멘토는 그렇게 하지 말고 '재빨리 움직이고 가볍게 터치하라'라고 조언했다. 저항이 가장 약한 길을 찾아 종종걸음으로 조금

165

씩 전진하라는 뜻이었다. 당신에게 같은 조언을 하고 싶다. 세컨드 브레인을 정리하는 일을 또 하나의 부담스러운 의무로 만들지 마라. 당신 자신에게 질문하라. "올바른 방향으로 나를 인도해주는 가장 작으면서 쉬운 단계는 무엇인가?"

PARA 정리 방식에 관한 한, 그 단계는 당신의 메모 앱에 현재 추진 중인 프로젝트별로 폴더를 만든 뒤 관련 있는 콘텐츠로 채우는 일이다. 우리는 일단 무엇인가 보관할 안전한 장소가 생기면 더 많이 찾아내는 경향이 있다. 먼저 "지금 열과 성을 다해 추진하고 있는 프로젝트들은 무엇인가?"라는 질문을 자기 자신에게 한 다음, 프로젝트별로 폴더를 만드는 일부터 시작하라. 추진해야 할 프로젝트를 떠올리는 데 도움이 되는 몇 가지 질문은 다음과 같다.

- **무엇이 마음에 걸리는지 의식하라:** 아직 프로젝트라 할 만한 것을 찾지 못해 걱정되는 것은 무엇인가? 꾸준히 진전시키지 못하고 있다면 무엇을 해야 하는가?
- **달력을 찾아보라:** 과거에 있었던 일 중에서 계속 챙겨야 하는 것은 무엇인가? 미래를 위해 계획하고 준비해야 하는 것은 무엇인가?
- **해야 할 일 목록을 확인하라:** 아직 확인하지 못한 더 큰 프로젝트의 일부 조치들을 이미 취하고 있는가? 사람들과 진행하기로 계획한 의사소통이나 후속 조치 중에서 알고 보니 더 큰 프로젝트의 일부인 것은 무엇인가?
- **컴퓨터 화면, 다운로드 폴더, 문서 폴더, 북마크, 이메일 또는

브라우저 탭들을 살펴보라: 더 큰 프로젝트의 일부라서 보관하는 것은 무엇인가?

다음은 내 수강생들이 생각해낸 프로젝트 사례들이다.

- 건강검진을 받기 위해 예약할 병원 검색
- 매년 열리는 팀 워크숍에서 논의할 목표와 안건 계획
- 자주 구매하는 식품 목록 작성과 정기 배달 신청
- 다음 분기 콘텐츠 전략 개발
- 새로운 환불 정책 초안 검토와 피드백 제공
- 연구조사 파트너와 협업할 아이디어 공유
- 건강 형평성 관련 주제 조사 및 기사 초안 작성
- 온라인 글쓰기 과정 수료

영역과 자원 폴더도 미리 만들 수 있지만, 텅 빈 폴더를 너무 많이 만들지 않도록 프로젝트 폴더부터 시작하면 좋다. 나중에 저장할 만한 게 생기면 언제든지 폴더를 추가할 수 있다. 정보를 저장하는 모든 플랫폼에 PARA 정리 방식을 쓸 수 있고 또 써야 하지만, 일단은 메모 앱부터 시작하길 권한다.*

---

* 메모 앱을 제외하고 가장 흔하게 쓰는 세 가지 플랫폼은 컴퓨터 문서 폴더, 드롭박스 같은 클라우드 드라이브, 구글 독스 같은 온라인 협업 도구 세트가 있다.

새 메모를 수집해 폴더별로 정리하고 한 폴더에서 다른 폴더로 보내기를 연습하라. 프로젝트를 하나 마칠 때마다 해당 폴더를 보관소에 통째로 보내고, 새로운 프로젝트를 시작할 때마다 보관소를 둘러보며 예전 프로젝트에서 다시 가져다 사용할 수 있는 자산이 있는지 살펴보라.

이 폴더들을 만들고 메모를 폴더에 옮길 때 기존 메모를 다시 정리하거나 '없애야' 한다고 걱정할 필요는 없다. 앞으로 필요할지 확신할 수 없는 오래된 콘텐츠에 시간을 낭비할 수는 없다. 기존 메모를 보관소로 보내 안전하게 보관하고 처음부터 새롭게 시작하라. 나중에 필요해서 검색하면 그대로 다시 나타날 것이다.

당신의 목표는 가상 작업 공간을 깨끗이 치우고 진행 중인 각 프로젝트와 관련된 항목을 모두 한곳에 모으는 일이다. 그렇게 하고 나면 아이디어를 끝없이 쌓아두기만 하지 않고 자신감을 얻어 분명히 실행할 것이다.

기억해야 할 핵심 사항은 이러한 유형들이 절대 최종은 아니라는 점이다. PARA 정리 방식은 고정되어 있지 않으며, 역동적이고 끊임없이 변화하는 시스템이다. 세컨드 브레인은 프로젝트와 목표가 변하는 만큼 그에 따라 진화하는데, 그 말은 완벽하게 만들어내거나 한 번에 구축을 끝내야 할 필요가 전혀 없다는 뜻이다.

다음 6장에서는 우리가 모은 지식을 효과적으로 활용하려면 어떻게 추출해야 하는지 알아보겠다.

6장
_ 핵심을 찾아 추출하라

지식을 얻으려면 매일 조금씩 더하라.
지혜를 얻으려면 매일 조금씩 버려라.

- 노자 -

1969년 파라마운트 영화사의 임원들
은 새로운 영화를 진두지휘할 감독을 필사적으로 찾았다. 영화는 뉴
욕 마피아를 소재로 한 범죄극이었다. 당시 내로라하는 감독들 모두
그 프로젝트를 거절했다. 내용이 너무 자극적이고 흥미 위주여서 자
신의 취향에 맞지 않는다고 생각했던 것이다. 갱스터 영화들은 대부
분 뻔한 스토리에 내용에 깊이가 없었고, 그전까지 개봉했다가 실패
한 작품도 여럿 있었다.

후보에 오른 감독들이 연달아 제안을 거부하자 영화사는 소규
모 독립 영화를 몇 편 찍은 젊은 감독에게 연락했다. 그는 상대적으
로 초보 감독이었으며 상업적으로 성공한 작품이 없었다. 게다가 영
화 산업의 중심인 할리우드가 아니라 샌프란시스코에서 활동하는

아웃사이더로, 새로운 아이디어를 실험하고 싶어 하는 예술인으로 알려져 있었다. 그 감독의 이름은 프란시스 포드 코폴라Francis Ford Coppola였고, 문제의 영화는 바로 〈대부〉였다.

코폴라 감독도 처음에는 제안을 거절했다. 그는 인터뷰에서 "그 영화는 내 취향보다 더욱 상업적이고 외설스러웠다"라고 언급했다. 하지만 당시 동업자였던, 그리고 향후 〈스타워즈〉 시리즈로 유명해지는 감독 조지 루카스George Lucas는 두 사람의 수중에 돈이 한 푼도 없다고 지적했다. 금전적인 압박이 점점 커지는 상황이었다. 결국 원작 소설을 두 번째로 읽은 뒤 코폴라 감독은 마음을 바꾸었다. '미국 자본주의를 위대한 왕과 세 아들의 일대기에 비유한 이야기'로 영화의 전체적인 틀을 잡을 수 있다고 깨달았기 때문이었다.

〈대부〉는 평론가들의 극찬과 더불어 상업적인 성공도 거둔 최고의 작품이 되었다. 영화는 2억 4천 5백만 달러를 벌어들였고 오스카상을 세 차례 수상했으며 미국영화연구소가 선정한 최고의 미국 영화 3위에 선정되었다. 연달아 제작된 속편과 스핀오프 작품들 역시 가상의 콜레오네Corleone 가족 이야기에 푹 빠진 팬들의 마음을 사로잡았다.

이렇게 복잡하고 다면적인 영화를 만든 코폴라 감독의 전략은 그가 대학에서 연극을 공부하며 터득한 기법인 '프롬프트 북prompt book'에 바탕을 두었다. 우선 원작 소설을 읽으며 가슴에 와 닿는 부분을 수집해 노트에 담는 일부터 시작했다. 그것은 트와일라 타프 상자의 코폴라 감독 버전이다. 하지만 그가 만든 프롬프트 북의 목적은 보관이 전부가 아니었다. 자료를 재검토하고 개선하여 새로운 것으로 바꾸는 과정의 출발점이었다.

프롬프트 북은 세 개의 링으로 된 튼튼한 바인더 형태였는데, 코폴라 감독은 그 안에 원작 소설 페이지들을 잘라 붙였다. 본격적으로 작업에 들어갈 무렵에는 영화 대본과 프로덕션 디자인을 계획하는 데 사용할 메모와 지시를 추가했다.

2001년 공개된 단편 다큐멘터리 〈프란시스 코폴라 감독의 노트〉에서 코폴라는 그 과정을 자세히 설명했다. 그는 먼저 원작을 처음부터 끝까지 읽는 일부터 시작했으며 눈에 띄는 것은 무엇이든 메모했다. "책을 처음 읽을 때 어떤 느낌이 들었는지 적어두는 게 중요합니다. 좋다고 생각한 점, 이해하지 못한 점, 또는 나쁘다고 생각한 점에 대해 본능적으로 느꼈기 때문입니다."

다음으로는 자신만의 해석을 추가했고 자신이 생각한 스토리 버전을 추출하고 재구성했다. 그는 다섯 가지 주요 기준, 즉 장면 개요(또는 요약), 역사적 배경, 장면의 '분위기' 설정을 위한 이미지와 톤, 핵심 의도, 반드시 피해야 할 잠재적인 함정에 따라 각 장면을 나누고 분석했다. 그가 한 말에 따르면 "각 장면의 핵심을 한 문장으로 추출하려고 부단히 노력했고, 그 장면의 핵심을 몇 마디로 표현했다".

코폴라 감독은 그 바인더를 '영화를 감독할 때 쓰는 다목적 로드맵'이라고 소개했다. 그는 "마리오 푸조Mario Puzo의 원작 소설뿐만 아니라, 그 책에서 중요한 것, 혹은 진짜 일어나고 있다고 느낀 사건에 대해 처음에 적어둔 내용을 검토할 수 있었다"라고 말했다. 여백에 적은 코멘트에는 '히치콕'이란 단어도 있는데, 이는 스릴러 영화를 여러 편 감독했던 히치콕이라면 이 장면을 화면에 어떻게 잡을지 잊지 않기 위해서였다. '정지 시간Frozen Time'이란 단어도 보이는데, 이는 장면이 바뀌는 속도를 늦출 것을 잊지 않기 위해서였다. 무슨 장면에서 어떤 부분이 가장 중요한지 미래의 자신에게 강조하려고 다양한 주석을 많이 달기도 했다.

"원작을 읽으며 노트를 정리하고 여백에 메모하면서 펜과 자를 잔뜩 썼어요. 밑줄도 많이 그었는데, 이야기에 점점 빠져들었다는 뜻이죠. 페이지를 채운 잉크의 양만 보더라도 이것이 가장 중요한 장면 중 하나라는 걸 알 수 있습니다."

<대부> 노트는 성공을 거둔 창의적인 전문가들이 은밀히 사용하는 프로세스를 완벽하게 보여주는 사례이다. 코폴라 감독은 기획 과정에서 만들어진 프롬프트 북을 작품 제작의 가장 중요한 자산으로 여겼다. "대본은 정말이지 불필요한 문서였습니다. 이 노트만 있어도 영화를 만들 수 있었으니, 굳이 대본이 필요하지 않았죠."

흔히 각본가 혹은 감독의 머릿속에서 영화가 바로 만들어져 나온다고 생각할 수도 있지만, 사실 영화는 자료를 수집하고 정제하는 일에 의존한다. 코폴라 감독의 이야기는 우리가 무엇인가 읽고 조사함으로써 지식 블록들을 체계적으로 모을 수 있으며, 그 과정에서 산출물이 더욱 풍부해지고 흥미로워지며 영향력이 커진다는 사실을 보여준다.

메모하기 위한 단계별 절차에 코폴라 감독이 많은 도움을 받았듯이 우리도 그렇게 할 수 있다. 우리만의 자료를 구성하는 스토리와 조사, 사례와 은유의 본질을 자세히 살펴보기 위해 메모를 활용할 수 있다. 이것은 CODE 방법의 세 번째 단계, 즉 추출 단계이다. 지금이야말로 그동안 수집하고 정리한 아이디어를 우리만의 메시지로 전환하는 순간이다. 그 모든 일은 메모로 시작하여 메모로 끝난다.

발견 용이성:
메모를 유용하게 만드는 고리

지금까지 외부 세계 혹은 나만의 생각에서 얻은 흥미진진한 아이디어를 담은 메모를 수집하는 방법을 설명했다. 어쩌면 당신은 실행 가능성, 그리고 현재 진행 중인 프로젝트와의 관련성에 따라 이미 메모 정리를 시작했을 수도 있다.

자, 이제는 뭘 해야 할까?

가장 열심히 메모하던 사람들도 대체로 이 단계에 이르면 길을 잃는다. 다음엔 뭘 해야 할지 모른다. 흥미로운 지식을 제법 수집했지만 어떤 결과로 이어지지 않는다. 하지만 우리의 메모는 단순히 수집 대상이 아니며 실제로 사용해야 한다.

메모를 처음 수집해 세컨드 브레인에 저장하기까지 불과 몇 분 사이에 다음 회의 시간이 닥치고 급한 작업을 처리해야 하거나 아이가 울며 전화한다. 그 메모가 무슨 의미이며 어떻게 사용할 수 있는지 완전히 파악할 시간이 없다. 처음 수집할 때의 메모는 아직 완성되지 않은 원자재와 같다. 화학자가 순수한 화합물만을 추출하듯이, 그 메모를 진정 가치 있는 지식 자산으로 탈바꿈하려면 좀 더 정제하는 과정을 거쳐야 한다. 이것이 바로 수집과 정리를 다음 단계와 분리해야 하는 이유이다. 일단 신속히 보관하고, 정제하는 일은 나중으로 남겨둬야 한다. 이런 점에서 메모하는 일은 시간 여행과 같다. 지금 당신은 시간을 뛰어넘어 미래의 당신이 활용할 지식을 보내고 있다.

당신은 흥미로운 지식으로 가득한 책과 신문 기사, 동영상과 소셜미디어 게시물을 소비하겠지만, 거기서 얻은 조언을 바로 그 순간에 실천할 가능성은 얼마나 될까? 직장생활에 닥친 위기, 아이 학교에서 열리는 회의, 갑자기 찾아온 감기 등의 형태로 인생이 앞길을 방해할 가능성은 얼마나 될까? 내가 직접 겪어보니 인생은 우리가 우선 처리해야 할 사항에 집중하지 못하게 우리를 끊임없이 밀고 당긴다. 정신 차리고 어떤 일을 끝내기로 굳게 마음먹을수록 인생은 더욱 공격적으로 비상사태를 들이대며 발목을 붙잡는다.

지금 주택 수리에 관한 유튜브 동영상을 시청하고 있다고 가정해보자. 그런데 그 지식은 몇 달 뒤 새로운 집에 입주할 때가 되어야 활용할 수 있다. 지금 시간 관리법에 관한 기사를 읽고 있다고 가정해보자. 그 방법은 연말에 아기가 태어나서 해야 할 일이 훨씬 많아질 때 가장 유용하게 쓸 수 있다. 지금 영업 담당자와 함께 목표와 도전 과제에 관해 의논하고 있다고 가정해보자. 하지만 그 정보를 실제 활용할 시기는 내년 대규모 신규 계약 입찰에 응할 때이다.

이것은 우리 주변의 아이디어나 영감을 주는 일에도 해당하는 이야기다. 어느 순간 우리의 관심을 사로잡는 중요한 아이디어가 생각난다. 그 아이디어에 마음이 혹하고 집착한다. 그 새로운 아이디어를 잊어버리는 일은 상상할 수 없다. 그 아이디어는 우리의 삶을 영원히 바꿔버렸다! 하지만 몇 시간 후, 며칠 또는 몇 주 후 기억에서 조금씩 사라지기 시작한다. 머지않아 그 흥미롭고 새로운 아이디어에 대한 기억은 우리가 한때 알았고 호기심을 불러일으켰던 것의 희미한 그림자에 불과하게 된다. 메모 기록자로서 당신이 해야 할 일은 기록한 메모를 미래로 가는 여정에서 끝까지 살아남도록 보존하는 것이다. 그렇게 하면 새로 알아낸 지식에 품었던 흥분과 열정 역시 시간이 지나도 사라지지 않고 축적된다.

당신이 쓴 메모가 미래로 향하는 여정에서 살아남을지 결정짓는 가장 중요한 요소는 발견 용이성discoverability이다. 발견 용이성이란 메모 내용을 얼마나 쉽게 찾아낼 수 있는지, 또 가장 유용한 핵심에 얼마나 쉽게 접근할 수 있는지를 뜻한다.

발견 용이성은 정보 과학 분야에서 '파일, 데이터베이스 혹은 기타 정보 시스템 검색 시 어떤 내용이나 정보를 찾을 수 있는 정도'를 일컫는 개념이다. 사서들은 책장에 책을 진열하는 방식을 정할 때 발견 용이성을 고려한다. 웹 디자이너들은 사람들이 방문하는 웹사이트 메뉴를 만들 때 발견 용이성을 생각한다. 소셜미디어 플랫폼들은 인기 있는 콘텐츠를 최대한 더 많은 사람이 발견하도록 바쁘게 작동한다.

그렇지만 발견 용이성은 사람들의 메모에서 가장 자주 빠지는 요소이다. 산더미처럼 많은 콘텐츠를 저장하는 일은 쉽지만, 그것을 향후 접근할 수 있는 형태로 전환하는 일은 전혀 다른 문제이다. 메모의 발견 용이성을 높이려면 학교에서 배운 간단한 습관을 적용하면 된다. 즉, 가장 중요한 핵심 내용을 하이라이트 처리하여 강조하는 것이다. 하이라이트 처리는 모든 사람이 잘 아는 방식이고 힘들게 노력하지 않아도 되며 어떤 앱에서든 잘 작동한다.

미래의 당신을 요구사항이 많은 까다로운 고객이라고 상상해보라. 그런 고객들은 분명 참을성이 없고 매우 바쁠 것이다. 그러니 숨겨진 보석을 찾겠다고 페이지를 하나씩 넘기며 자세히 살펴볼 시간이 없다. 지금 당신이 기록하고 있는 메모의 가치에 근거해서 그 고객을 '설득'하는 건 지금 당신의 일이다. 미래의 당신은 미팅 시작 전에 재빨리 참고할 만한 것이 있는지 몇 분 동안 메모를 빠르게 찾아볼 수도 있다. 그러한 점에서 각 메모는 당신이라는 미래 고객을 위해 당신이 직접 제작하는 상품과 같다. 만약 고객들이 사지 않는다면 그들은 과거의 메모를 다시 찾아볼 가치가 없다고 생각한다는 뜻이며, 그러면 현재 작업 중인 모든 가치는 소멸할 것이다.

이는 많은 사람이 메모하면서 겪는 역설을 보여준다. 즉, 메모를 더 많이 모을수록 정보의 양이 더 증가하여 이를 다 검토하는 데 시간과 노력이 더 많이 들어 결국 검토 시간이 줄어들고 만다. 메모를 더 많이 수집할수록 메모를 발견할 가능성은 더 줄어든다니! 이 사실을 깨달으면 사람들은 아예 메모를 하지 않거나 혹은 메모의 양이 감당할 수 없을 만큼 커질 때마다 메모 작성 도구를 바꿔버리는 경향이 있다. 그러면 시간이 흐르면서 지식이 불어난다는 혜택을 놓치고 만다.

너무 바쁘고 성급하지만 그래도 매우 중요한 사람이 있다면, 그 사람과 소통할 때 어떻게 하겠는가? 전달하고 싶은 메시지를 핵심과 행동 단계로 요약하고 추출할 것이다. 상사에게 피드백을 원하는 이메일을 보낼 때 본문을 주저리주저리 길게 쓰고 아래쪽에 요청사항을 적겠는가? 빨리 답을 받길 원하는 가장 급한 질문을 앞부분에 적어야 상대가 제대로 확인할 수 있다. 조직의 리더에게 보고를 할 때는 처음부터 끝까지 단조롭게 웅얼거리면 안 된다. 불필요한 세부사항은 생략하고 바로 본론으로 들어가야 한다.

추출은 매우 효과적인 의사소통의 핵심이다. 청중이 당신의 메시지를 듣고 행동하도록 하는 일이 더 중요한 만큼 메시지를 더 잘 추출해야 한다. 먼저 청중의 주의를 끈 다음에 세부 사항과 부제들을 설명할 수 있다.

만약 미래의 내가 VIP만큼 중요하다면 어떻게 될까? 어떻게 해야 시간이 흐르더라도 가장 효율적이고 간결한 방식으로 미래의 나와 소통할 수 있을까?

단계별 요약:
메모의 핵심을 추출하라

'단계별 요약'은 메모에서 가장 중요한 핵심을 추출하는 기술이다. 수집하고 정리했으나 아직 다듬어지지 않은 메모를 현재 추진 중인 프로젝트에 도움이 될 만한 자료로 추출하는 간단한 절차이기도 하다.

단계별 요약은 우리 모두 잘 알고 있는 도구인 하이라이트 기능을 이용하는 동시에 하이라이트 기능을 훨씬 더 유용하게 쓸 수 있도록 업그레이드한다. 방법은 간단하다. 전체 내용 중 중요한 부분을 하이라이트 처리한 다음, 그 부분의 핵심을 한 번 더 하이라이트 처리한다. 그리고 메모의 핵심을 여러 '단계layer'를 거쳐 추출한다. 각 단계는 서로 다른 형식을 사용하므로 쉽게 구별할 수 있다.

단계별 요약을 구성하는 네 가지 단계는 위와 같이 간단하게 나타낼 수 있다. 나는 첫 번째 단계를 '토양'이라 생각하고 싶다. 그것은 가장 기본적인 단계로, 어떤 출처 혹은 나만의 생각에서 처음 발췌하여 수집한 것이다. 글이나 그림, 이미지, 오디오 등 어떤 형태이든 상관없이 메모는 지식이 튼튼하게 쌓일 단단한 땅 같은 존재이다. 두 번째 단계는 '석유가 매장된 곳을 찾아냈어!'라는 표현처럼 '석유'이며, 토양보다 좀 더 가치 있는 자원이다. 이 단계는 검고 굵은 글씨로 간단히 표시한다. 세 번째 단계는 '황금'으로, 더 가치가 있으며 노란색으로 하이라이트 처리해 밝게 빛나도록 한다. 네 번째 단계는 '보석'이다. 이는 가장 희귀하고 빛나는 발견으로, 내가 직접 핵심을 추출하여 작성한 개요서이다.

뇌는 어떻게 시간을 멈추는가?

뇌는 어떻게 시간을 멈추는가?

극심한 공포를 느낀 사람들이 겪는 매우 이상한 부작용 중의 하나는 시간 팽창time dilation 현상으로, 이것은 시간이 느리게 가는 것 같다는 느낌이다.

생과 사의 문턱을 오간 생존자들은 어떤 일이 발생하는 데 시간이 더 걸리거나 물체가 더 천천히 떨어지거나 눈 깜짝할 사이에도 복잡한 생각을 할 수 있었다고 진술하곤 한다.

이글먼Eagleman은 실험 대상자들에게 높은 곳에서 뛰어내리게 한 뒤, 떨어질 때 시간이 얼마나 오래 걸렸는지 추정하여 그 시간만큼 스톱워치로 시간을 재도록 했다. 그다음으로는 다른 사람이 뛰어내리는 모습을 바라보게 한 뒤 같은 방법으로 시간을 재게 했다. 참가자들은 자신이 뛰어내릴 때 걸린 시간이 다른 사람이 뛰어내릴 때 걸린 시간보다 평균적으로 36퍼센트 더 오래 걸렸다고 생각했다. 시간 팽창 현상이 발현한 것이다.

이 말은 실제로 공포가 우리의 인지 속도나 정신적 처리 속도를 빠르게 한다는 뜻은 아니다. 그 대신, 공포는 우리가 무엇을 경험하는지 빠짐없이 세세하게 기억하도록 한다. 우리가 시간을 인식하는 방식은 기억하는 것의 가짓수에 근거하고 있으므로 두려운 일들은 더 천천히 진행되는 것처럼 보인다.

원문 링크

예시로 내가 《현대 심리학Psychology Today》 기사에서 수집한 메모를 살펴보자(182쪽). 소셜미디어에서 이 기사 링크를 우연히 접하고 '나중에 읽기 앱'에 저장했다. 나중에 읽거나 시청하고 싶은 것이 있으면 모두 이 앱에 수집해둔다. 며칠 뒤 바빴던 하루를 정리하며 가볍게 몇 가지 읽고 싶다는 생각이 들자 그 기사를 읽으며 흥미로운 구절을 하이라이트 처리하기로 했다. 나중에 읽기 앱은 디지털 메모 앱과 동기화되어 있으므로 하이라이트 처리한 구절은 원문 링크를 포함하여 메모에 자동 저장된다.

이것은 앞에서 본 네 가지 단계 중 첫 번째 단계로, 내 메모에 처음 수집된 텍스트 덩어리를 말한다. 기사 전체가 아니라 핵심 발췌문 일부만 저장했다는 점에 주목하라. 가장 흥미로운 내용, 가장 중요한 내용, 가장 관련성이 큰 내용만 보관하면 그 이후에 정리, 추출, 표현이라는 후속 단계들을 훨씬 더 수월하게 진행할 수 있다. 전체적으로 자세한 내용이 필요하면 원문 링크를 저장해두었다가 확인할 수 있다.

이 내용은 흥미롭지만 간결해지기에는 아직 멀었다. 한참 일하느라 정신없이 바쁜 와중에 유의미한 요점을 찾느라 여러 단락으로 된 긴 글을 다시 한 번 훑어볼 여유는 없을 것이다. 미래의 나 자신이 한눈에 파악할 수 있는 방식으로 요점을 하이라이트 처리하지 않는다면 결코 알아보지 못할 것이다.

이 메모의 발견 가능성을 높이려면 '굵게 처리하기'라는 두 번째 추출 단계를 진행해야 한다. 나는 여유 시간 또는 저녁이나 주말에,

뇌는 어떻게 시간을 멈추는가?

뇌는 어떻게 시간을 멈추는가?

극심한 공포를 느낀 사람들이 겪는 매우 이상한 부작용 중의 하나는 시간 팽창time dilation 현상으로, 이것은 시간이 느리게 가는 것 같다는 느낌이다.

생과 사의 문턱을 오간 생존자들은 어떤 일이 발생하는 데 시간이 더 걸리거나 물체가 더 천천히 떨어지거나 **눈 깜짝할 사이에도 복잡한 생각을 할 수 있었다**고 진술하곤 한다.

이글먼Eagleman은 **실험 대상자들에게 높은 곳에서 뛰어내리게 한 뒤, 떨어질 때 시간이 얼마나 오래 걸렸는지 추정하여 그 시간만큼 스톱워치로 시간을 재도록 했다.** 그다음으로는 다른 사람이 뛰어내리는 모습을 바라보게 한 뒤 같은 방법으로 시간을 재게 했다. **참가자들은 자신이 뛰어내릴 때 걸린 시간이 다른 사람이 뛰어내릴 때 걸린 시간보다 평균적으로 36퍼센트 더 오래 걸렸다고 생각했다. 시간 팽창 현상이 발현한 것이다.**

이 말은 실제로 공포가 우리의 인지 속도나 정신적 처리 속도를 **빠르게 한다는 뜻은 아니다. 그 대신, 공포는 우리가 무엇을 경험하는지 빠짐없이 세세하게 기억하도록 한다.** 우리가 시간을 인식하는 방식은 기억하는 것의 가짓수에 근거하고 있으므로 **두려운 일들은 더 천천히 진행되는 것처럼 보인다.**

원문 링크

아니면 다른 프로젝트를 진행하다 우연히 이 메모를 접할 때, 또는 좀 더 집중력을 발휘해서 일할 기운이 없을 때 주로 이 일을 한다. 내가 해야 할 일은 메모의 요점만 굵은 글씨로 표시하는 것이다. 여기에는 이 글이 무슨 내용인지 힌트를 주는 키워드, 원작자가 전달하려는 내용을 나타낸 구절, 혹은 이유를 딱히 설명할 수 없어도 내게 와 닿는 문장이 포함될 수 있다. 앞의 메모에서 굵게 처리한 부분을 살펴보라(184쪽). 그 부분만 봐도 이 메모의 요점을 재빨리 파악하는 데 아무 문제가 없다.

요점을 굵은 글씨로 표시하는 두 번째 단계를 거치면 이 메모는 발견될 가능성이 훨씬 커진다. 5분에서 10분 정도 집중해서 원문을 읽어야 하는 일과 굵은 글씨로 표시된 부분을 재빨리 훑어보는 일의 차이를 상상해보라.

여기서 끝이 아니다! 더 긴 내용이거나 특히 더 흥미롭고 중요한 메모라면 '하이라이트 처리하기'라는 세 번째 단계를 거쳐야 할 때가 있다. 대부분의 메모 앱에서 제공하는 하이라이트 기능을 추천한다. 이 기능을 활용하면 형광펜처럼 원하는 구절을 밝은 노란색으로 칠할 수 있다. 만약 사용하는 메모 앱에 하이라이트 기능이 없다면 밑줄 긋기 혹은 다른 형식의 강조 기능을 사용할 수 있다. 두 번째 단계에서 굵게 처리한 부분 중에서도 가장 흥미롭고 놀라운 요점만 골라서 하이라이트 처리하라. 대부분 원문의 메시지를 압축한 몇 문장에 불과할 것이다(186쪽).

하이라이트 처리된 문장들이 금방 눈에 띄어 시선을 사로잡는

뇌는 어떻게 시간을 멈추는가?

뇌는 어떻게 시간을 멈추는가?

극심한 공포를 느낀 사람들이 겪는 매우 이상한 부작용 중의 하나는 시간 팽창time dilation 현상으로, 이것은 시간이 느리게 가는 것 같다는 느낌이다.

생과 사의 문턱을 오간 생존자들은 어떤 일이 발생하는 데 시간이 더 걸리거나 물체가 더 천천히 떨어지거나 **눈 깜짝할 사이에도 복잡한 생각을 할 수 있었다**고 진술하곤 한다.

이글먼Eagleman은 **실험 대상자들에게 높은 곳에서 뛰어내리게 한 뒤, 떨어질 때 시간이 얼마나 오래 걸렸는지 추정**하여 그 시간만큼 스톱워치로 시간을 재도록 했다. 그다음으로는 다른 사람이 뛰어내리는 모습을 바라보게 한 뒤 같은 방법으로 시간을 재게 했다. **참가자들은 자신이 뛰어내릴 때 걸린 시간이 다른 사람이 뛰어내릴 때 걸린 시간보다 평균적으로 36퍼센트 더 오래 걸렸다고 생각했다. 시간 팽창 현상이 발현한 것이다.**

이 말은 실제로 공포가 우리의 인지 속도나 정신적 처리 속도를 빠르게 한다는 뜻은 아니다. **그 대신, 공포는 우리가 무엇을 경험하는지 빠짐없이 세세하게 기억하도록 한다.** 우리가 시간을 인식하는 방식은 기억하는 것의 가짓수에 근거하고 있으므로 **두려운 일들 은 더 천천히 진행되는 것처럼 보인다.**

원문 링크

걸 알겠는가? 그 문장들은 기사의 주요 메시지를 순식간에 파악할 수 있는 형태로 추출해 전달한다. 나중에 뭔가 조사하거나 폴더에 저장된 메모들을 탐색하다 이 메모를 우연히 발견하면 그 출처가 현재 진행하는 일과 관련이 있는지 판단할 수 있을 것이다. 관련이 있다면 출처를 확인할 수 있는 원본 기사 링크뿐만 아니라 기억해야 할 세부 사항과 전후 문맥도 함께 추가해 눈에 잘 띄는 곳에 저장할 것이다.

드물게 발생하지만, 추가할 수 있는 단계가 한 가지 더 있다. 네 번째 단계인 '핵심 요약하기'이다. 정말 독특하면서도 가치 있는 정보에 대해서만 '요약서'를 메모의 맨 앞부분에 추가하는 것인데, 글을 내가 직접 요약하여 정리하는 것이다. 네 번째 단계가 필요하다는 가장 좋은 신호는 내가 어떤 메모를 몇 번이고 반복해서 찾아보는 것이다. 이런 행동은 그 메모가 내 생각을 든든하게 지탱하는 주춧돌이라는 사실을 분명히 보여준다. 전체 기사를 한 번에 요약하려 애쓰기보다 두 번째와 세 번째 단계에서 굵은 글씨로 하이라이트 처리한 요점만 보면 요약서를 훨씬 쉽게 쓸 수 있다.

요약서를 간결하게 작성하려면 글머리기호를 써서 항목별로 표시하는 게 좋다. 당신이 직접 말을 만들고 특이한 용어를 정의하라. 미래의 당신은 이 자료에 대해 아무것도 기억하지 못할 수도 있지만, 지금의 당신이 작성한 글을 어떻게 받아들일지 생각해보라.

내가 작성한 요약서 예시를 살펴보자(188쪽). 이 요약서를 검토하면 기사 원문을 다시 읽을 때 걸릴 시간의 극히 일부분만 들여도

187

뇌는 어떻게 시간을 멈추는가?

= 요약서

- 시간 팽창이란 시간이 느리게 간다는 느낌이다.
- 극심한 공포를 겪는 순간에 자주 나타난다.
- 어떤 실험에서 실험 대상자들은 다른 이들이 공포를 겪는 모습을 지켜보는 것보다 자신이 공포를 느끼는 순간에 시간이 36퍼센트 더 느리게 흐른다고 느꼈다.
- 추가 실험을 통해 시간 팽창은 우리가 겪은 일을 더 자세히 기억하게 한다는 사실이 밝혀졌다.

원문 링크

핵심 내용을 재빨리 떠올릴 수 있다. 주요 내용을 직접 작성했으므로 당신이 어떤 작업을 진행하고 있든 그 작업과 쉽게 통합할 수 있다. 기억해낼 때는 속도가 가장 중요하다. 당신의 시간과 에너지에는 한계가 있으므로 더욱 빠르게 메모를 추출하면 더 다양하고 흥미로운 아이디어를 서로 연결할 수 있다.

단계별 요약의 네 단계는 현시점의 필요에 따라 작성한 메모와 상호작용할 수 있는 여러 가지 방법을 제공한다. 당신이 처음으로 어떤 새로운 아이디어를 접했을 때는 세부 내용을 모두 훑어보고 디테일을 하나하나 탐색하고 싶어 할 수도 있다. 하지만 다음에 그 아이디어를 다시 볼 때는 그 모든 노력을 되풀이하고 싶지 않을 것이다. 지난번에 남긴 하이라이트 부분만 확인하고 어디까지 읽고 덮을지 결정하고 싶을 것이다. 첫 번째 단계에서는 세부 사항을 모두 검토할 수 있다. 만일 시간에 쫓긴다면(우리가 시간에 쫓기지 않을 때가 있긴할까?), 두 번째, 세 번째, 네 번째 단계에만 집중하라. 당신의 에너지 상태, 그리고 사용 가능한 시간에 따라 메모에 얼마나 집중할지 정할 수 있다.

스마트폰의 지도 앱처럼, 얼마나 자세하게 많이 보고 싶은지에 따라 확대하거나 축소할 수 있는 메모를 보여주는 디지털 지도를 손에 쥔 것과 같다. 새로운 목적지를 탐색할 때는 지도를 확대해 어떤 길로 가야 하는지 확인하고 싶을 것이다. 반면 대륙 횡단 여행을 계획 중이라면 지도를 축소해 전체 일정을 한눈에 보고 싶을 수도 있다. 지식 분야도 마찬가지다. 특정 연구 결과를 확대해 자세히 조사하고 싶을 때도 있고 광범위한 논쟁을 축소해 한 번에 확인하고 싶을 때도 있다.

단계별 요약을 하면 세컨드 브레인에서 찾아낸 최고의 아이디어를 모은 지도를 만들 수 있다. 하이라이트 처리한 부분은 마치 표지판과 경로 좌표처럼 아이디어 네트워크를 탐색하며 돌아다닐 때 길을 안내한다. 아무것도 옮기거나 삭제하지 않고 이 지도를 제작하는 셈이다. 모든 문장은 처음 발견했을 때 모습 그대로 남아 있으므

189

로 잃어버릴 염려도 없다. 이 지도를 손에 들고 있으면 수집한 내용을 눈으로 확인할 수 있으며, 당신이 찾는 것을 찾도록 도와줄 뿐만 아니라, 찾고 있는지조차 모르는 것도 찾는 데 도움이 된다.

때로는 하이라이트 표시가 위험하다는 생각이 들 수도 있다. 가령 "어떤 점이 가장 중요한지, 또는 이 자료가 무슨 의미인지 제대로 결정한 걸까?" 하는 의심이 들 때도 있다. 단계별 요약의 여러 단계는 안전망과 같다. 엉뚱한 방향으로 향하거나 실수해도 언제든지 원래 버전으로 돌아와 다시 시도할 수 있다. 아무것도 잊히거나 삭제되지 않는다.

단계별 요약을 하면 메모의 '콘텐츠'에, 그리고 메모를 보여주는 '방식'에 집중할 수 있다.* 라벨을 붙이고 태그를 설정하며 링크를 걸거나, 수많은 정보 관리 도구들이 제공하는 고급 기능을 적용하느라 시간을 너무 많이 빼앗기지 않아도 된다. 더 어려운 과제를 수행할 에너지가 없을 때도 이 의미 있고 실용적인 작업은 쉽게 할 수 있다. 가장 중요한 것은, 이 일을 하면 당신이 읽거나 배우는 핵심 내용에 계속 관심을 유지할 수 있다. 이것이야말로 장기적으로 봤을 때 중요한 점이다.

---

* 우리는 인간이므로 정보를 보여주는 방식에 민감하고 예민하게 반응한다. 웹 디자인에서 버튼 색상을 조금 바꾸거나 제목을 살짝 바꾸기만 해도 그걸 클릭하는 수가 크게 변할 수 있다. 우리가 가진 기기에 담긴 정보를 보여주는 방식도 이렇게 고민하면 어딘지 상상해보라. 제목에 정보를 담거나 단락 사이를 구분하거나 중요한 구절을 하이라이트 표시하는 것처럼 간단한 처리만 해도 텍스트를 훨씬 쉽게 이해할 수 있다.

단계별 요약의 네 가지 사례

앞에서 살펴본 네 가지 단계별 요약은 매우 다양한 유형의 콘텐츠에 동일하게 적용할 수 있다. 위키백과 글이나 블로그 게시물, 온라인 기사와 팟캐스트 인터뷰, 회의록 등 원본이 텍스트로 전환되는 한* 어떠한 정보 관리 도구를 사용하더라도 하이라이트 처리 단계를 추가할 수 있다.

단계별로 요약된 메모 사례를 더 살펴보자.

---

* 추출은 이미지, 오디오, 비디오 등 다른 유형의 미디어에도 적용되지만, 그 결과물은 상당히 다르게 보이며 이 책이 다루는 범위에서도 벗어난다.

1 위키백과 글

똑같은 위키백과 글을 몇 번이고 찾아보거나 몇 주 전에 읽은 기사에 실린 내용을 기억하려 애쓴 적이 있는가? 위키백과 글에서 가장 괜찮은 내용을 발췌해 저장하면 내 관심사와 중요도를 반영한 개인 백과사전을 만들 수 있다. 가령 다음의 메모를 보면, 나는 '보몰의 비용 질병Baumol's Cost Disease'을 설명하는 글에서 몇 가지 핵심 문장을 수집했다. 이 말은 경제학에서 쓰이는 난해한 용어이며, 나도 이 말이 인용된 사례를 몇 번밖에 보지 못했다.

보몰의 비용 질병

– 보몰병

원문 링크

요약: **다른 산업 부문의 생산성이 향상했다는 이유만으로, 생산성이 향상하지 않은 산업 부문의 임금이 상승할 것이다.** 부실 산업에 종사하는 우수한 직원들을 잃지 않으려면 생산성이 향상하는 산업의 경쟁 임금과 보조를 맞춰야 한다. **따라서 임금은 어찌 되었든 상승할 것이다. 직원들을 위해 생산성에 투자하는 편이 좋다.**

이 메모를 처음 수집했을 때는 태그를 설정하거나 하이라이트 처리하거나 요약서를 추가할 시간이 없었다. 그래서 자원 영역에 있는 '경제학' 폴더에 일단 저장하고 나중에 다시 찾아보기로 했다. 몇 달 뒤, 다른 메모를 찾다가 그 메모를 다시 마주하자 잠시 시간을 내어 주요 문장을 굵게 처리하고 가장 중요한 문장은 하이라이트로 표시했다. 그러자 글의 요지를 한눈에 알 수 있었다.

이후 패널로 참석한 강연에서 연설자가 이 용어를 언급했고, 나는 내 의견을 발표할 차례가 되기 전에 재빨리 태블릿(내 메모가 모두 동기화된 기기)에서 그 용어를 검색해 이 메모를 찾았다. 덕분에 마치 처음부터 잘 알고 있었다는 듯이 그 주제에 관해 자신 있게 의견을 낼 수 있었다.

2 온라인 기사

우리는 특별한 목적 없이 정보를 소비하며 시간을 보낼 때가 많다. 아침 식사를 하면서 기사를 훑어보거나 운동하는 동안 팟캐스트를 듣거나 어떤 주제에 관해 가볍게 배워보고 싶어 뉴스레터를 읽어볼 수도 있다. 우리는 최신 정보를 유지하거나 여유 시간을 보내거나 뭔가에 열중하고 싶어 정보를 소비한다. 이런 순간들은 다른 방법으로 찾지 못할 지식을 수집하는 매우 좋은 기회이다. 이렇게 격식 없는 읽을거리와 들을 거리는 광범위한 주제와 관심사를 다루는 **193**

경향이 있으므로 평소보다 더 다양한 아이디어에 노출된다.

어느 날 저녁, 나는 소셜미디어에 공유된 온라인 기사를 읽고 있었다. 그 기사는 구글이 사회적 편견을 줄이고 일관성을 유지하며 과거의 사례에서 교훈을 얻기 위해 채용 과정에서 '구조화된 인터뷰 structured interviews'를 어떻게 활용했는지 자세히 설명했다. 당시 나는 혼자 일하는 프리랜서였으므로 채용에 대한 지식을 즉시 활용할 기회가 없었다. 하지만 언젠가 필요할 듯해서 일부 단락을 세컨드 브레인에 저장하기로 했다.

거의 2년 뒤 드디어 첫 번째 직원을 채용할 준비를 마쳤다. 이제부터 직접 보고를 받고 업무를 관리해야 한다는 막중한 책임감과 더불어, 중요한 금전적 약속을 직원에게 이행할 준비를 하며 불안해했던 기억이 난다. 다행스럽게 '채용'이라는 자원 폴더에 당장이라도 실행 가능한 메모를 어느 정도 저장해두었다. 먼저 '채용' 폴더를 통째로 자원 폴더에서 프로젝트 폴더로 옮겼다. 그리고 30분 동안 그 안에 저장된 메모를 검토하며 가장 관련도가 높은 내용을 하이라이트 처리했다. 이렇게 하이라이트로 강조한 부분들은 (세계에서 가장 혁신적이고 바람직한 고용주 중 한 명에게서 영감을 받아 시작하게 된) 내 사업체의 채용 과정에도 그대로 적용되었다.

채용 절차와 직원 유지율

― 채용 절차와 직원 유지율

원문 링크

"다행스럽게도, **입사 지원자 누구에게나 면접 질문과 방식을 똑같이 적용하는 구조화된 인터뷰를 시행하면 채용 시 편견을 대폭 감소시킨다**는 사실도 연구를 통해 밝혀졌다. 구조화되지 않은 면접과 비교했을 때 **지원자들의 다양성 역시 더 잘 반영할 수 있다.** 즉, 인종이 다른 구직자들 사이의 면접 점수 차이가 더 감소한다. 따라서 더 효율적인 방법이다. 100명 이상의 지원자들을 대상으로 한 질문과 기준이 고정적이므로 구직자들도 더 선호한다. 이러한 채용 절차를 좋아하는 지원자들의 업무 성과가 약 10퍼센트 더 높을 것으로 예측할 수 있다."

3 팟캐스트와 오디오

메모는 실시간으로 기록할 수 없을 때도 유용하게 쓸 수 있다. 어느 주말, 나는 아내와 함께 캘리포니아 시에나 네바다 산맥의 조그만 오두막집을 향해 가고 있었다. 우리는 차 안에서 팟캐스트를 듣기로 했다. 진행자와 메건 텔프너Meghan Telpner라는 강사가 가볍게 나누는 대화였다. 텔프너는 온라인 요리 영양학원을 운영한다고 했는데, 우리는 그가 누구인지 전혀 몰랐으므로 특별한 목적을 두지 않고 그 에피소드를 들었다. 그런데 한 시간 동안 가파른 산길을 오르면서 우리 부부는 그가 갖은 고생을 하며 일으킨 교육 사업 이야기에 흠뻑 빠져들었다. 알고 보니 그 역시 우리가 겪었던 어려운 문제에 상당히 자주 직면했고 또 이겨내야 했다. 우리만 그렇게 고생한 게 아니라는 걸 알자 위안이 되었다. 나는 운전해야 했으므로 아무것도 받아 적을 수는 없었지만, 도착한 뒤 몇 분 동안 운전석에 앉아 기억나는 이야기들을 기록하고 수집했다. 이것은 메모의 양을 줄일 수 있는 훌륭한 방법이다. 가장 좋은 내용은 늘 한두 시간 동안 머릿속에 남는다.

몇 달 뒤, 우리는 온라인 강좌를 새롭게 개편하고 이를 홍보해야 했다. 준비할 시간은 고작 2주밖에 없었다. 조사를 더 하기에는 턱없이 부족한 시간이었다. 따라서 이미 수집해둔 아이디어를 활용해야 했다. 우선 '온라인 교육' 폴더에서 이 메모를 찾아 검토하고 중요한 부분을 굵게 표시했다. 그리고 프로모션 개시 바로 직전, 우리 상황에 적용하고 싶은 부분을 하이라이트 표시했다(197쪽). 여기 보이는 하이라이트 처리된 구절은 과정 수료생을 채용하여 신규 수강생들을 코치하게 하는 기폭제가 되었다. 또 수료생들로 코치진을 구성한 덕분에 새롭게 최상위 경영자 과정을 추가하고 실행할 시간도 마련할 수 있었다. 영감을 어디에서 얻을지, 또 그것이 미치는 영향력이 얼마나 대단한지 누구도 알 수 없는 일이다.

SPI 팟캐스트: 메건 텔프너

— SPI 팟캐스트: 메건 텔프너

원문 링크

• 온라인 과정이자 전문 자격 프로그램인 **요리 영양학원** 설립자
• **35개국에서 2천 명 이상 수료,** 백만 달러 사업 규모
• **4가지 단계 가격 책정:**
  - 일반 과정: 모든 콘텐츠 이용 가능, 코칭 미제공, 수료증 미발급
  - 전문가 과정: 코칭 제공, 수료증 발급
  - 비즈니스 과정: 창업에 필요한 지원과 컨설팅 제공
  - **경영자 과정: 메건 텔프너가 직접 코칭**
• **상위 세 가지 단계는 인원이 한정**되었으며, 최상위 경영자 과정은 항상 즉시 매진
• 14주 프로그램, **수료율 97퍼센트**
• **코치를 채용하여 14명에서 16명으로 구성된 소규모 수강생 그룹을 지원**한다.
• 코치들은 수강생 1명당 급여 지급, 수강생이 중간에 그만두면 해당 분 미지급

4 회의록

    나도 다른 사람들처럼 전화 통화나 회의에 시간을 많이 쓴다. 그 시간을 최대한 활용하기 위해 회의 중에 새로운 아이디어와 제안, 피드백과 조치 사항이 생각나면 즉시 메모한다. 다른 사람들도 회의 시간에 메모하는 일은 흔하지만, 이 메모를 활용해 무엇을 해야 하는지 분명치 않을 때가 많다. 회의 중에 한 메모는 대체로 급하게 쓴 것들이라 지저분하고 실행해야 할 사항들이 마구잡이식 의견 사이에 묻혀 잘 보이지 않는다. 때문에 기껏 작성한 메모가 쓸모없는 낙서가 되어 버리는 경우가 많다. 나는 회의나 통화를 마치면 중요한 내용을 놓치지 않고 추출하기 위해 메모를 단계별로 요약한다.

    다음의 메모는 녹음 스튜디오를 설계해본 친구와 대화하며 작성한 것이다(199쪽). 당시 나는 차고를 홈 스튜디오로 리모델링하고 있었기 때문에 그 친구의 조언을 듣고 싶었다. 친절하게도 그는 우리 집에 직접 와서 여러 가지를 추천했고, 나는 스마트폰 메모 앱에 핵심 내용을 기록했다. 이 메모 역시 단계별 요약을 통해 더욱 효율적으로 만들 수 있다.

데릭의 홈 스튜디오 추천 사항

— 데릭의 홈 스튜디오 추천 사항

- 반투명 유리로 된 4단 접이식 문
- 안쪽 문 전체를 덮을 수 있는 검정색 암막 커튼(빛과 소리 울림을 차단함): 윗부분에 금속 고리가 달려 있으므로 사용하지 않을 때는 걸어 두거나 벗겨놓을 수 있다. 아니면 차고 모퉁이에 차단벽을 설치해 커튼을 보관하고 빛줄기를 차단한다.
- 케이블 트랙 위에 조립식 사각형 카펫을 깐다.
- 천장을 끝까지 열고 전체를 검게 칠한다. 천장에 골조를 설치해 조명과 카메라를 달 수 있게 한다. 아니면 케이블 타이에 신경 쓰이지 않도록 천장용 케이블 트랙을 설치한다.
- 천장 주위에 소리 흡수 패널 설치: 눈에 띄지 않게 검정으로 할 것. 목제 나사와 와셔로 고정한다.

얼마 후 퇴근길에 동네 철물점 옆을 지나가다가 데릭이 추천한 물건들을 사야겠다는 생각이 퍼뜩 들었다. 스마트폰을 꺼내 '홈 스튜디오'를 검색해 이 메모를 찾았다. 그리고 몇 분 동안 차에 앉아 사야 하는 물건들을 굵게 표시했다(200쪽). 구매해야 할 물품들이 여러 제안 사항 사이에 묻혀 눈에 띄지 않았기 때문이다.

데릭의 홈 스튜디오 추천 사항

― 데릭의 홈 스튜디오 추천 사항

- **반투명 유리로 된 4단 접이식 문**
- 안쪽 문 전체를 덮을 수 있는 **검정색 암막 커튼**(빛과 소리 울림을 차단함): 윗부분에 **금속 고리**가 달려 있으므로 사용하지 않을 때는 걸어 두거나 벗겨놓을 수 있다. 아니면 차고 모퉁이에 차단벽을 설치해 커튼을 보관하고 빛줄기를 차단한다.
- **케이블 트랙 위에 조립식 사각형 카펫**을 깐다.
- 천장을 끝까지 열고 전체를 **검게 칠한다.** 천장에 골조를 설치해 조명과 카메라를 달 수 있게 한다. 아니면 케이블 타이에 신경 쓰이지 않도록 **천장용 케이블 트랙**을 설치한다.
- **천장 주위에 소리 흡수 패널 설치**: 눈에 띄지 않게 검정으로 할 것. **목제 나사와 와셔로 고정한다.**

다음으로 굵은 글씨로 표시한 구매 물품들만 복사해 원본 메모 아래 따로 붙이자 철물점을 둘러보며 참고할 수 있는 쇼핑 목록이 순식간에 나타났다(201쪽).

이 사례는 대화 내용을 정리한 단계별 요약 메모가 얼마나 유용하게 쓰이는지 보여준다. 생각을 행동으로 옮기기 전에 먼저 추출하는 과정이 필요할 때가 많다.

데릭의 홈 스튜디오 추천 사항

― 데릭의 홈 스튜디오 추천 사항

- **반투명 유리로 된 4단 접이식 문**
- 안쪽 문 전체를 덮을 수 있는 **검정색 암막 커튼**(빛과 소리 울림을 차단함): 윗부분에 **금속 고리**가 달려 있으므로 사용하지 않을 때는 걸어두거나 벗겨놓을 수 있다. 아니면 차고 모퉁이에 차단벽을 설치해 커튼을 보관하고 빛줄기를 차단한다.
- **케이블 트랙 위에 조립식 사각형 카펫**을 깐다.
- 천장을 끝까지 열고 전체를 **검게 칠한다.** 천장에 골조를 설치해 조명과 카메라를 달 수 있게 한다. 아니면 케이블 타이에 신경 쓰이지 않도록 **천장용 케이블 트랙**을 설치한다.
- **천장 주위에 소리 흡수 패널 설치:** 눈에 띄지 않게 검정으로 할 것. **목제 나사와 와셔로 고정한다.**

― **구매할 것:**

- ☐ 암막 커튼
- ☐ 금속 고리
- ☐ 검정 페인트
- ☐ 케이블 트랙

아이디어 추출의 기술:
괜찮은 것을 제거해 뛰어난 것을 드러낸다

역사에 이름을 남긴 창의력의 거장들을 찾아보면 어떻게 해서 아이디어를 추출하는 과정이 위대한 작품으로 이어졌는지 알 수 있다. 파블로 피카소의 유명한 석판화 연작인 〈소Le Taureau〉(1945~1946)는 추출 과정이 어떻게 진행되는지 잘 보여준다. 이 작품은 피카소가 황소의 본질적인 형태를 연구할 목적으로 그린 일련의 이미지들로, 형태마다 추출 과정이 진행되며 피카소가 각 단계를 보존했다는 점에서 흔치 않은 사례이다.

작품을 보면 초반의 몇 점에서는 세부 뿔과 꼬리의 입체감, 가죽의 질감 등 오히려 세부 묘사가 추가되었다. 이후 생략 작업을 시작할 때 선택지가 더 많아지도록 세부 묘사를 보강하는 일부터 시작한 것이다. 본격적인 추출 과정은 네 번째 이미지부터다. 피카소는

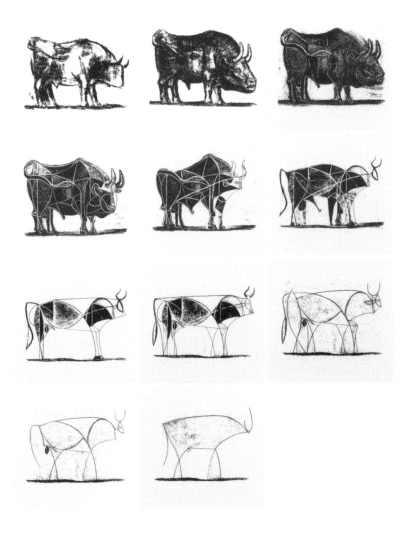

파블로 피카소, 〈소(Le Taureau)〉, 11장의 석판화 시리즈, 1945~1946 (© 2021 Estate of Pablo Picasso / Artists Rights Society (ARS), New York).

소의 주요 근육 윤곽을 흰 선으로 날카롭게 그린다. 부드러운 곡선에 각이 생기고 소의 전체 모습이 좀 더 기하학적인 형태로 변한다. 5번과 6번에서는 황소 머리의 세밀한 묘사가 대부분 사라지고 뿔과 꼬리, 다리 묘사도 단조로워지면서 급격하게 단순한 모습으로 변한다. 황소의 중심을 나타내는 희고 굵은 선이 더해져 몸통을 앞뒤로 가로지른다.

7번, 8번에 이르면 황소는 단순한 흑백 형체들이 서로 연결된 모습에 불과하다. 두꺼운 다리는 선 한 줄로 변했고 색을 띤 덩어리들은 몸통 앞과 뒤를 나타낸다. 마지막 그림에서는 그러한 간단한 묘사조차 생략된다. 남은 것은 하나의 선으로 그린 이미지뿐이지만, 그 그림은 황소의 가장 본질적인 특징을 어떻게든 잘 포착한다.

피카소의 추출 방식은 본질만 남도록 필요 없는 부분을 제거하는 것이다. 중요한 것은, 그가 처음부터 하나의 선만 써서 그린 게 아니라는 점이다. 그는 황소의 비율과 모양을 몸으로 흡수하고 기억하기 위해 황소의 형체를 단계별로 하나씩 살펴볼 필요가 있었다. 그 결과 창의적인 과정의 신비로운 측면이 나타났다. 매우 단순해 보이는 결과로 끝날 수 있고, 누구든지 해낼 수 있었을 것처럼 보인다. 단순하게 보이려고 들였던 노력은 오히려 그 단순함에 가려져 잘 드러나지 않는다.

또 다른 사례는 다큐멘터리 영화 제작이다. 〈남북 전쟁〉, 〈야구〉, 〈재즈〉의 제작자로 유명한 켄 번즈Ken Burns는 자신이 수집한 원본 영상에서 극히 일부만 최종 편집본에 들어간다고 밝혔다. 그 비율은 40대 1이나 50대 1에 이를 정도인데, 즉 40시간에서 50시간에 이르는 촬영분에서 단 1시간 분량만 최종 작품에 반영된다는 사실을 의미한다. 그 과정에서 켄 번즈와 그의 팀은 과감한 추출 작업을 진행하여 수백 시간의 녹화분에 숨겨진 가장 흥미롭고 놀랍고 감동적인 순간들을 찾아낸다.*

단계별 요약은 가능한 한 많이 기억하는 방법이 아니다. 가능한 한 많이 잊어버리는 방법이다. 핵심을 추출하는 과정에서 아이디어는 자연스럽게 개선된다. 적당히 괜찮은 부분을 없애고 나면 훌륭한 부분이 더 밝게 빛날 수 있기 때문이다.

물론 세부 사항이 사라지게 하려면 기술과 용기가 필요하다. 피카소의 황소와 번즈의 다큐멘터리가 보여주듯이 무엇을 남길지 결정하려면 불가피하게 먼저 무엇을 버릴지부터 결정해야 한다. 글의 핵심 요점을 하이라이트 처리하려면 몇 가지 요점은 버려야 한다. 동영상을 요약해 짧은 영상으로 만들려면 일부를 삭제해야 한다. 효과적인 프레젠테이션을 하려면 슬라이드 일부를 생략해야 한다.

메모를 추출하는 과정에서 초보자들이 많이 저지르는 실수가 있다. 이제 메모를 하이라이트 처리할 때 흔히 빠지기 쉬운 함정을 피하는 몇 가지 지침을 살펴보자.

---

* 다큐멘터리 영화 제작에 대한 강연에서 번즈는 자료를 기록하고 관리하라고 조언했다. "진행하려는 영화 프로젝트와 관련 있는 신문 기사가 있습니까? 그 기사를 잘라 파일로 만드세요. 내레이션이나 대화의 초안을 작성했습니까? 인쇄해서 파일로 만드세요. 첫 번째 인터뷰 대상자에게 물어볼 멋진 질문을 생각해냈습니까? 종이에 적어서 그것도 파일로 만드세요."

1 과다한 하이라이트 처리

메모 추출을 시작할 때 저지르는 가장 큰 실수는 너무 많은 부분을 하이라이트 처리하는 것이다. 학생이었을 때 나는 크게 힘들이지 않고 모두 기억할 수 있다는 헛된 희망을 품고 교과서의 몇 단락을 연달아 또는 페이지 전체를 모두 하이라이트 표시해버리는 유혹에 빠지곤 했다.

업무를 위해 메모를 할 때는 양이 적을수록 좋다. 물론 책 전체, 수십 페이지짜리 기사, 소셜미디어 게시물 수백 개를 수집할 수는 있다. 아무도 말리지 않는다. 하지만 그 모든 정보가 무슨 의미인지 알아내야 할 때 메모가 그렇게 많으면 그저 일을 더 많이 만들 뿐이라는 걸 금방 깨달을 것이다. 모두 빠짐없이 수집하느니 아예 아무것도 수집하지 않는 편이 낫다.

메모는 권위적인 텍스트가 아니라는 점을 기억하라. 자질구레한 것까지 메모에 포함할 필요가 없고 또 포함해도 안 된다. 메모는 책장에 정리된 책 페이지 사이에 살짝 꽂혀 반갑다고 신호를 보내는 책갈피에 더 가깝다. "이봐! 여기 재미있는 게 있어!" 필요하다면 언제든지 원본 문서를 찾아 검토할 수 있다. 원본이 필요할 때 메모를 써서 그 문서를 다시 찾아내는 문제를 해결해야 한다.

경험상, 단계마다 이전 단계의 10퍼센트에서 20퍼센트 정도만 하이라이트 처리하는 게 좋다. 어떤 책을 500단어 정도로 발췌한 내용을 저장한다면, 두 번째 단계에서 굵게 표시하는 부분은 100단어를 넘지 않아야 하며, 세 번째 단계에서 하이라이트 처리하는 부분은 20단어를 넘으면 안 된다. 단어 숫자를 정확히 맞추라는 뜻은 아니지만, 만일 내용을 전부 하이라이트 처리하고 있다면 이 지침을 진지하게 고민해보라.

2 목적 없는 하이라이트 처리

단계별 요약에 관해 "하이라이트 표시를 언제 해야 합니까?"란 질문을 가장 많이 받는다. 나는 당신이 뭔가 만들어낼 준비가 될 때 하이라이트 처리를 해야 한다고 대답한다.

몇 초, 혹은 몇 분 정도면 충분한 '수집'과 '정리'와는 달리, 메모 추출에는 시간과 노력을 들여야 한다. 미리 모든 메모를 추출하려 애쓴다면 뚜렷한 목적도 없이 몇 시간이고 '공들여 하이라이트 표시하기'라는 고된 일에서 헤어 나오지 못할 것이다. 과연 그 일이 나중에 성과가 있을지 알 수 없는 상태에서 그렇게 시간을 많이 투자할 여유가 없다.

그 대신, 메모를 어떻게 사용할지 알게 될 때까지 기다려라. 예를 들면 나는 블로그 게시물이나 기사를 쓰려고 준비할 때 글 주제와 관련 있다고 생각하는 메모 그룹에서 가장 흥미로운 요점을 하이라이트 표시하는 일부터 시작한다. 그렇게 하면 운동선수가 실제 경기 전에 준비운동과 스트레칭을 하듯 본격적으로 글을 쓰기 위한 준비 과정을 진행할 수 있고 너무 어렵지 않은 과제를 갖게 된다. 또 변호사와 통화할 때가 되면 지난번 통화 내용 메모에서 중요한 부분을 하이라이트 표시하고 결정해야 할 항목과 조치할 항목을 안건에 넣어 준비한다. 변호사는 내가 사전 준비를 잘한다고 생각하는데, 사실 나는 수임료 산정에 투입될 시간을 최소화하고 싶어서 통화를 빨리 끝내길 원할 뿐이다!

일단 어떤 메모든, 그것이 반드시 모두 필요하지는 않을 거라고 생각해야 한다. 미래의 당신은 무엇이 필요하고 무엇을 원하고 또 어떤 일을 하고 있을지 지금으로서는 전혀 알 수 없기 때문이다. 이렇게 가정하면 메모 요약 시간을 아끼게 될 수밖에 없으며, 요약할 만한 가치가 있다고 추정할 때만 추출 작업을 진행할 것이다.

따라서 메모에 '손을 댈 때'마다 미래의 당신을 위해 하이라이트 강조, 제목이나 글머리기호, 의견을 추가하여 메모를 좀 더 쉽게 발견하도록 해야 한다.* 즉, 정보는 가장 처음 찾았을 때보다 더 나은 상태로 바꿔놓아야 한다. 이렇게 하면 당신이 자주 찾는 메모는 자연스럽게 선순환되어 가장 발견하기 쉬워질 것이다.

---

* 이 원칙은 '스티그머지(stigmergy)'라고 한다. 향후 작업이 더 편해지도록 주변 환경에 '흔적'을 남긴다는 뜻이다. 개미들이 먹이를 찾을 때 사용하는 전략이기도 하다. 개미는 먹이가 될 만한 것을 발견하면 그 일부를 개미집으로 가져오면서 이동하는 길을 따라 특수한 페로몬을 묻힌다. 다른 개미들도 먹이를 찾으러 그 길을 따라가며, 이렇게 하면 수많은 개미들이 새로운 먹이를 신속하게 찾아 저장할 수 있다.

3 어려운 방식의 하이라이트 처리

하이라이트 표시를 할지 말지 결정하겠다고 각 요점을 분석하고 해석하거나 분류하는 일에 너무 신경 쓰지 마라. 그러면 부담이 너무 커지고 집중의 흐름을 끊어버릴 것이다. 그 대신, 어떤 구절이 흥미롭거나, 자신의 직관에 어긋나거나, 혹은 좋아하는 문제 또는 현재 프로젝트와 관련이 있다고 알려주는 본인의 직관을 믿어라.

앞에서 어떤 콘텐츠를 저장해야 할지 결정할 때 내면 깊은 곳에서 울려 나오는 소리에 귀를 기울이라고 얘기했듯이, 메모에 담긴 통찰력에도 같은 법칙이 적용된다. 어떤 구절은 마음을 움직이고 주의를 끌며 심장이 더 빨리 뛰게 할 것이다. 그런 현상들은 뭔가 중요한 걸 찾았다는 신호이며, 이제는 하이라이트 처리를 추가할 때이다. 4장에서 소개했던 동일한 기준을 적용하여, 하이라이트 처리할 만한 것을 정하기 위해 놀랍거나 유용하거나 영감을 주거나 개인적으로 의미가 있는 지점들을 찾아볼 수 있다.

핵심 추출 기술을 배우면 평생에 걸쳐 인생의 모든 영역에 영향을 끼칠 기술을 터득할 것이다. 말을 꺼낼 때마다 당신의 마음을 사로잡는 이야기꾼을 상상해보라. 일상적인 대화에서도 핵심 세부 사항을 놓치지 않고 간결하게 표현하는 능력이 있으면 흥미진진한 대화를 할 수 있다. 추출 과정은 업무와 인간관계, 리더십에 매우 중요한 의사소통의 핵심이다. 메모 기록하기는 추출 기술을 의도적으로 매일 연습할 수 있는 방식이다.

적용하기:
미래의 자기 자신을 염두에 두어라

단계별 요약에 들이는 노력의 목적은 단 한 가지다. 미래에 메모를 쉽게 찾아 활용하기 위한 것이다. 실제로 우리가 무엇인가 생각하고 만들어낼 때 더 많이 한다고 해서 무조건 좋은 건 아니다. 핵심을 추출하면 아이디어를 작고 간결하게 만들어 최소한의 노력만 들여도 그 아이디어를 머릿속에 적재할 수 있다. 사용하기 편리하고 활용할 준비가 된 형식으로 작성된 정보를 빠르게 찾아낼 수 없다면 아예 갖고 있지 않은 편이 낫다. 우리에게 가장 부족한 자원은 시간이다. 세컨드 브레인에 이미 저장된 아이디어를 신속하게 다시 찾아내는 능력을 우선시해야 한다.

최선의 결과를 내야 할 기회가 생긴다면, 그때는 책이나 기사를 읽고 자료를 조사하기 시작해야 할 때는 아니다. 조사는 벌써 마친 상태여야 한다.* 책을 읽고 새로운 걸 배우고 주변 세상에 호기심을 보이느라 쏟고 있는 지금의 노력을 활용하면 언제 닥칠지 모르는 미래의 도전과 기회에 미리 대비할 수 있다.

방금 배운 내용을 즉시 실천하려면 최근에 소비한 흥미로운 콘텐츠, 예를 들어 신문 기사나 전자책, 유튜브 영상을 찾아라. 혹은 당신이 이미 수집하여 PARA 폴더 중 하나에 정리한 콘텐츠가 될 수도 있다. 또는 이메일 수신함에 새로 쌓였거나 나중에 읽기 앱에서 대기 중인 새로운 콘텐츠일 수도 있다. 어느 것이든 복사하여 붙여넣기 또는 수집 도구를 사용해 그 콘텐츠에서 가장 좋은 부분만 발췌하여 새로운 메모로 저장하는 일부터 시작하라. 이것은 첫 번째 단계로서, 세컨드 브레인에 저장하는 첫 번째 발췌문이다.

다음으로는 발췌문을 꼼꼼히 읽으며 주요 요점과 핵심 내용을 굵은 글씨로 표시하라. 분석하고 판단하듯 진행하지 마라. 가슴 깊은 곳에서 울려 나오는 느낌에 귀를 기울여 무엇을 굵은 글씨로 표시할지 알려주는 지침으로 삼아라. 이렇게 굵게 표시된 구절은 두 번째 단계에서 만들어진다.

---

* 쇤케 아렌스(Sönke Ahrens)가 저서 《제텔카스텐》에서 밝혔듯이, 이것은 글쓰기의 핵심에 자리한 근본적인 역설이다. 즉, 무엇을 쓸지 알기 전에 먼저 조사부터 해야 한다. "우리는 펜을 손에 쥔 채 읽고 써 가며 아이디어를 발전시키고 외부에 저장한 생각을 끝없이 성장시켜 강화해야 한다. 신뢰할 수 없는 두뇌가 아무렇게나 만들어낸 계획이 아니라, 우리의 관심사와 호기심, 직관에 따라 안내받을 것이다. 직관은 읽고 생각하고 토론하고 쓰고 아이디어를 개발하는 실제 작업에 따라 형성되고 영향을 받으며, 계속 성장하며 우리의 지식과 이해를 외부 세계로 보여주는 것이다."

이제는 굵게 표시된 구절만 주의 깊게 읽고 최고의 핵심 구절에 하이라이트 처리하라. 하이라이트 기능이 없으면 밑줄을 그어도 된다. 매우 까다롭게 선정해야 하는 게 핵심이다. 전체에서 하이라이트 처리된 문장은 몇 개, 심지어 단 하나만 있을 수도 있다. 그래도 괜찮다. 그건 고도로 추출된 메모이자 동시에 발견하기 쉬운 메모라는 사실을 나타낸다. 이렇게 하이라이트 처리하는 일은 세 번째 단계이며, 대부분 이 단계에서 충분히 핵심이 추출된다.

만들어낸 메모가 잘 발견될 수 있는지 알아보는 진정한 테스트는 그 메모의 요점을 한눈에 파악할 수 있는지 여부이다. 그 메모를 며칠 동안 찾지 않고 세부 내용을 거의 다 잊었을 때쯤 울리도록 알림을 설정하라. 메모를 다시 찾아 하이라이트 부분을 바탕으로 어떤 내용인지 30초 이내에 파악할 수 있는지 확인하라. 그러면 하이라이트를 너무 많이 혹은 너무 적게 처리했는지 알 수 있을 것이다.

하이라이트를 추가할 때마다 판단력이 향상하며 진짜 중요한 부분과 그렇지 않은 부분을 구별하게 된다. 이 기술은 시간이 흐르면서 더 좋아질 것이다. 더 많이 판단할수록 더 효율적으로 즐겁게 메모할 수 있다. 집중력을 발휘하는 모든 순간이 지속적인 가치를 가져온다는 걸 알게 되었기 때문이다. 꾸준히 발전한다는 느낌보다 더 만족스러운 것은 없다.

다음 7장에서는 CODE 방법의 마지막 단계를 다루면서 그동안 수집하고 추출한 자료를 제대로 이용하고 나만의 의견을 표현하기 위해 그 자료를 활용하는 방법을 알아보겠다.

7장
_ 작업한 결과물을
표현하라

우리는 우리가 만들어내는 것만 안다.

- 지암바티스타 비코, 철학자 -

1947년 6월 캘리포니아 패서디나에서 옥타비아 에스텔 버틀러Octavia Estelle Butler라는 여자아기가 태어났다. '에스텔'이라 불린 그 아이는 가정부 일을 전전하며 생계를 꾸리던 홀어머니 밑에서 컸다. 어릴 때부터 수줍음이 많고 내성적이다 보니 학교에서 걸핏하면 괴롭힘을 당했고, 그 때문에 자신을 '못생기고 멍청하며 친구도 없는 구제 불능아'로 여겼다. 설상가상으로 가벼운 난독증까지 겹쳐 학교 공부가 어려웠다. 그러다 보니 내면적으로는 자기만의 상상의 세계로 빠져들었고 외면적으로는 패서디나 도서관으로 향했다. 그곳에서 동화책과 말에 관한 이야기책을 읽었고 나중에 작가의 길을 가도록 영감을 준 판타지와 공상 과학 소설에 푹 빠졌다.

앞길을 가로막은 여러 방해물에도 불구하고 이 어린 소녀는 뛰어난 공상 과학 소설 작가로 성장하여 휴고상과 네뷸러상을 여러 차례 받았다. 공상 과학 소설 작가로서는 처음으로 '천재상'으로 불리는 맥아더 펠로우십MacArthur 'Genius' Fellowship을 수상하기도 했다.

물론 항상 성공만 거두지는 않았다. 그가 다녔던 초등학교 교사들은 에스텔이 쓴 글에 대해 '너무 과장된 내용', '노력조차 하지 않음'이라는 의견을 내는 등 박하게 평가했다. 어떤 교사는 이렇게 물었다고 한다. "왜 공상 과학 느낌이 나게 썼니? 인간에게 집중하고 이 세상에서 벌어지는 일을 쓰면 이야기가 좀 더 보편적일 거야." 그 교사는 어머니에게 "에스텔은 이해는 하지만 그걸 적용하지 않습니다. 자제력을 배워야 합니다"라고 전하기도 했다.

에스텔은 열두 살 때 영화 〈화성에서 온 악녀〉를 본 뒤 이 선정적인 B급 영화가 너무 형편없어서 자기라면 더 좋은 작품을 쓸 수 있겠다고 확신했다. 그는 이렇게 회상한다. "내 이야기를 쓰기 전까지는 내가 찾던 걸 결코 찾지 못했어요. 자포자기한 순간 나만의 이야기를 만들었지요."

작가가 될 수 있다는 가능성이 점점 분명해지자 에스텔은 강렬하고 자기주장이 강한 또 다른 자아인 '옥타비아'로 변신을 시작했다. 고등학교를 졸업한 뒤에는 사무직원, 공장 노동자, 창고 노동자, 세탁소 직원, 식당 직원처럼 정신적으로 너무 힘들지 않은 일이라면 무엇이든 했다. 그래서 매일 날이 새기 전에 기상하여 글을 쓰는 생활을 유지할 수 있었다.

작가의 길을 걷기 시작한 옥타비아는 자신을 위한 세 가지 규칙을 정했다.

1. 노트, 종이, 필기도구 없이 외출하지 마라.
2. 눈을 똑바로 뜨고 주의 깊게 들으며 세상으로 걸어 들어가라.
3. 갖고 있지 않은 것에 대해, 혹은 그걸 갖고 있다면 무엇을 할 것인지에 대해 변명을 늘어놓지 말고 그 에너지를 '길을 찾고 길을 만드는 데' 사용하라.

이 규칙들 덕분에 옥타비아는 평생에 걸쳐 비망록을 여러 권 남겼다. 어렵게 모은 돈으로 작은 수첩을 사서 페이지마다 자기 삶의 모든 측면을 메모했다. 식품과 의류 구매 목록, 마지막까지 해야 할 일 목록, 소원과 마음가짐, 집세와 음식, 수도와 전기 요금 등을 꼼꼼히 기록했다. 또한 매일 글을 쓰기로 마음먹은 목표와 페이지 수, 자신의 결점과 갖추고 싶은 자질, 미래를 위한 소원과 꿈을 적었고, 하루에 얼마큼 글을 쓰기로 했는지 자기 자신과 맺은 계약서까지 꼼꼼하게 관리했다.

환상적인 이야기를 지어낼 자료 역시 수집했다. 라디오에서 들은 노래 가사, 등장인물의 이름이나 동기에 대한 아이디어, 새로 조사해야 할 주제, 신문 기사 등 자신의 이야기가 펼쳐질 세상을 구성할 때 필요한 모든 것이었다. 인류학과 영어, 저널리즘과 대중 연설을 비롯한 수십 가지 주제도 공부했다. 생물 다양성과 문명의 붕괴

를 직접 보고 느끼기 위해 아마존과 페루의 잉카 문명 유적지를 여
행하기도 했다. 진실하고 구체적인 이야기를 만들기 위해 명백하고
확실한 사실을 선호했다. "모르는 게 많을수록 사실을 정확하게 검
증해야 해요."

버틀러의 소설 《씨앗을 뿌리는 사람의 우화》는 2020년 처음
으로 《뉴욕타임스》 베스트셀러에 올랐다. 이로써 그는 사망한 지
14년 만에 인생 목표 하나를 달성했다. 이 책은 통제가 불가능해진
기후변화의 여파로 재앙이 찾아온 암울한 미래를 묘사하는데, 이 책
에 담긴 오싹하면서도 선견지명 있는 예측은 코로나 19가 대유행하
면서 독자들에게 큰 반향을 불러일으켰다.

버틀러는 공상 과학 소설이 단순한 오락거리 이상이라는 사실
도 잘 알았다. 그것은 미래를 변형해서 바라보는 방식이었다. 공상
과학 소설 장르에서 인정받은 최초의 흑인 여성 작가 중 한 명으로
서 그는 기후변화로 인한 환경 파괴가 가져올 처참한 결과, 즉 대기
업의 탐욕과 점점 더 벌어지는 빈부 격차, 소외된 집단을 대상으로
한 '따돌림', 위계적인 사회에 대한 비판을 비롯하여 전에는 무시되
었던 아이디어와 주제를 자유롭게 탐색했다.

버틀러는 학교 성적표, 버스표, 졸업 앨범과 계약서 같은 자질
구레한 물건뿐만 아니라 수첩, 비망록, 연설문, 도서관 열람표, 에세
이와 스토리 초안, 수업 노트, 달력과 일기도 모두 보관했다. 덕분에
우리는 버틀러의 삶에 대해 사소하고 자세한 부분까지 많이 알 수
있다. 그가 사망한 후 캘리포니아 산 마리노 헌팅턴 도서관에 소장

품이 기증되었는데, 9천 점이 넘는 물건들이 386개 상자를 가득 채울 정도였다.

어떻게 해서 이 수줍음 많던 어린 소녀가 전 세계적인 공상 과학 작가가 될 수 있었을까? 가난과 고된 일에 시달리던 젊은 여인이 어떻게 미래의 강력한 예언자로 나타났을까?

버틀러는 이렇게 말했다. "어머니는 가정부였고 아버지는 구두 닦이였는데 난 공상 과학 소설가가 되고 싶었어요. 누가 그 말을 믿겠어요?" 하지만 그는 자신의 인생 경험을 활용하여 꿈을 이루었다. "고통스럽고 소름끼치며 불쾌한 일이 즐거운 일보다 내 작업에 더 큰 영향을 끼치죠. 기억에 더 오래 남아요. 그리고 흥미로운 이야기를 쓰게끔 나를 밀어붙인답니다."

그는 메모하고 글을 쓰며 마음을 괴롭히는 것들과 맞섰다. "극복해야 했던 가장 큰 장애물은 나 자신의 두려움과 회의감이었어요. 내 작품이 훌륭하지 않을까 봐, 내가 충분히 똑똑하지 않을까 봐 두려웠지요. 성공하지 못할 거라며 날 조롱하던 사람들의 말이 맞을 수도 있었어요."

버틀러는 읽은 책에서 일상생활에 이르기까지 자신이 경험한 모든 것에서 얻었던 통찰력과 세부지식을 하나도 빠짐없이 활용했다. "당신이 이미 가진 것을 활용하세요. 다른 사람 눈에는 보잘것 없이 보여도 당신 손에 들어가면 마법으로 변할 수 있으니까요." 그는 주변 상황이 불가능해 보일 때에도 자신의 목소리와 생각을 표현할 방법을 찾아냈다.

아무것도 쓰여 있지 않은 페이지를 마주하고 있는 작가, 혹은 텅 빈 캔버스를 바라보고 있는 예술가에 관한 신화는 그저 신화일 뿐이다. 훌륭한 창작가들은 영감을 불어넣는 외부 자원, 즉 자신의 경험과 관찰, 성공과 실패 모두에서 교훈을 얻고 다른 이들의 아이디어에서 끊임없이 도움을 받는다. 창의력에 한 가지 비밀이 있다면, 우리가 주변에 끼치는 영향을 수집하고 정리하려고 매일 노력할 때 창의력이 생겨난다는 사실이다.

중간 패킷:
작게 생각하는 힘

지식 노동자인 우리에게 집중력은 가장 부족하면서도 귀중한 자원이다. 창의적인 과정은 단계마다 집중력을 얼마나 발휘하느냐에 따라 촉진된다. 집중력은 무슨 일이 벌어지는지 이해하고 어떤 자원을 마음대로 쓸 수 있는지 알아내며 우리가 이 세계에 어떻게 기여할 수 있는지 보여주는 렌즈와 같다. 의도적으로, 또 전략적으로 집중력을 배분할 수 있다면 복잡한 세상에서 경쟁 우위를 확보할 수 있다. 우리는 귀한 보물을 다루듯 그 능력을 지켜야 한다.

하루는 24시간이다. 당신은 그중 몇 시간 동안 집중력을 최고 수준으로 유지할 수 있는가? 어떤 날은 너무 정신없이 돌아가고 일정이 들쑥날쑥하여 전혀 집중하지 못할 수도 있다. 집중력은 키울 수 있지만, 혼란스러운 상황과 예기치 않은 방해물, 집중을 허용하지 않는 주변 환경으로 인해 파괴될 수도 있다. 세컨드 브레인을 구축할 때 직면하는 어려운 도전은, 힘들게 집중력을 발휘하지 않아도 마음껏 집중할 수 있는 개인 지식 시스템을 구축하는 방법은 무엇인가 하는 문제이다.

우리는 '목표를 염두에 두고' 일하는 게 중요하다고 배웠다. 매장에 진열된 완제품이든, 어떤 행사 연설이든, 공개된 기술 문서이든 결과를 전달하는 일은 우리 책임이라고 들었다. 그럭저럭 괜찮은 조언이긴 하지만, 최종 결과에만 집중하는 데에는 오류가 존재한다. 메모, 초안, 개요, 피드백 같은 모든 중간 단계의 작업은 인정받지 못하고 저평가되는 경향이 있다. 그 중간 작업물을 생산하기 위해 쏟아부은 귀한 집중력은 허비되고 두 번 다시 사용되지 않는다. 우리는 대부분의 '중간 작업물'을 머릿속으로 관리하므로 프로젝트를 마치고 자리에서 일어나는 순간, 그동안 얻어내려고 열심히 노력했던 소중한 지식은 파도에 휩쓸려 허물어지는 모래성처럼 기억에서 사라지고 만다.

집중력을 잘 발휘하는 능력을 지식 노동자인 우리의 가장 큰 자산으로 여긴다면, 그 중간 작업물이 없어지게 두면 안 된다. 직장생활을 하면서 훌륭한 결과물을 만들어낼 귀중한 시간이 얼마 없다는 걸 고려한다면, 그 지식을 다시 유용하게 쓸 수 있는 시스템에 저장하여 반드시 재활용해야 한다.

오늘 만들고 있는 지식 자산 중에서 미래에도 다시 사용할 가능성이 가장 큰 것은 무엇인가? 향후 프로젝트를 추진하는 데 밑거름이 될 블록은 무엇인가? 어떻게 하면 알고 있는 내용을 몇 번이고 다시 찾을 수 있는 형태로 저장할 수 있을까?

창의적인 과정의 마지막 단계인 '표현'은 모든 것이 완벽하게 준비될 때까지 아무에게도 공유하지 않고 무작정 기다리는 것을 거부하는 것이다. 아이디어를 더 빨리, 더 자주, 더 작은 덩어리로 표현하여 어떤 것이 효과가 있는지 테스트하고 다른 이들에게서 피드백을 받아야 한다. 그 피드백 역시 세컨드 브레인으로 들어가 저장되며 그곳에서 다음 작업의 시작점이 된다.

맡은 일을 더 작은 단위로 나누어야 한다는 아이디어는 예전부터 있었다. 어떤 일을 하다 막히면 그 일을 더 작은 단계로 분해하라는 조언을 아마 백 번은 더 들었을 것이다. 전문적이고 창의적인 작업은 최후의 완벽한 결과물을 만드는 도중에 예외 없이 '중간 단계 intermediate steps' 버전을 거친다. 이 중간 버전들은 새로운 것을 만드는 과정의 일환으로 작성하는 '초안'과 동일한 개념이다. 예를 들면 다음과 같다.

- 소프트웨어 개발 과정의 '모듈'
- 스타트업의 '베타 테스트'
- 건축 설계의 '밑그림'
- 텔레비전 프로그램의 '파일럿 에피소드'
- 엔지니어의 '프로토타입'

- 차량 디자인 과정의 '콘셉트 카'
- 음악 녹음에서 쓰는 '데모'

한 가지 많은 사람들이 놓치는 것은 과제나 업무를 더 작은 조각으로 단순히 나누는 것만으로는 충분치 않다는 점이다. 이 조각들을 관리하는 시스템도 필요하다. 그렇게 하지 않으면 혼자서 그 조각들을 모두 파악하고 관리하려 애쓰다가 오히려 일을 더 크게 만들어버리고 만다.

그 시스템이 바로 세컨드 브레인이며, 그 안에 든 중간 작업물 조각들은 '중간 패킷Intermediate Packets'이라 부른다. 중간 패킷은 작업을 구성하는 구체적이면서 개별적인 블록이다.* 예를 들어 팀 회의록, 관련 연구 결과 목록, 협업자들과의 브레인스토밍, 시장 분석 슬라이드, 콘퍼런스 콜을 마친 뒤 조치해야 할 항목 리스트 등이 모두 포함된다. 어떤 메모든 더 큰 규모의 프로젝트나 목표에서 중간 패킷으로 사용될 수 있다. 중간 패킷은 전적으로 당신의 지적 재산이다. 당신이 만들었고 소유하며 향후 어떤 프로젝트에서든 되풀이하여 사용할 권리가 있다.

영업 직원이 건강에 좋은 에너지 음료 판매를 촉진할 새로운 캠페인을 계획한다고 생각해보자. 영업은 '지식 관리'와는 가장 동떨

---

* 중간 패킷은 IP라고 줄여 쓸 수 있으며, 이것은 우연치고는 매우 적절한 약칭이다. 중간 패킷은 전적으로 당신의 지적 재산(Intellectual Property)이기 때문이다.

어진 일로 보일 수도 있다. 고객에게 전화하고 고객을 만나 구매를 권유하고 거래를 성사시키는 일이 핵심 아니던가? 하지만 자세히 살펴보면 이러한 영업자들이 의지하는 블록도 많다. 회사 소개 자료, 판매 안내서, 신규 거래처와의 전화 통화 시 참고할 사항, 잠재 고객 목록, 주요 유통 회사와의 협의 내용 등은 영업 담당 직원이 판매 성과를 내기 위해 필요로 하는 자산이다.

레고 블록처럼 이 지식 조각들을 더 많이 보유할수록 의미 있는 걸 더 쉽게 만들 수 있다. 아무것도 없는 상태에서 다음 프로젝트를 시작하지 말고 조사 결과, 선별해 수집한 인터넷 기사, 핵심 내용을 하이라이트 처리한 PDF 문서, 책을 읽으며 쓴 메모, 문득 생각난 대로 쓴 글 같은 블록들을 다수 갖춘 상태에서 프로젝트에 착수한다고 상상해보라. 그 블록들은 당신이 몸 담고 있는 분야를 파악하고 업계와 세계를 전체적으로 이해하기 위해 오랫동안 노력해왔다는 사실을 보여준다.

우리가 가진 시간과 집중력은 부족하다. 이제는 각종 보고서, 계획서, 그래픽, 슬라이드처럼 시간과 노력을 투자해야 하는 것들을 매번 처음부터 다시 만들지 말고 재사용할 수 있는 지식 자산으로 다루어야 할 때이다. 중간 패킷을 재사용하면 그 시간을 아껴 더 중요하고 창의적인 생각에 집중할 수 있다. 작게 생각하기는 시야를 넓히고 더 큰 목표로 향하는 좋은 방법이다.

일하면서 만들고 재사용할 수 있는 대표적인 중간 패킷은 다음의 다섯 가지가 있다.

1. **핵심을 추출한 메모:** 요점을 쉽게 파악하기 위해 책이나 기사를 읽고 중요한 내용을 추출한 메모(6장에서 배운 단계적 요약 기법을 활용한다)

2. **삭제된 부분:** 과거 프로젝트에는 쓰이지 않았으나 향후 프로젝트에 활용될 수 있는 자료나 아이디어

3. **중간 작업물:** 과거 프로젝트를 진행하면서 작성한 문서, 그래픽, 안건 또는 계획

4. **최종 산출물:** 과거 프로젝트에서 만든 구체적인 작업물(새 프로젝트의 구성 요소가 될 수 있다)

5. **다른 사람들이 만든 문서:** 팀원, 계약자, 컨설턴트, 의뢰인이나 고객이 만든 지식 자산(내용을 참조하여 진행 중인 작업에 통합할 수 있다)

한가한 시간에 실용적인 글을 읽고 있다면 가장 도움이 될 만한 정보를 메모에 저장한 뒤 나중에 활용할 때를 대비해 핵심을 추출할 수 있다. 에세이를 쓰다가 한 단락을 삭제한다면 후속편을 쓸 경우를 대비해 따로 저장해둘 수 있다. 제품 개발 부서에서 일하며 세부 요구사항을 만들었다면 그 중간 산출물을 향후 제품 개발에 필요한 템플릿으로 저장할 수 있다. 경영 컨설턴트라면 임원들에게 발표한 슬라이드 자료를 최종 산출물로 저장한 뒤 이와 유사한 프레젠테이션에 다시 활용할 수 있다. 연구소에서 일하는 과학자라면 동료가 완벽한 실험 계획안을 작성했을 때 그 문서를 재활용하고 또 용도에

225

따라 개선할 수 있다(물론 작성자의 허락을 받아야 한다).＊

중간 패킷의 관점으로 일 처리 방식을 전환하면 매우 강력한 혜택을 누릴 수 있다.

첫째, 프로젝트 전체를 한꺼번에 처리하느라 애쓸 필요 없이 작은 패킷 하나씩 집중하므로 도중에 방해받는 일이 생겨도 보다 수월하게 감당할 수 있다. 중간 산출물을 전부 머릿속으로 관리하지 않으므로 방해물을 만나더라도 영향을 덜 받는다.

둘째, 언제든지 추진할 수 있다. 몇 시간 동안 방해받지 않고 집중할 수 있을 때가 오기를 마냥 기다릴 필요가 없다. 솔직히 그런 기회는 드물고 점점 더 사라지고 있다. 여유 시간이 얼마나 남았는지 확인한 뒤, 비록 당장 할 수 있는 일의 양이 적더라도 그 시간 내에 처리할 수 있는 중간 패킷 작업을 골라 처리할 수 있다. 대형 프로젝트나 목표를 접하고 겁먹는 일도 줄어든다. 큰 문제를 더 작은 조각으로 쪼개어 짬이 날 때마다 처리할 수 있기 때문이다.

셋째, 피드백을 더 자주 받으므로 작업 품질이 좋아진다. 몇 주 동안 혼자 고생하며 일했는데, 상사나 고객에게 작업 결과를 제시했더니 그동안 엉뚱한 방향으로 진행했다는 걸 깨닫게 된다면 얼마나 허탈하겠는가? 그 대신 조그만 블록을 하나씩 만들어 중간 단계에

＊ 다른 사람의 자료를 활용할 때는 늘 출처를 표기해야 하며 작성자에게 공을 돌려야 한다. 과학자는 출처를 숨기지 않으며 다른 사람들이 자신의 뒤를 따라오도록 출처를 정확히 표시한다. 우리는 모두 위대한 사람들의 업적을 활용하여 더 큰 발전을 이룬다. 쓸데없이 시간을 낭비하기보다는 그들이 전에 떠올린 생각을 더욱 발전시켜 나가는 편이 현명하다.

서 조언이나 도움을 요청하면 훨씬 긍정적인 피드백을 받을 것이며, 이를 통해 작업이 잘 진전되고 있다는 걸 알 수 있다.

넷째, 자유롭게 사용할 수 있는 중간 패킷을 꾸준히 만들어 저장해두면 어느 순간부터는 갖고 있는 중간 패킷을 조립하기만 해도 전체 프로젝트를 실행할 수 있다. 이는 생산성을 판단하는 방식을 송두리째 바꿔버릴 마법 같은 경험이다. 아무것도 없이 처음부터 시작한다는 생각은 이제 생소하게 들릴 것이다. 과거에 시간과 노력을 투자하여 만든 풍부한 자산을 새로운 일에 활용하면 어떨까? 사람들은 당신이 어떻게 그렇게 뛰어난 결과물을 꾸준히 만들어낼 수 있는지 놀라워할 것이다. 심지어 특별히 더 열심히 하거나 오랫동안 작업하지 않는데도 어떻게 시간을 내고 좋은 아이디어를 떠올리는지 궁금해할 것이다. 실제로 당신이 하는 일은 세컨드 브레인에서 점점 증가하고 있는 중간 패킷 보관실을 활용하는 게 전부다. 중간 패킷이 진정 가치 있는 자산이라면 당신이 소유한 다른 자산처럼 관리될 자격이 충분하다.

중간 패킷은 당신이 하는 일의 아주 작은 구성 단위를 인식하게 하는 새로운 렌즈이다. '작게 생각'하면 일할 때마다 중간 패킷을 하나씩 만들어내는 일에 집중할 수 있다. 그것이 얼마나 실행 가능한지, 혹은 상상했던 그대로 활용할 수 있을지 걱정할 필요가 없다. 이 렌즈를 통해 당신은 창의력을 새롭게 정의할 수 있다. 이제 창의력은 몇 달 동안 시간과 기력을 소진하게 만드는 힘든 노력이 아니라, 작은 조각들이 모여 가치를 생성하고 끊임없이 순환하는 흐름이다. **227**

블록 조립:
결과물을 수월하게 만드는 비밀

스케치를 하거나 슬라이드를 디자인하고 스마트폰으로 짧은 영상을 촬영하거나 소셜미디어에 게시할 때마다 당신은 실체가 있는 결과물을 생성하는 창조적인 행동을 하고 있다. 일상생활에서 자주 만들어내는 여러 가지 문서와 기타 콘텐츠를 생각해보자.

- 소셜미디어의 '좋아요' 또는 북마크 저장된 웹페이지
- 개인적인 생각을 기록한 수첩이나 일기
- 책이나 기사에서 하이라이트 처리하거나 밑줄 그은 구절
- 소셜미디어 메시지, 사진이나 동영상
- 프레젠테이션에 포함된 슬라이드나 차트

- 문서 또는 앱에 있는 도표, 마인드맵 혹은 기타 시각 자료
- 회의, 인터뷰, 대화 혹은 프레젠테이션 녹음
- 일반적인 질문에 대해 이메일로 받은 답변서
- 블로그 게시물이나 보고서 같은 문서
- 회의 안건, 체크리스트, 템플릿, 프로젝트 회고처럼 문서로 만든 계획서와 프로세스

중간 패킷을 의도적으로 새롭게 만들어낼 수도 있지만 예전에 만든 중간 패킷을 찾아 세컨드 브레인에 저장하는 편이 훨씬 더 효율적이다. 예를 들어 대규모 콘퍼런스를 기획한다고 생각해보자. 완전히 새로운 행사이거나 이제껏 콘퍼런스를 준비해본 경험이 없다면 아무것도 없는 상태에서 모든 걸 새로 만들어야 할지도 모른다. 하지만 그 거대한 프로젝트를 구체적인 덩어리로 나누면 기획에 필요한 구성 요소들이 눈에 들어온다.

- 콘퍼런스 안건
- 흥미로운 소규모 세션 목록
- 기조 세션을 진행하는 데 필요한 체크리스트
- 콘퍼런스 홍보 이메일
- 연사 또는 토론자 초청
- 콘퍼런스 웹사이트

이 구성 요소들은 콘퍼런스를 진행하려면 필요한 블록 중 일부이다. 이것들을 할 일 목록에 반영하고 모두 직접 만들 수도 있지만, 훨씬 빠르고 효율적인 다른 방식이 있다. 자신에게 질문하라. 하나하나 처음부터 다 만들지 말고 어떻게 하면 이것들을 얻거나 조립할수 있을까?

콘퍼런스 안건은 다른 콘퍼런스 안건을 가져와 주제와 연사 이름을 바꾸면 보다 수월하게 만들 수 있다. 다른 사람들이 제안한 주제 중에서 흥미로운 것을 추가하며 소규모 세션 목록을 작성할 수있다. 예전에 기획했던 다른 행사에서 효과적인 기조연설을 준비하는 데 활용한 체크리스트도 남아 있을 것이다. 전에 참석한 다른 콘퍼런스 자료들을 저장해둔 보관소를 참고해서 이메일을 작성할 수있다. 마음에 드는 다른 콘퍼런스 웹사이트 스크린샷은 당신만의 디자인을 기획할 최고의 출발점이 된다.

우리의 창의력은 사례를 기반으로 번성한다. 채워야 할 템플릿이 있으면 아이디어는 여기저기 흩어지지 않고 쓸 만한 형태로 전달된다. 만들고 싶은 것들은 대부분 우수 사례들이 있고 참고할 만한모델 역시 풍부하다.

나와 같이 일하는 전문가들은 대부분 중간 패킷들을 가지고 있고 또 활용한다. 그게 핵심이다! 세컨드 브레인은 당신이 이미 만들고 있고 또 사용하는 것들을 보관하는 저장소이다. 우리는 그것들을 사용하는 방식에 체계성과 목적성을 추가하고, 필요하면 검색해서 찾아내기 위해 디지털 메모 앱 같은 한 장소에 저장한다. 또 우리 삶의 중요한 측면마다 전용 공간을 마련하기 위해 프로젝트와 영역, 자원에 따라 정리하고, 나중에 필요하면 빠르게 접근해서 찾아낼 수 있도록 핵심만 남을 때까지 추출한다. 이렇게 초기 단계를 마치고 나면 표현 단계는 온 힘을 쥐어짜내야 하는 고통스러운 성취가 아닌 기존 작업 패킷들을 간단하게 조립하는 일로 변화한다.

창의적인 자산을 신속하게 이용하여 새로운 것으로 결합하는 능력은 시간이 흐르면서 당신의 직장 경력과 사업 성장, 삶의 질에도 대대적인 변화를 가져올 것이다. 단기적으로는 체감되지 않을 수도 있다. 필요할 때마다 새 문서를 서둘러 작성할 수는 있겠지만, 눈에 보이지 않는 비용이 서서히 쌓일 것이다. 그것은 당신이 필요한 것을 가졌는지 전적으로 확신하지 않아 발생하는 비용이며, 예전에 작업을 이미 완료했는지 잘 모르는 데서 오는 스트레스이다. 당신의 변덕스러운 머리만이 기발한 아이디어를 끊임없이 짜내야 하는 무거운 부담을 홀로 짊어지고 있으면 충분한 수면과 마음의 평화, 가족과 함께 하는 시간에도 희생이 따른다.

자체 검색 시스템:
메모를 찾고 둘러보고
발견하고 활용하는 방법

표현 단계에서는 필요한 걸 검색해서 찾는 기량을 발휘하고 연마한다. 세컨드 브레인이 우리를 위해 일하고 있다는 데서 오는 자신감을 든든하게 쌓는 단계이기도 하다.

검색 과정을 자세히 들여다보자. 중간 패킷이 필요할 때 어떻게 찾고 검색할 수 있는가? 이것은 사소한 질문이 아니다. 과거에 저장한 중간 패킷과 미래 프로젝트 사이의 연결은 예측할 수 없을 때가 상당히 많기 때문이다. 건물 벽면에 붙은 콘서트 포스터를 촬영한 사진은 당신이 디자인하는 로고 형태에 영향을 끼칠지도 모른다. 지하철에서 우연히 들은 노래는 아이가 학교 연극에서 부를 수 있게 당신이 작곡하고 있는 짤막한 노래에 영향을 줄 수도 있다. 책에서 읽은 설득 기술에 대한 아이디어는 당신이 준비하는 회사 임직원

건강 캠페인의 핵심 내용이 될 수도 있다. 이것들은 가장 가치 있는 연결, 즉 어떤 아이디어가 여러 주제 사이의 경계를 가로질러 연결 되는 사례 중 일부이다. 그렇게 연결되는 사례는 사전에 계획하거나 예측할 수 없고, 서로 다른 여러 아이디어가 함께 뒤섞일 때만 나타 날 수 있다.

본질적으로 예측 불가하다는 건 당신의 메모에 담긴 아이디어 를 찾아내고 또 전적으로 신뢰할 수 있는 궁극의 검색 시스템이 없 다는 뜻이다. 그 대신 우리가 사용할 수 있는 네 가지 검색 방법이 있다. 이들은 공통된 부분이 있으며 부족한 부분은 서로 보완한다. 그 방법들을 합치면 컴퓨터보다 더 강력하고 인간의 머리보다 더 유 연하다. 당신도 그 방법들을 순서대로 써서 찾고 있는 것을 발견할 수 있다. 네 가지 검색 방법은 다음과 같다.

1. 찾아보기search
2. 둘러보기browsing
3. 태그하기tags
4. 뜻밖의 발견serendipity

1 찾아보기

메모 앱의 검색 기능은 놀라울 만큼 강력하다. 찾아보기 방법 **233**

은 시간과 노력이 적게 든다는 장점이 있다. 메모를 중심 장소에 저장한 뒤 검색 기능을 써서 전체 콘텐츠를 몇 초 만에 탐색한다. 여러 번 연달아 검색할 수 있으며 검색어를 다양하게 바꿔가면서 지식 정원 사이로 이곳저곳 뛰어다닐 수 있다.

이렇듯 검색을 빠르게 반복할 수 있으므로 메모 앱은 단연 돋보인다. 기존의 워드 프로그램처럼 메모를 하나씩 열었다가 닫을 필요도 없다. 어떤 의미에서 보면 세컨드 브레인에 저장된 메모는 이미 모두 '열려' 있고, 간단히 클릭하거나 탭하면 곧바로 확인하거나 상호 작용할 수 있다.

찾아보기는 가장 먼저 시도해야 할 검색 방식이다. 찾고 있는 걸 이미 어느 정도 알고 있을 때나 기존 폴더에 별도의 메모가 저장되어 있지 않을 때, 혹은 텍스트를 찾을 때 가장 유용하게 쓸 수 있다. 하지만 모든 도구가 그렇듯이 한계는 있다. 무엇을 찾고 있는지 정확히 모르거나 자료가 존재하는지 살펴볼 기존 폴더가 없거나, 혹은 텍스트가 아닌 이미지에 관심이 있는 경우가 그러하다. 그렇다면 이제는 둘러보기를 시도할 때이다.

2 둘러보기

5장에서 서술한 PARA 방법 체계에 따라 메모를 정리해왔다면 당신은 진행 중인 프로젝트, 영역, 자원, 보관소의 네 개 폴더를 이미 갖추고 있다. 각 폴더는 당신 삶의 해당 영역에 초점을 맞춰 설정한 전용 환경이다. 각 폴더에는 통화 중에 휘갈겨 쓴 짧막한 메모부터 이전 프로젝트에서 사용했던 잘 다듬어진 중간 패킷에 이르기까지 광범위한 콘텐츠가 포함될 수 있다. 실행할 때가 되면 당신은 적절한 작업 공간으로 들어설 수 있으며 거기서 발견한 모든 것은 지금 처리할 과제와 관련이 있다는 걸 알 수 있을 것이다.

찾아보기 방법이 효율적이고 강력한 경우 대부분의 사람들은 파일 시스템을 직접 탐색하며 원하는 정보를 빠르게 훑어보는 것을 훨씬 선호한다. 정보를 탐색하다보면 폴더명과 파일명을 힌트 삼아 다음에는 어디를 탐색해야 할지 지름길을 가늠할 수 있다. 즉, 내비게이션처럼 탐색 방법을 상황에 맞게 조절할 수 있다. 반면 둘러보기를 실행하면 우리가 찾는 정보를 향해 서서히 나아갈 수 있으며, 일반적인 내용으로 시작해 점점 더 구체적인 정보를 찾을 수 있다. 또한 이러한 둘러보기 방식은 오랜 세월 물리적인 환경을 탐색하기 위해 발달한 뇌의 오래된 부분을 사용하므로 우리에게 더 자연스럽게 다가온다.[*]

메모 앱에는 다양한 기능이 있어서 이걸 활용하면 폴더 체계를 쉽게 둘러볼 수도 있다. 어떤 앱은 날짜에 따라 메모 목록을 분류할

---

[*] 심리학 교수인 바바라 트버스키(Barbara Tversky)는 다음과 같은 의견을 남겼다. "우리는 추상적 사고보다는 공간적 사고에 훨씬 더 뛰어나고 경험도 많다. 추상적 사고는 그 자체로 어렵지만, 다행스럽게도 공간적 사고에 어떻게든 연결할 수 있다. 이렇게 해서 공간적 사고가 추상적 사고를 대체할 수 있고, 추상적 사고를 할 수 있는 발판을 마련할 수 있다."

235

수 있다. 이 기능이 있으면 아이디어를 가장 최근 것부터 가장 오래된 것까지, 혹은 반대 순서대로 정렬할 수 있다. 어떤 앱은 이미지와 웹 클리핑만 보여주므로 눈길을 끄는 내용이 있는지 빠르게 둘러볼 수 있다. 또 메모 앱 대부분은 메모끼리 콘텐츠를 옮길 수 있도록 한꺼번에 여러 개의 창을 열고 내용을 비교할 수 있다.

다시 한 번 강조하지만, 폴더를 둘러보며 찾을 수 있는 내용에는 한계가 있다. 때로는 곧 프로젝트를 시작한다는 걸 알고 프로젝트 폴더에 미리 이것저것 저장할 수 있지만, 그렇게 하지 않을 때도 있다. 해당 메모가 사업의 어떤 영역과 관련이 있는지 명확해도 어디에 그걸 저장해야 할지 모를 때도 많다. 메모는 전혀 예상하지 못한 방식으로 요긴하게 쓰일 때가 많다. 우리는 그런 식으로 뜻밖의 발견을 더 많이 해야지, 싸워서 쟁취하듯 하면 안 된다.

예측하지 못하는 이들과 기대하지 않는 이들에게 세 번째 '태그하기' 방법은 더욱 빛을 발한다.

3 태그하기

태그는 어느 폴더에 저장되었든 관계없이 메모에 붙일 수 있는 작은 꼬리표와 같다. 메모에 태그를 설정하면 검색 기능을 써서 태그가 붙은 메모를 한꺼번에 볼 수 있다. 폴더의 큰 단점은 아이디어가 분리되어 저장되므로 흥미로운 연관 관계를 촉발하기 어렵다는 점이다. 태그를 설정하면 세컨드 브레인에 연결 기능을 주입하여 이 한계를 극복할 수 있으며, 간단히 분류할 수 없는 광범위한 주제와 패턴을 더 쉽게 볼 수 있다.

고객 응대 업무를 하던 중에 여러 고객들이 똑같은 질문을 계속하는 걸 알았다고 가정하자. 그러면 자주 접수되는 질문과 답변을 정리한 FAQ 페이지를 작성해 회사 홈페이지에 게시할 수 있다. 그 일은 프로젝트이지만, 전부터 알고 있거나 자료를 모으던 프로젝트는 아니다. FAQ 페이지 디자인에 활용할 메모들을 갖고 있지만, 지금 당장은 그것들을 현재 폴더에서 빼내어 다른 데로 옮기고 싶지 않을 수도 있다.

그렇다면 이제는 태그를 설정할 때이다. 15분 정도 시간을 내서 FAQ와 관련 있는 용어들을 차례로 검색한다. 쓸 만한 메모를 찾으면 원래 위치에 그대로 두고 'FAQ' 태그만 설정하라. 작업에 활용할 자료를 충분히 찾았다면 'FAQ' 태그를 검색하라. 그러면 태그를 단 모든 메모를 즉시 확인할 수 있다. 이제 그 메모들을 더 자세히 검토해서 활용하고 싶은 구체적인 요점들에 하이라이트 처리한 뒤 그 요점들만 이동시켜 개요를 만들고 FAQ를 작성할 수 있다.

하지만 최우선 검색 방식으로 태그를 추천하지는 않는다. 키워드로 찾거나 폴더를 훑어보는 방법에 비해 메모에 일일이 태그를 다는 작업은 시간과 에너지가 많이 소요된다. 대신 앞서 설명한 '찾아보기'나 '둘러보기' 두 가지 검색 방법으로 작업을 처리하지 못하거나, 메모 여러 개를 간단히 모아 연결하고 통합해보고 싶은 경우처 **237**

4 뜻밖의 발견

네 번째 검색 방법은 가장 불가사의하지만 여러 면에서 가장 강력하다. 당신이 갖고 있는 정보 속에는 찾아보기, 둘러보기, 태그하기 방법으로는 계획하거나 예측할 수 없는 가능성의 영역이 분명히 있다. 어느 순간 상황이 더할 나위 없이 깔끔하게 정리되고 아이디어 사이의 연결고리가 갑자기 생각 나 깜짝 놀랄 때가 있다. 이때가 바로 창의적인 사람들이 몹시 기다리던 순간이다. 그런 순간이 오도록 미리 계획할 방법은 없지만, 그 순간을 맞이하기에 가장 알맞은 조건을 만들어낼 수는 있다. 바로 이 때문에 우리는 온갖 종류의 자료, 수많은 주제에 관한 다양한 형식의 자료를 뒤섞어 세컨드 브레인에 보관하는 것이다. 우리는 새로운 생명이 등장할 가능성을 최대한 높이기 위해 창조적인 DNA 수프를 만들고 있다.

뜻밖의 발견을 위한 몇 가지 요령이 있다.

첫째, 앞의 세 가지 검색 방법들을 활용할 때 초점을 조금 넓게 유지하는 게 좋다. 기준에 일치하는 특정 폴더만 검색하지 말고 유사한 프로젝트, 관련 있는 영역과 다른 자원 유형도 같이 살펴야 한다. 실제로 나는 프로젝트를 시작할 무렵이면 PARA 폴더를 여러 개씩 찾아본다. 그 안에도 필요한 정보가 저장되어 있을 수 있기 때문이다. 모든 정보는 당신이 직접 엄선하여 저장한 콘텐츠들이므로 어느 폴더를 보더라도 지나치게 방대한 자료를 마주할 일은 없을 것이다. 6장에서 설명한 바와 같이 메모에서 핵심을 추출하기 위해 단계별 요약 방법을 사용한다면 하이라이트 표시된 구절만 집중하면 되므로 글을 전부 읽을 때보다 훨씬 빠르게 검토할 수 있다. 나는 하이라이트 처리된 메모 하나를 검토하는 데 평균 30초를 사용한다. 즉, 시간이 10분만 있어도 메모를 20개나 검토할 수 있다.

둘째, 시각적 패턴이 있으면 뜻밖의 발견을 할 가능성이 커진다. 따라서 텍스트 메모에 한정하지 말고 이미지도 저장하라고 강력히 제안한다. 태생적으로 우리의 뇌는 시각 정보에 끌린다. 우리는 글을 읽을 때보다 훨씬 적은 에너지를 사용하여 눈 깜짝할 사이에 색상과 형태를 직관적으로 흡수한다. 어떤 디지털 메모 앱은 메모에 저장된 이미지만을 보여주는데, 이는 뇌에서 좀 더 직관적이고 시각적인 부분을 활성화하는 매우 효과적인 방법이다.

셋째, 아이디어를 다른 사람들과 공유하면 뜻밖의 발견에 이르는 중요한 계기를 접할 수 있다. 당신의 아이디어에 대해 다른 사람들이 보일 반응은 근본적으로 예측할 수 없다. 당신이 매우 흥미롭다고 생각하는 측면에 전혀 관심이 없을 때도 많을 것이다. 그들이 꼭 옳다거나 틀린 건 아니지만, 어떤 피드백이든 다 활용할 수 있다. 그 반대의 경우도 있다. 어떤 걸 보고 당신은 너무 뻔하다고 여기지만, 다른 사람들은 매우 놀랍다고 생각할 수 있다. 그것 역시 유용한 피드백이다. 다른 사람들은 당신이 전혀 고려하지 않았던 아이디어의 여러 측면을 지적하거나, 가지고 있는 줄도 몰랐던 자원을 찾아보라고 제안하거나, 아이디어를 개선하기 위해 자신의 아이디어를 제공할 수도 있다. 이 모든 형태의 피드백은 당신뿐만 아니라 다른 사람들의 두뇌와 세컨드 브레인도 활용하는 방법이다.

표현하기의 세 단계:

우리가 한 일을 보여주는 건 어떤 모습일까

앞서 3장에서 사람들이 세컨드 브레인을 개발하고 지식 관리 기술을 연마하면서 '기억하기, 연결하기, 창조하기'라는 세 가지 단계를 어떻게 거치는지 설명했다. 이제 내가 가르친 수강생들의 사례를 바탕으로 각 단계를 보다 자세히 살펴보자.

1 기억하라: 필요한 바로 그 순간에 아이디어를 검색하라

필리핀에 사는 베니뇨는 비즈니스 컨설턴트이다. 그가 세컨드 브레인을 구축하려는 목적 중 한 가지는 당시 막 떠오르던 암호화폐

트렌드를 더 잘 이해하기 위해서였다. 전에도 지식 정리 방법을 여러 번 실행했지만, 힘들게 수집한 정보는 늘 접근하기 어려웠다. 관심 있는 내용을 다룬 기사를 읽고 북마크한 다음 까맣게 잊어버리는 일이 반복되곤 했다.

어느 날 베니뇨는 새롭게 등장한 암호화폐를 소개하는 기사를 접하고 몇 분 동안 내용을 일부 발췌하고 메모했다. 친구 몇 명도 이 주제에 관심을 보이자 그는 8분 동안 가장 괜찮은 발췌 내용을 단계별로 요약한 후 공유했다. 그가 복잡한 주제를 읽고 완전히 이해하느라 보낸 시간 덕분에 친구들은 그만큼 시간을 절약할 수 있었고, 공통의 관심사도 생겼다.

베니뇨가 한 말을 들어보자. "장문의 글을 친구들에게 그대로 보내면 전혀 소용없다는 걸 본능적으로 알았습니다. 핵심을 하이라이트 표시해서 보내면 친구들은 그 기사를 재빨리 훑어볼 수 있습니다. 그리고 내가 계획 중인 글을 쓰는 데 필요한 자료도 생겼습니다."

세컨드 브레인에서 가치를 끌어내기 위해 새로운 이론을 발명하거나 위대한 소설을 쓸 필요는 없다. 나에게 와 닿는 아이디어들을 수집하고 다른 사람들과 공유하면 그들에게도 이득이 될 기회를 찾아낼 것이다.

2 연결하라: 더 큰 이야기를 전하려면 메모를 활용하라

콜로라도에 사는 패트릭은 교회 목사이다. 그는 세컨드 브레인을 활용해 고인의 추도식을 준비하는데, 이는 그가 생명에게 예를 갖추는 매우 창의적인 경험이다. 추도식을 기획하는 그의 목표는 '누군가의 인생이 이 세상에서 어떻게 전개되었는지 회상하며, 이를 존경하고 의미를 부여하는 방식으로 그가 살아온 이야기를 전달하는 것'이다. 전에는 이 일이 큰 부담이었다. 하지만 세컨드 브레인의 렌즈를 통해 추도식을 바라보자 자신이 할 일은 사랑하는 사람들에게 의미 있는 방식으로 고인의 이야기를 모아 서로 연결하는 일이란 걸 알았다.

패트릭은 스마트폰의 텍스트 자동 변환 앱을 이용해서 유가족과 나눈 대화를 녹음했다. 그리고 부고, 사진과 기타 문서들도 한곳에서 볼 수 있도록 PARA 프로젝트 폴더에 추도식별로 저장했다. 무엇보다 모든 인터뷰를 마친 뒤 몇 시간 동안 자신이 들은 모든 내용에서 핵심을 추출하는 대신, 인터뷰를 하나 마친 뒤 15분 동안 핵심 부분만 하이라이트 처리했다.

패트릭이 한 말을 들어보자. "나의 첫 번째 뇌가 가장 잘하는 일에만 첫 번째 뇌를 사용함으로써 자유를 얻을 수 있었습니다. 즉, 비통해하는 사람들 곁에서 고인에 관한 이야기를 들으며 다른 일들을 동시에 처리해야 할 필요 없이 온전히 그들과 함께할 수 있는 자유입니다. 필요한 것을 모두 기록했다는 걸, 추도식을 준비할 때 필요 243

한 일의 80퍼센트는 이미 마쳤다는 걸 알고 있는 자유입니다."*

창의적인 표현에 있어 자기 홍보나 경력 개발이 늘 중요하지는 않다. 다른 사람들을 위해 그들이 할 수 없는 방식으로 서로 연결하는 행동은 가장 아름답고 창의적인 행동에 속한다.

3 창조하라: 스트레스 없이 프로젝트를 완료하고 목표를 달성하라

레베카는 교육심리학과 교수로 디지털 메모를 사용해 학생들을 가르칠 강의 프로그램과 프레젠테이션 자료를 만든다. 세컨드 브레인을 구축하기 전에는 강연 준비를 위해 아이디어를 짜낼 수 있는 여유 시간이 충분히 생길 때까지 기다리곤 했다. 하지만 바쁜 전문직 종사자이자 가족을 돌보는 어머니이다 보니, 남들에게 방해받지 않는 혼자만의 시간을 충분히 확보하기란 거의 불가능했다. 하지만 디지털 메모를 활용하자 앞으로 나아갈 수 있었다.

강의를 앞둔 몇 주 동안, 혹은 영감에 가득 찬 며칠 동안 레베카는 수업에 포함하고 싶은 여러 가지 일들을 짧게 메모해서 앱에 저장했다. 강의 개요를 작성할 때가 되자 각종 비유, 연구 결과, 스토

---

* 내가 매우 좋아하는 경험 법칙 중 한 가지는 '이미 80퍼센트 진행한 프로젝트만 시작하라'이다. 역설처럼 들릴 수도 있다. 하지만 관련 자료를 수집하고 정리하고 추출하는 작업을 거의 다 마쳐야만 프로젝트를 끝내겠다고 한다면, 그건 내가 끝낼 수 없는 것을 시작할 위험을 아예 감수하지 않겠다는 뜻이다.

리, 도표 같은 중간 패킷들을 이미 다 갖추었으며 언제든지 이용할 수 있다는 걸 깨달았다. 적어둔 메모와 예전에 수집한 중간 패킷을 서로 연결하는 일만 남아 있었다.

레베카의 말을 들어보자. "이제는 우선 처리해야 할 일들을 알아볼 수 있습니다. 직장 업무, 가족 일정, 결혼생활 등에서 어떤 일부터 해결해야 하는지요. 그다음으로는 당장 해야 할 프로젝트에만 집중할 수 있습니다."

문서, 프레젠테이션, 의사 결정 사안이나 어떤 결과처럼 무엇인가 책임지고 새로 만들어야 하는 상황이라면 세컨드 브레인은 필요한 정보를 모두 담아 곁에 두고 싶은 매우 중요한 저장소이다. 그리고 어떤 일들이 일어나게 할 때 언제 어디서나 발을 디딜 수 있는 창조적인 환경이기도 하다.

창의력의 근본은 협력과 혼합이다

창의력을 둘러싼 근거 없는 이야기 중 하나는 고독한 예술가가 세상에서 완전히 고립되어 창작 활동을 한다는 이야기이다. 우리는 세상과 담을 쌓고 구슬땀을 흘리며 위대한 작품에 살을 붙여 나가야 한다는 말을 듣곤 한다. 내가 경험한 바에 따르면 창의력은 그런 식으로 작동하지 않는다.

협력하라: 우리는 결국 다른 사람들과 함께 일해야 한다

어떤 환경에서 일하느냐는 중요하지 않다. 언제가 됐든 우리는 결국 다른 사람들과 함께 일해야 한다. 음악가라면 음반을 믹스할

음향 엔지니어가 필요할 테고, 영화배우라면 당신을 신뢰하는 감독이 필요할 것이다. 책을 쓸 때도 마찬가지다. 외딴 숲속 깊은 곳 오두막집에 은둔하며 글쓰기에 골몰하는 모습이 떠오르겠지만, 이 일도 알고 보면 다른 사람들과 상당히 활발하게 교류해야 한다. 책은 작가와 편집자가 함께 춤을 추듯 서로에게 맞추는 과정을 거쳐 세상에 나온다.

중간 패킷의 관점으로 작업을 재구성한다는 말은 작업만 작은 조각들로 나눌 뿐 예전과 똑같은 방식으로 일하자는 뜻이 아니다. 그렇게 해서는 진정한 잠재력을 발휘하지 못한다. 작업을 작은 조각들로 나누면 다른 사람들과 더 공유할 수 있고 또 협력할 수도 있으므로 근본적으로 변화할 수 있다.

누군가에게 완제품을 보여주기보다는 작은 부분을 보여주고 의견을 구하는 일이 훨씬 더 수월하다. 수정할 시간이 아직 남은 초기에 작품의 작은 측면에 대한 비판을 들으면 몇 달간의 노고 끝에 부정적인 반응을 얻는 것에 비해 좌절감이 덜하다. 중간 단계 피드백을 한 번에 그치지 않고 여러 번 받아 활용할 수도 있다.

일을 할 때 근본적인 어려움은 자신의 일을 객관적으로 바라볼 수 없을 때가 많다는 점이다. 피드백을 받을 때는 초보자만 알아볼 수 있는 걸 파악하기 위해 다른 사람의 시각을 빌리는 일이 정말 중요하다. 주관적인 관점에서 벗어나 작품에서 무엇이 빠졌는지 알아내야 한다.

피드백이 얼마나 소중한지 알고 나면 피드백을 가능한 한 더 많이 갈망할 것이다. 결과물을 공유할 기회와 다른 사람들이 그 결과물을 어떻게 받아들이는지 알 기회가 있다면 주저하지 않을 것이다. 가능한 한 빨리, 자주 피드백을 받기 위해 일하는 방식을 바꿀 것이다. 다른 사람들의 생각을 모아 통합하는 것이 기발한 생각을 혼자 끊임없이 짜내야 할 때보다 훨씬 쉽다는 걸 잘 알게 되었기 때문이다. 당신은 더 이상 아이디어를 내는 유일한 사람이 아니라, 네트워크 내의 집단 지성을 엄선하는 큐레이터가 된다.

세컨드 브레인에는 상대적으로 더 중요한 가치가 있는 메모들이 있으며, 당신은 이 메모들을 몇 번이고 계속해서 찾을 것이다. 이것들은 다른 성과를 만들 토대이지만, 어떤 메모가 그 토대가 될지 미리 알 수는 없다. 아이디어를 다른 사람들과 공유하여 어떤 것이 그들에게 공감을 불러일으키는지 관찰하면 그 메모를 찾아낼 수 있다. 아이디어를 다른 사람들과 공유해야 어떤 것이 가장 가치 있는 전문지식인지 알 수 있다.

혼합하라: 무에서 유를 창조하는 사람은 없다

CODE 방법은 창의성의 한 가지 중요한 측면에 근거한다. 즉, 창의성이란 늘 기존에 있는 여러 부분을 혼합한 데서 나온다는 사실이다. 우리는 모두 전임자들이 이룩한 성과를 활용해 도움을 받는다. 무에서 유를 창조하는 사람은 아무도 없다.

248

킷배싱kitbashing이란, 〈스타워즈〉나 〈인디애나 존스〉 같은 액션 영화 제작용으로 소규모 모델을 만드는 업계 관행이다. 제작 기간과 예산에 맞추기 위해 모델 제작자들은 조립식 키트를 구매하고 재조합하여 새로운 모델을 만든다. 처음부터 새로 제작할 필요 없이 이렇게 사전 제작된 부분을 이용해 시간과 비용을 절약하면서 제2차 세계대전에 쓰인 대포와 해군 전함, 전투기와 탱크, 잠수함 모델에 이르기까지 특수효과 장면이 실감나고 정교하게 보이도록 만든다.

모델 전문 제작자인 애덤 새비지Adam Savage는 이런 부품들이 워낙에 다양한 용도로 쓰일 수 있으므로 "어떤 키트들은 몇 번이고 반복해서 활용했다"라고 언급했다. 수많은 특수효과 제작에 참여한 그는 자신의 팀이 제작하는 거의 모든 모델에 쓰인 특정 키트에 전적으로 의존했다.

하지만 다른 사람들의 작업 결과물을 모조리 가져다 쓰지 말고 그중 몇 가지 측면이나 일부만을 빌리도록 하라. 웹페이지 배너 형태, 슬라이드 구성, 노래 스타일 등은 당신만의 레시피대로 혼합하기 전에 믹서기 안에 넣어둔 재료와 같다. 물론, 자료 출처와 영향을 준 사람들을 모두 인용하라. 엄격하게 지킬 필요가 없더라도 마땅히 그렇게 해야 한다. 아이디어를 준 사람에게 공을 돌린다고 해서 당신이 쏟아 부은 노고의 가치는 훼손되지 않으며 오히려 증가한다. 모든 출처를 문서에 분명히 반영하여 세컨드 브레인을 구축하면 출처를 찾는 일, 그리고 인용한 부분을 완성된 결과물에 반영하는 일이 훨씬 편해질 것이다.

누군가가 내가 하는 일을 처음으로 '당신 작품'이라 언급했던 때가 기억난다. 그때 나는 내가 독자적으로 수행하는 작업이 있으며 내 정체성과 뚜렷이 구별되는 그 작업만의 정체성이 있다는 사실을 깨달았다. '당신 작품'은 당신 자신과 별개라는 생각이 들기 시작할 때, 이때가 창의적인 전문가의 인생에서 전환점이 된다. 생산성을 중간 패킷 관점으로 재구성하는 일은 이 전환점을 향해 내딛는 큰 걸음이다. 당신이 하는 일을 모든 걸 스스로 해야 하는 과제로 여기는 대신, 조립할 수 있는 블록과 자산으로 여길 것이다.

지적 자산이 지닌 잠재력이 분명해지면서 당신은 자산을 쌓되 단발성 과제는 멀리할 방법을 찾을 것이다. 이러한 자산을 혼자 구축해야 한다고 생각지 않고 다른 사람들에게서 얻거나 조달할 방법을 찾을 것이다. 이렇게 변화한다면 단순히 '생산성 향상 비결'을 써서 달성할 때보다 훨씬 빠르게 작업을 처리할 수 있을 것이다.

지금 당장 책을 쓰거나 프레젠테이션 문서를 만들거나 새로운 프레임워크를 개발하는 중이 아니더라도 그렇게 변할 것이다. 이메일, 회의록, 프로젝트 계획, 템플릿, 각종 사례처럼 당신이 만들어내는 디지털 가공물은 모두 끊임없이 발전하는 작업의 한 부분이다. 그것들은 마치 지능이 있는 유기체의 신경 세포 같아서 새로운 경험을 할 때마다 성장하고 진화하며 더 높은 수준의 의식에 도달한다.

적용하기:
당신은 당신이 만들어내는 것만 안다

나는 18세기 철학자 지암바티스타 비코가 남긴 창의성에 관한 명언을 좋아한다. "우리는 우리가 만들어내는 것만 안다."

무엇인가 진정 잘 '알려면' 책을 찾아 읽는 것만으로는 충분치 않다. 아이디어는 행동으로 옮기기 전에는 머릿속 생각에 불과하다. 생각은 순식간에 스치고 지나가며 시간이 지나면 어느새 사라진다. 따라서 아이디어를 좀 더 붙잡아놓고 싶으면 적극적으로 관여해야 한다. 직접 발 벗고 나서서 실행하고 그 과정에서 얻은 지식을 현실 문제 해결에 적용해야 한다. 우리는 준비되었다는 생각이 들기 전에, 완전히 파악하기 전에, 어디로 향하는지 알기 전에 구체적인 결과물을 내놓으며 배운다.

아이디어를 표현하고 지식을 실천하기 시작하면 삶이 실제로 변화하기 시작한다. 이제 당신은 책을 읽으면서 전과 다르게 해석하고 당신의 주장과 가장 관련 있는 부분에 더욱 집중할 것이다. 정곡을 찌르는 질문을 던지고 모호한 설명이나 논리의 비약에 안주하지 않을 것이다. 사람들이 주는 피드백은 생각을 발전하게 하는 데 효과적이므로 작업한 결과를 다른 이들에게 보여줄 기회를 자연스럽게 찾을 것이다. 직장에서 일할 때나 사업을 운영하면서 더욱 신중하게 행동하며, 궁극적인 잠재력을 고려하기 위해 현재 소모하는 수준보다 몇 단계 더 앞서 생각할 것이다.

위대한 예술가나 유명한 인플루언서, 비즈니스계 거물 같은 사람이 되어야 한다는 말이 아니다. 어떤 분야에 종사하든 자신이 몸담은 분야에 공헌하려면 당신의 작품과 아이디어, 잠재력에 책임을 지고 받아들여야 한다는 뜻이다. 당신의 산출물이 얼마나 대단한지, 또는 얼마나 많은 사람이 봐주는지는 중요하지 않다. 가족이나 친구, 직장 동료와 팀원, 이웃이나 학교 친구만 볼 수도 있다. 하지만 당신만의 목소리를 찾고 당신이 하고 싶은 말도 중요하다고 주장한다는 점이 중요하다. 당신은 그들과 기꺼이 공유할 만큼 당신의 아이디어를 가치 있게 여겨야 한다. 보잘것없는 아이디어일지라도 사람들의 인생을 바꿀 잠재력이 있다고 믿어야 한다. 지금은 믿지 않더라도 당신의 아이디어가 세상을 변화시킬 수 있다는 걸 증명하기 위해 가장 작은 프로젝트부터 시작하라.

건강식에 관한 메모를 많이 갖고 있다면 대표적인 요리법에 당신만의 레시피를 추가해 새로운 요리법을 실험할 수도 있다. 프로젝트 관리 기법을 향상하려고 수강한 과정의 메모를 참조하여 동료들을 위한 프레젠테이션에 그 내용을 담을 수도 있다. 메모에 적어둔 통찰력과 인생 경험을 활용해 블로그에 글을 쓰거나 유튜브 영상을 제작하여 당신과 비슷한 문제에 직면한 사람들을 도울 수도 있다. 이 모든 것은 당신의 창의적인 잠재력을 마음껏 발휘하게 하는 자기표현 행동이다.

3부 잠재력에서 영향력으로,

창조적 과정의 완성

8장
_ 창의적인 실행을 위한
세 가지 전략

창의적인 제품은 항상 빛나고 새롭지만,
창의적인 과정은 오래되었고 변하지 않는다.

– 실바노 아리에티, 《창의력Creativity》 저자 –

나는 운 좋게도 예술적 감성이 충만하
고 음악 소리가 끊이지 않는 다문화 가정에서 자랐다. 어머니는 가
수이자 기타 연주가였고 아버지는 화가였다. 아버지의 작품들은 형
형색색의 과일과 파릇파릇한 풍경으로 가득했는데, 집 벽마다 그림
이 걸려 있어 미술관에 온 듯한 분위기를 풍겼다. 창작에 대한 열정
과 좌절로 고통스러워하는, 이른바 변덕스럽고 음울한 예술가의 모
습은 아버지와 거리가 멀었다. 아버지는 내가 지금까지 만나본 사람
중에서 가장 예의 바르고 책임감이 강한 사람 중 한 명이다. 이렇게
규칙적인 삶을 살았어도 예술 활동의 가치는 손상되지 않았으며 오
히려 작품 탄생에 이바지했다.

가족을 부양하는 동시에 화가의 길을 추구하기 위해 아버지가

얼마나 엄격하게 일상생활을 했는지 알고 있다. 아버지에게는 자신만의 '전략'이 있었다. 그것은 일련의 습관과 비결이었는데, 그 덕분에 아버지는 삶의 모든 측면에 창의력이 녹아들게 하여 그림 그릴 시간이 생길 때마다 재빨리 창의적인 마음 상태로 전환했다.

교회에서 설교를 듣는 동안 아버지는 조그만 공책에 성경 속 장면들을 스케치했는데, 이 스케치들은 나중에 높이가 3미터에 달하는 커다란 작품의 밑그림이 되곤 했다. 또 슈퍼마켓을 돌아다니는 동안에도 특이하게 생긴 채소를 사서 집으로 가져와 정물화로 그렸다. 덕분에 우리 집 식료품은 요리해 먹기 전에 모델 역할을 하기도 했다. 저녁에 온 가족이 모여 텔레비전을 볼 때면 아버지는 작업 중인 그림을 걸어둔 거실 벽을 흘끔흘끔 곁눈질했다. 새로운 각도에서 바라보면 그림에 무엇이 빠졌는지 알아낼 수 있다는 이유였다.

아버지는 창의력을 끌어낼 계획을 세웠고 창의력을 높일 전략을 짰다. 그림을 좀 더 그려야 할 때는 온 힘을 다해 집중했지만, 상상력을 발휘하는 것은 특정 순간에 그치지 않았다. 그림을 그리지 않는 나머지 시간 대부분은 소재를 수집하고 관찰하고 재조명하는 데 썼으며, 그 결과 뭔가 만들어낼 때가 되면 작업할 소재가 차고 넘쳤다. 이렇게 창의적인 영향력을 체계적으로 정리하는 데 집중한 덕분에 아버지는 수십 년 동안 작품을 수천 점 남기는 동시에, 자녀들의 축구 경기를 참관하고 맛있는 음식을 요리하며 가족여행도 떠날 수 있었다.

자료를 모아 정리하는 일은 어떤 일을 추진할 때까지 모두 완료 **259**

되어야 한다고 아버지에게 배웠다. 우리는 일에 직면했을 때 언제든지 참신한 아이디어를 떠올릴 수 있다고 기대해서는 안 된다. 나는 혁신과 문제 해결은 흥미로운 아이디어를 체계적으로 불러일으켜 우리가 인식하게 하는 일상에 달려 있다는 사실을 배웠다.

CODE 방법의 모든 단계는 한 가지 목적을 달성하도록 설계된다. 즉, 상상하고 발명하고 혁신하며 창조하는 일을 할 수 있게끔 디지털 도구들이 작동하도록 만드는 일이다. 상상과 발명, 혁신과 창조는 때로 실수할 수는 있어도 창의력이 고갈되지는 않는 우리의 첫 번째 뇌가 가장 잘하는 일이다. 세컨드 브레인은 바로 이 첫 번째 뇌의 활동을 돕기 위한 것이다.

세컨드 브레인 구축에 있어 무엇보다 중요한 것은 일하는 방식을 표준화하는 일이다. 체력을 키우려면 올바른 자세로 운동을 해야 한다. 음악가는 매번 아무것도 없는 상태에서 시작하는 게 아니라 표준화된 음표와 박자를 이용해 작곡을 한다. 글쓰기 실력을 키우려면 맞춤법과 문법을 지켜야 한다. 특별히 강조하고 싶어서 일부러 무시하거나 파괴하는 경우라도 우선은 규칙을 알아야 일탈도 가능하다.

아이디어를 수집하고 그룹으로 묶어 정리한 뒤 핵심을 추출해서 조립하는 단순한 행동을 통해 우리는 시간을 두고 아이디어를 개선하는 방식으로 지식 작업에 필요한 기본 조치를 실행한다. 이렇게 표준화되고 규칙적인 방식은 '창의적인 과정creative process'으로 알려져 있으며 인류 역사를 통틀어 찾아볼 수 있는 영구불변의 원칙에 따라 작동한다. 근본적인 기술에 불어닥친 큰 변화에도 불구하고 세월의 풍파를 오랫동안 견디는 원칙을 찾아내어 창의력의 본질을 더 잘 이해할 수 있다.

창의력의 산물은 끊임없이 변하고, 사람들이 열광하는 트렌드는 날마다 새로이 등장한다. 사진을 올리는 인스타그램이 한참 인기를 끌다가 유튜브가 그 자리를 차지하는가 싶더니 또 얼마 안 있어 틱톡 영상으로 유행이 바뀐다. 일일이 열거하자면 끝이 없다. 하지만 창의적인 과정 속으로 한 단계 더 깊이 들어가면 전혀 다른 이야기가 펼쳐진다. 창의적인 과정은 오래되었으며 변하지 않는다. 수천 년 전이나 지금이나 마찬가지다. 더 깊은 수준에서 배울 수 있는 교훈이 있으며 그것은 어떤 수단이나 도구보다 더 중요하다.

창의적인 과정의 기초가 되는 가장 중요한 패턴 중 하나는 '발산divergence과 융합convergence'이다.*

---

* 나는 '디자인 씽킹(Design Thinking)'에서 발산과 융합 모델을 처음 배웠다. 디자인 씽킹이란 1980년대와 1990년대 스탠퍼드 디자인스쿨에서 태동하고 컨설팅 회사인 아이디오(IDEO)가 전 세계에 널리 알린 창의적 문제 해결 방식이다.

발산과 융합:
균형을 찾는 창의적인 방법

창조의 과정을 유심히 살펴보면 그 과정은 단순하고 동일한 패턴을 따르는데, 바로 발산과 융합 사이를 번갈아 오간다.

창의적인 노력은 발산하는 행동에서 출발한다. 당신은 가능성이 가득한 공간을 열어 최대한 많은 선택지를 놓고 고민한다. 테일러 스위프트의 스마트폰 메모, 트와일라 타프의 프로젝트 상자, 프랜시스 포드 코폴라 감독의 프롬프트 북, 옥타비아 버틀러의 비망록처럼 다양한 영감을 외부에서 얻고 새로운 영향을 받으며 낯선 길을 탐색하고 다른 사람들과 생각을 나누기 시작한다. 그러다 보면 관심 있게 살펴보고 고려하는 대상이 점점 증가한다. 이제 당신은 시작점에서 벗어난다.

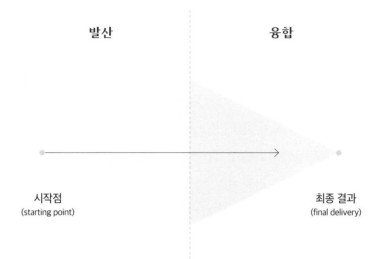

발산   융합

시작점
(starting point)

최종 결과
(final delivery)

우리는 모두 발산 활동에 익숙하다. 화이트보드는 스케치로 뒤덮이고 작가의 휴지통에는 구겨진 초안이 가득 쌓이며 바닥에는 사진가가 펼쳐놓은 수백 장의 사진으로 발 디딜 틈이 없다. 발산의 목적은 새로운 아이디어의 창출이므로 그 과정은 어쩔 수 없이 즉흥적이고 혼란스러우며 지저분하다. 발산 모드에서는 작업을 충분히 계획하거나 정리할 수 없으며, 또 그러려고 시도해서도 안 된다. 지금은 일단 내버려두어야 한다.

발산이 강력하고 또 필수적인 만큼, 우리가 발산에만 집중한다면 결코 어느 곳에도 도달하지 못한다. 코폴라 감독이 〈대부〉의 원작 소설에서 어떤 구절은 하이라이트 처리하고 다른 구절은 줄을 그어 지우듯이, 어느 시점이 되면 막연한 가능성은 버리고 해결 방안을 만드는 작업을 시작해야 한다. 그렇게 하지 않으면 마침내 작업을 마친 후 '보내기' 또는 '등록하기'를 누르고 한 발짝 물러설 때의 뿌듯한 느낌을 절대 즐기지 못할 것이다.

융합은 우리에게 선택지를 없애고 절충하게 하며 무엇이 정말 중요한지 결정하도록 강요한다. 앞으로 나아가 최종 결과를 얻을 수 있도록 가능성의 범위를 좁히는 일이 중요하다. 융합은 우리가 하는 작업에 나름의 생명력을 불어넣어 자신과 작업이 분리되게 한다.

발산과 융합 모델은 창의적인 작업에 꼭 필요한 핵심이므로 창의적인 분야라면 어디든 존재한다. 작가는 이야기의 소재를 수집하고 잠재적인 등장인물을 구성하며 역사적 사실을 조사하면서 마음껏 발산한다. 다음으로는 개요를 짜고 중요한 사건을 배치한 뒤 초안을 작성하며 융합한다. 엔지니어는 생각해낼 수 있는 해결책을 모두 조사하고 문제의 한계가 어디까지인지 테스트하거나 새로운 도구를 고민하며 발산한다. 그리고 특정 방식을 도입하기로 한 뒤 세부 방안을 설계하고 실행 계획을 구체적으로 작성하며 융합한다. 디자이너는 샘플과 패턴을 수집하고 사용자들과 교류하거나 해결 방안 개요를 제시하며 발산한다. 그리고 해결해야 할 문제를 정한 뒤 레이아웃을 제작하거나 디자인을 그래픽 파일로 변환하며 융합한다. 사진작가들은 흥미롭다고 생각하는 사물을 촬영하고 서로 다른 사진들을 나란히 배치하거나 새로운 조명이나 프레임 기술을 실험하며 발산한 다음 컬렉션에 포함할 사진을 결정하고 사용하지 않는 이미지는 보관하며 특별히 좋아하는 사진들은 인화하여 융합한다.

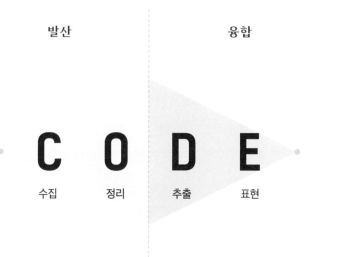

CODE 방법의 네 단계를 발산과 융합 모델에 더하면 창의적인 과정을 위한 효과적인 템플릿을 만들어낼 수 있다. CODE 방법의 앞의 두 단계인 '수집'과 '정리'는 발산의 구성 요소이다. 바람에 실려온 상상력의 씨앗을 모아 안전한 장소에 보관한다. 여기서는 아이디어를 조사하고 탐색하며 추가할 수 있다. 뒤의 두 단계인 '추출'과 '표현'은 융합에 관한 내용이다. 이 단계는 새로운 아이디어의 유입을 막은 뒤 그동안 모은 지식 블록으로 새로운 것을 조립하도록 돕는다.

세컨드 브레인은 창의적인 작업 어디서나 나타나는 어려운 도전, 즉 일을 추진하려고 책상에 앉았지만 어디서부터 시작할지 모르는 답답한 상황을 함께 극복해 나가는 강력한 협력자이다.

조사를 더 해야 하는가? 아니면 이미 완료한 조사 결과를 정리해야 하는가?

시야를 넓혀야 하는가? 아니면 초점을 좁혀야 하는가?

새로운 일을 또 시작해야 하는가? 아니면 이미 시작한 일부터 끝내야 하는가?

발산과 융합 모드를 구분하면 작업을 시작할 때마다 어떤 모드에 있고 싶은지 결정할 수 있으며, 그러면 앞의 질문에 대한 답을 얻을 수 있다. 발산 모드에 있으면 시야를 열고 가능한 선택지를 최대한 탐색하고 싶을 것이다. 정보의 창을 활짝 열고 링크를 클릭하고 이 자료에서 저 자료로 건너뛰며 호기심이 이끄는 대로 다음에 무엇을 할지 정하라. 융합 모드에 진입하기로 한다면 그 반대로 하면 된다. 문을 닫고 새로운 인풋을 차단하며 작업을 완료한 뒤에 주어질 달콤한 보상의 순간을 맹렬히 쫓아라. 아이디어와 자원은 갖출 만큼 갖췄다고 믿어라. 이제는 내면을 바라보며 목표를 향해 전력 질주할 때이다.

효과적인 융합 과정을 위한
세 가지 전략

사람들은 대부분 발산과 융합 가운데 융합을 더 힘겨워한다. 상상력이 풍부하고 호기심이 많을수록 관심사도 다양하며, 기준이 높고 완벽을 추구할수록 발산 모드에서 융합 모드로 전환하기는 더 어렵다. 선택지를 삭제하고 어떤 길을 갈지 정하는 일은 고통스럽다. 가능성으로 가득한 아이디어가 삭제되는 걸 보면 창의적인 과정에 따르는 슬픔을 느낀다. 이것이 바로 창의적인 작업이 힘든 이유이다.

뭔가를 설명하는 이메일이든 신제품 디자인이든 실험 보고서든 어떤 일을 마무리하려고 책상에 앉으면 조사를 더 하고 싶은 유혹을 참기 어렵다. 인터넷 창을 수십 개 열고 검색하거나 책을 더 주문하거나 작업 방향을 완전히 틀어버리기 쉽다. 그렇게 하면 생산적인 일을 한다는 생각이 들기 때문에 마음이 끌린다. 앞으로 나아가는 듯하지만, 냉정히 말해 이것은 완료하는 순간을 뒤로 미루는 발산 행동이다.

창의적인 프로젝트를 완료하는 데 매우 효과적인 전략이 세 가지 있다. 융합 과정에 진입하면서 빠지기 쉬운 함정을 피할 때 이 전략들을 활용하면 좋다. 각 전략을 실행하려면 정보를 잃을 걱정 없이 능숙하게 다루고 형성할 수 있는 세컨드 브레인을 이미 구축한 상태여야 한다. 그 전략들을 세컨드 브레인 전용 공구함에 꽂힌 도구로 간주하라. 교착 상태를 빠져나가고 장애물을 피해 길을 찾거나 다음에 무슨 일을 할지 정해야 할 때 언제든 그 도구에 의지할 수 있다.

1 아이디어 군도: 징검돌을 마련하라

아이디어 군도The Archipelago of Ideas 기법은 사용 설명서, 훈련 워크숍, 새 프로젝트 지침서, 혹은 블로그에 게시할 에세이 등 새로운 작업을 시작할 때 언제든지 매우 유용하게 쓰인다. 결과를 전혀 예측할 수 없는 작업을 수행할 때도 진행 상황을 계획할 방법을 알려준다.

나는 스티븐 존슨Steven Johnson이 한 말을 인용해서 이 기법을 명명했다. 그는 창의성과 혁신, 아이디어의 역사에 관한 흥미로운 책을 여러 권 썼는데, 한번은 다음과 같은 글을 남겼다.

> 지금 나는 텅 빈 페이지를 맞닥뜨리고 어떻게 해야 할지 몰라 두려워하는 대신, 편지와 연구자료, 학술 논문, 심지어 내가 쓴 메모에서 발췌한 각종 인용문으로 가득한 문서를 바라보고 있다. 그것은 작업을 뒤로 미루자며 유혹하는 목소리를 물리치는 탁월한 기술이다. 이 방법을 생각해내기 전에는 새로운 장을 쓰기 전마다 몇 주씩 미적거리곤 했다. 아무것도 없는 망망대해를 마주한 심정이었기 때문이다. 이제 각 장은 영감을 불러일으키는 인용구로 가득한 일종의 군도로서의 삶을 시작하며, 이렇게 하면 작업이 훨씬 덜 벅차 보인다. 이제 내가 할 일은 이 작은 섬들 사이에 다리를 놓아 연결하는 것뿐이다.

군도群島란 바다 위에 무리를 이룬 섬들을 일컫는 말로, 예를 들어 하와이 제도는 태평양에 모여 있는 8개의 주요 섬들로 이루어진 군도이다. 아이디어 군도를 만들려면 일단 당신이 이전에 쓴 보고서나 프레젠테이션, 혹은 산출물의 근간이 될 아이디어, 각종 출처나 요점들을 여기저기서 끌어 모은다. 작업에 필요한 아이디어가 충분히 모이면 융합 모드로 과감하게 전환하고 타당한 순서에 따라 서로 연결한다.

다음은 내가 비망록에 관한 기사를 작성할 때 참고하려고 만든 아이디어 군도 예시다(270쪽).

비망록

━ 비망록

유리상자와 비망록의 7가지 하이라이트

• 가장 일반적으로, 이른바 '비망록에 기록하기'에는 책을 읽으며 흥미롭다고 생각하거나 영감을 주는 구절 기록이 포함되며, 이로써 개인 맞춤형 백과사전이 만들어진다.

• 철학자 존 로크는 1652년 옥스퍼드대학교 1학년 재학 당시 처음으로 비망록 기록을 시작했다.

• 로크가 세운 계획의 장점은 그렇게 발췌한 인용문들을 나중에 필요할 때 찾을 수 있을 만큼 정리했다는 점이었지만, 동시에 비망록의 본문은 일정한 작성 규칙이 없었으며 두서없이 기록되었다.

비망록을 찾아가며 빠르게 글을 작성하라

• 비망록: 개인이 엄선하여 한데 모아 관리하는 정보

• 화가 척 클로스가 어떻게 일했는지 잘 생각해보자. 그는 거대한 이미지를 조그만 격자무늬로 분해하고 하나씩 작업한다. "나는 물감을 칠한 작은 조각들을 촘촘히 붙입니다. 그리고 기본적으로 위에서 아래로, 왼쪽에서 오른쪽으로 작업합니다. 퀼트를 만들거나 코바늘뜨기나 뜨개질을 하듯 천천히 그림을 만들어갑니다."

메모 속에 보이는 밑줄 친 링크들은 조사할 때 활용한 출처이다. 해당 링크를 클릭하면 인터넷 웹사이트가 아니라 그 출처에 관한 모든 메모가 들어 있는 세컨드 브레인의 또 다른 메모로 연결된다.* 그곳에서 인용문을 가져온 원래 글의 링크뿐만 아니라 추가로 필요할 수 있는 세부 정보를 모두 찾을 수 있다. 각 출처 아래에는 내가 쓰려는 글에 특히 활용하고 싶은 요점만 복사해서 붙였다.

이처럼 아이디어 군도는 외부 출처에 국한하지 않고 나의 생각과 경험에 기반하여 작성한 메모도 포함한다. 이렇게 하면 두 가지 방법의 장점을 모두 누릴 수 있다. 바로 눈앞에 보이는 관련 요점에 집중할 뿐만 아니라, 혹시 필요할 수도 있는 세부 정보도 클릭 한 번으로 확인할 수 있다.

또한 메모에 단계별 요약 과정에서 처리한 굵은 글씨와 하이라이트 부분이 있으면 어느 부분이 가장 흥미롭고 중요한지 한눈에 파악하는 데 도움이 된다.

아이디어 군도 기법은 당신이 포함하고 싶은 요점들을 전면에 펼쳐놓는 오래된 관행을 현대적으로 재창조한 방법으로, 실행할 때가 되면 그 요점들을 서로 연결하는 것이 당신이 할 일의 전부다. 왼쪽의 메모 예시는 내가 기사 초안 작성을 마치려고 융합 모드로 책상에 앉을 때 바로 보이길 원하는 메모이다.

---

* 만약 메모 앱이 컴퓨터와 동기화된다면 하드 드라이브에도 내용이 모두 저장되어 있으므로 인터넷 접속을 끊더라도 작업을 계속할 수 있다.

종이 문서가 아닌 디지털 방식으로 개요를 작성하면 다음과 같은 여러 장점이 있다.

- **디지털 개요는 훨씬 융통성 있고 유연하다:** 글머리기호를 추가했다가 삭제하고 재배열하거나 부연 설명을 달 수 있고 글씨를 굵게 하거나 하이라이트 처리할 수 있다. 나중에 생각이 바뀌면 수정할 수도 있다.
- **디지털 개요는 더 상세한 내용에 연결할 수 있다:** 요점을 하나도 빠짐없이 한 페이지에 억지로 채울 필요 없이, 개인적인 메모와 웹상의 공개된 출처 둘 다 연결할 수 있다. 이렇게 하면 개요에 너무 자세한 정보를 지나치게 많이 담는 일을 방지할 수 있다.
- **디지털 개요는 상호작용하며 멀티미디어 저장이 가능하다:** 텍스트뿐만 아니라 이미지, GIF, 동영상, 도표, 체크 박스 등도 추가할 수 있다.
- **디지털 개요는 검색할 수 있다:** 내용이 길어져도 어떤 용어든 즉시 찾아낼 수 있는 강력한 검색 기능이 있다.
- **디지털 개요는 어디서나 접근하여 편집할 수 있다:** 종이 노트와는 달리, 당신이 작성한 개요는 당신이 소유한 모든 전자기기와 동기화되어 어디서든 내용을 조회하고 편집하고 추가할 수 있다.

아이디어 군도를 활용하면 뇌가 동시에 수행하기 가장 어려워하는 두 가지 활동을 분리할 수 있다. 그 두 가지는 아이디어 선택하기(선정)와 논리 순서대로 정렬하기(배열)이다. 이 활동들을 동시에 수행하기 어려운 이유는 서로 다른 모드에서 진행해야 하기 때문이다. 아이디어 선정은 발산 활동이며, 어떤 가능성이라도 기꺼이 고려하겠다는 개방적인 마음 상태가 필요하다. 아이디어 배열은 융합 활동이므로 이미 눈앞에 보이는 자료에만 집중하는, 보다 폐쇄적인 마음 상태가 필요하다.

아이디어 군도의 목표는 아무것도 쓰여 있지 않은 페이지나 텅 빈 화면을 바라보며 어디서부터 시작해야 할지 몰라 스트레스에 시달리는 대신, 노력을 어디에 쏟아부어야 할지 안내해주는 작은 징검돌들을 하나씩 밟으며 시작하는 것이다. 먼저 개요에 포함하고 싶은 요점과 아이디어를 선정하고 다음 단계에서는 논리적인 순서로 다시 정렬하고 배열한다. 이렇게 하면 두 단계 모두 훨씬 더 효율적이고 부담이 덜하며 중간에 방해받는 일도 줄어든다.

부족한 상태에서 시작하지 말고 세컨드 브레인에 넉넉히 수집해둔 흥미로운 지식을 활용하여 풍부하게 시작하라.

2 헤밍웨이 다리: 어제의 추진력을 오늘 사용하라

《노인과 바다》로 유명한 어니스트 헤밍웨이는 가장 영향력 있 **273**

는 20세기 소설가이다. 그는 간결하고 절제된 문체로 동세대와 이후 세대 작가들에게 깊은 영향을 끼쳤으며 1954년 노벨문학상을 받았다. 그는 작품의 명성 외에 특별한 글쓰기 전략으로도 잘 알려져 있는데, 나는 그 전략을 '헤밍웨이 다리The Hemingway Bridge'라고 부른다.

그는 늘 다음에 어떤 내용을 쓸지 알고 있어야만 글쓰기 작업을 끝냈다. 마지막까지 아이디어를 짜내느라 얼마 남지 않은 에너지마저 소진하지 않고, 다음 줄거리가 명확해지면 글쓰기를 멈추곤 했다. 이 말은 그가 다시 글을 쓰려고 책상에 앉을 때 어디서부터 시작해야 할지 정확히 알고 있었다는 걸 의미한다. 즉, 다음날로 연결하는 다리를 놓아 오늘의 에너지와 추진력을 내일의 집필 활동에 매진할 연료로 사용했다.*

헤밍웨이 다리는 아이디어 군도에 있는 섬들을 연결하는 다리라고 할 수 있다. 섬들이 여럿 있을 수도 있지만, 그건 첫 번째 단계에 불과하다. 훨씬 더 어려운 작업은 그 섬들을 연결한 뒤 한 편의 글이든 행사 계획이든 투자 유치를 위한 프레젠테이션이든 뭔가 타당한 결과물로 만들어내는 일이다. 헤밍웨이 다리는 이쪽 섬에서 저쪽 섬으로 뛰어오르는 창조적인 도약이 너무 과하지 않게 위험을 줄여주는 방법이다. 그러면 당신은 에너지와 상상력을 비축할 수 있으

---

* 이것에 관해 생각해볼 한 가지 방법은 '시작을 염두에 두고 일을 끝내라'는 것이다. 이 말은 '끝을 염두에 두고 시작하라'라는 스티븐 코비(Stephen Covey)의 조언을 재치 있게 바꿔 말한 것이다.

며 헤밍웨이 다리를 다음 단계로 전진하기 위한 출발점으로 활용할 수 있다.

그렇다면 헤밍웨이 다리는 어떻게 만드는가? 오늘의 작업이 끝날 때 에너지를 남김없이 다 써서 없애지 말고 마지막 몇 분 동안 다음 사항들을 디지털 메모에 기록하라.

- **다음 단계에는 어떤 이야기를 쓸지 기록하라:** 글쓰기 작업을 마칠 무렵 다음 시간에 쓸 단계는 어떤 내용일지 미리 생각하여 글로 남겨라.
- **현재 상황을 기록하라:** 여기에는 당신이 현재 안고 있는 가장 큰 문제, 가장 중요한 미결 문제, 또는 앞으로 발생하리라 예상되는 장애물이 포함될 수 있다.
- **금방 잊어버리기 쉬운 세부 사항들을 기록하라:** 등장인물들의 자세한 특징, 지금 기획하는 행사 관련 유의사항, 혹은 디자인하는 상품에서 민감하게 고려해야 할 사항 등 지금은 마음에 담아두고 있지만 잊어버리기 쉬운 것들을 적어둔다.
- **다음 작업 시간의 목표를 기록하라:** 다음번에 다룰 계획, 해결하고자 하는 문제, 또는 도달코자 하는 중요 이정표에 대한 목표를 세워라.

작업을 다시 시작하는 것이 바로 다음 날이든, 몇 달 뒤이든 그때가 되면 수많은 출발점과 다음 단계가 기다리고 있을 것이다. 그 **275**

생각들을 구체적으로 발전시키는 데 도움이 되도록 내 잠재의식은 눈에 띄지 않게 계속 작동할 때가 종종 있다. 작업을 재개하려고 프로젝트로 돌아오면 과거에 했던 생각의 결과와 숙면의 힘을 결합하여 창의적인 돌파구를 마련할 수 있다.

이 전략을 한 단계 더 발전시키기 위해 오늘 하루 작업을 마무리하며 할 수 있는 일이 한 가지 더 있다. 초안이나 베타 테스트, 혹은 제안서를 보내고 피드백을 요청하라. 이 중간 패킷을 친구나 가족, 동료, 협업자와 공유하라. 아직 작업이 진행 중이라고 알리고 이걸 어떻게 생각하는지 의견을 달라고 요청하라. 나중에 다시 작업을 시작하려고 책상에 앉으면 그들이 보내온 조언과 각종 제안을 자료에 추가할 수 있을 것이다.

3 범위 조금씩 축소하기: 작고 구체적인 것을 이동시켜라

융합 과정에 추천하는 세 번째 기법은 범위를 조금씩 축소하는 것이다. '범위scope'란 소프트웨어 개발자들이 쓰는 프로젝트 관리 용어이다. 나는 실리콘밸리에서 일하는 동안 이 용어를 배웠다. 범위는 소프트웨어 프로그램이 포함할 수 있는 기능 전체를 말한다. 가령 피트니스 앱을 설계한다고 가정해보자. 가장 먼저 멋진 비전을 담은 밑그림을 그린다. 앱에는 운동량 추적과 칼로리 계산, 헬스장 검색과 운동 진행 차트 기능을 넣을 것이며, 소셜 네트워크를 통해 다른 사람들과 연결될 것이다. 굉장히 놀라운 앱이 될 것이다! 사람들의 인생을 송두리째 바꿔놓을 것이다!

야심찬 목표와 별개로, 세부 사항으로 들어가면 이러한 기능들을 개발하는 게 얼마나 복잡한지 깨닫는다. 사용자 인터페이스를 설계해야 하지만 그게 되려면 백엔드 시스템도 구축해야 한다. 상담원도 고용해서 문제 해결법을 교육해야 한다. 수입과 지출 흐름을 관리하고 자금을 전체적으로 운용해야 한다. 직원들을 관리하고 장기적인 전략을 개발하는 것은 두말할 것도 없다.

이렇듯 급증하는 복잡한 문제에 대처하기 위해 채택하는 해결방안은 범위를 조금씩 축소하는 것이다. 앱 출시를 연기한다면 치열한 경쟁을 앞둔 상황에서 처참한 결과를 가져올지도 모르며 필요한 학습이 지연될 수도 있다. 따라서 출시를 연기하는 대신, 출시일이 가까워짐에 따라 기능을 '축소하기' 시작한다. 소셜 네트워크 연결 기능은 향후 버전에 탑재하기로 한다. 운동 진행 차트에 넣기로 한 상호작용 기능이 삭제된다. 헬스장 검색 기능은 아예 없던 일이 된다. 제일 먼저 범위를 축소해야 할 곳은 개발하기 가장 어렵거나 비용이 많이 들거나 불확실성과 위험도가 가장 높거나 앱의 목적에 부합하지 않는 부분들이다. 열기구가 이제 막 떠오를 때처럼 무거운 부담을 줄여서 일단 앱을 시장에 내놓기 위해 점점 더 많은 기능을 없앤다. 이 버전에 포함되지 않은 기능은 향후 소프트웨어 업데이트 시에 언제든지 추가할 수 있다.

이러한 방식은 지식 노동자인 우리의 업무와 어떤 관계가 있는

277

가? 우리도 빠듯한 기한에 맞춰 복잡한 작업을 수행한다. 시간과 비용, 집중력과 지원에도 한계가 있다. 우리는 늘 많은 제약을 받으며 일해야 한다.

프로젝트의 복잡한 문제가 조금씩 드러나기 시작하면 대부분은 그 문제를 '뒤로' 미루는 편을 택한다. 이런 현상은 회사의 프로젝트에도 해당하며 한가한 시간에 진행하는 부수적인 업무일 경우 더욱 심화된다. 우리는 시간이 좀 더 필요할 뿐이라고 스스로를 달래지만, 일을 미루면 문제를 해결하기보다 오히려 더 많이 만들어낸다. 투입 시간이 늘어날수록 의욕도 떨어진다. 추진하던 일들은 방향을 잃거나 시대에 뒤처진다. 협업하던 사람들은 흩어지고 기술은 쓸모없게 되면서 업그레이드되어야 한다.

살다보면 닥치는 대로 터지는 사건 사고가 우리를 방해한다. 목표와 욕망 실현을 '나중'으로 연기하면 성장할 때 필요한 바로 그 경험이 종종 박탈되고 만다.

진짜 문제는 시간이 부족한 게 아니라, 프로젝트 범위를 통제하는 것이 바로 우리 자신이라는 사실을 잊어버린다는 점이다. 우리는 좀 더 관리하기 쉬운 크기로 프로젝트 범위를 축소할 수 있으며, 프로젝트를 완료하고 싶으면 반드시 그렇게 해야 한다.

준비를 모두 마치고 나서 시작한다는 말은 운전석에 앉아 동네 신호등 전체가 동시에 파란불로 바뀔 때까지 마냥 대기하는 것과 같다. 모든 것이 완벽해질 때까지 기다려서는 안 된다. 뭔가 빠졌거나 필요하다고 생각하는 무엇인가가 늘 있기 마련이다. 범위를 조금씩 축소하다 보면 해당 프로젝트의 모든 부분이 똑같이 중요하지는 않다는 점을 알 수 있다. 가장 중요하지 않은 부분을 포기하거나 삭제하거나 연기한다면 시간이 부족해도 방해물을 제거하고 앞으로 나아갈 수 있다.

세컨드 브레인은 이 전략에서 결정적으로 중요한 부분이다. 뒤로 미루거나 삭제한 부분을 저장할 장소가 필요하기 때문이다. 글의 일부 문장이나 페이지를 제거하거나 동영상의 일부 장면을 삭제하거나 연설문의 일부 내용을 없앨 수도 있다. 이것은 지극히 정상적이며 어떤 창조적인 과정이든 꼭 필요한 부분이다. 하지만 그 부분들을 모두 버려야 한다는 뜻은 아니다. 세컨드 브레인을 가장 잘 활용하는 방법 한 가지는 그렇게 삭제한 부분들을 모아 다른 목적으로 사용할 경우를 대비하여 저장하는 것이다. 프레젠테이션 발표 자료에서 잘라낸 슬라이드는 소셜미디어 게시물이 될 수 있다. 보고서에서 삭제된 검토 의견은 콘퍼런스 프레젠테이션의 기초 자료가 될 수 있다. 이번 회의에서 제외된 안건은 다음 회의의 시작점이 될 수 있다. 한 프로젝트에서 탈락한 내용이 다른 프로젝트에서는 없으면 안 될 핵심 부분이 될 수도 있다. 가능성은 끝이 없다.

글로 쓰거나 만들어내는 결과물은 절대 사라지지 않는다. 단지 나중을 위해 저장할 뿐이다. 이 사실을 알면 그간의 노력을 낭비했다고 실망하거나 고민한 결과를 잃어버릴까 두려워하지 않고 내 작품을 적당한 크기로 과감하게 잘라낼 수 있는 자신감이 생긴다. 과거에 만든 것들을 언제든지 수정하고 업데이트하거나 후속 조치할 수 있다는 사실을 알면, 내 아이디어가 완벽히 준비되기 전에 다른 사람들에게 공유할 용기가 생긴다.

어떤 것을 구축하든, 더 작고 단순한 버전을 먼저 만들면 짧은 시간 내에 많은 가치를 얻을 수 있다. 다음은 그 몇 가지 사례이다.

- 책을 쓰고 싶다면 범위를 조금씩 축소해 주요 아이디어를 설명하는 글을 먼저 온라인에 게시할 수 있다. 그럴 시간이 없다면 범위를 더 줄여 전달하려는 메시지의 핵심 내용을 설명하는 일부터 시작할 수 있다.
- 유료 고객들을 위한 워크숍을 열고 싶다면 범위를 축소하여 먼저 당신이 사는 지역에서 무료 워크숍부터 진행하거나, 범위를 더 축소하여 동료나 친구들을 모아 단체 활동을 하거나 북클럽을 여는 일부터 시작할 수 있다.
- 단편영화를 찍고 싶다면 유튜브 영상 촬영부터 시작한다. 너무 부담된다면 실시간 방송을 해도 된다. 그래도 부담스럽다면 휴대전화로 촬영한 동영상을 친구에게 보내라.
- 회사 BI를 디자인하고 싶다면 웹페이지 하나를 시험 삼아 그려보는 일부터 시작하라. 로고를 만들 아이디어를 몇 장 스케치하는 일은 훨씬 더 수월하다.

고객, 동료, 협업자 또는 친구들에게서 피드백도 받지 않았는데 어느 방향으로 생각해야 하는지 어떻게 알 수 있는가? 구체적인 걸 보여주지도 않고 어떻게 피드백을 수집할 수 있는가? 이것은 창의성에 관해 닭이 먼저냐, 달걀이 먼저냐 묻는 상황이다. 즉, 무엇을 만들어내야 하는지 모르지만, 무엇인가 만들어내기 전에는 사람들이 무엇을 원하는지 알 수 없다. 범위를 조금씩 축소하기는 그 역설을 비켜나가 작고 구체적인 일로 상황을 살피는 동시에 작업의 취약하고 불확실한 면을 보완하는 방법이다.

발산과 융합은 직선으로 뻗어나가지 않고 순환한다. 융합을 한 차례 마무리하면 배운 걸 토대로 새로운 발산 사이클을 다시 시작할 수 있다. '완료' 혹은 '완성'에 이를 때까지 매번 발산과 융합을 번갈아 반복하고 더 많이 공유하라.

내가 진행한 프로젝트 중에서 아이디어 군도, 헤밍웨이 다리, 범위 축소의 세 가지 전략을 모두 활용한 사례를 살펴보자. 앞에서도 언급했던 집 차고를 홈 오피스로 리모델링한 내용이다. 아내와 나는 둘 다 재택근무를 하는데 손바닥만 한 침실에서는 도저히 일할 수 없었고, 특히 아들이 태어나자 더욱 그러했다. 우리는 들뜬 마음으로 차고를 홈 스튜디오로 개조할 계획을 세웠다. 그 작업을 위한 프로젝트 폴더를 만든 순간, 그때부터 프로젝트가 시작되었다.

먼저, 홈 스튜디오 프로젝트가 진행되는 동안 체크해야 할 주요 질문과 고려 사항, 희망하는 기능과 제약사항을 정리한 개요, 즉 아이디어 군도를 만드는 일부터 시작했다. 15분 동안 생각해낸 개요는 다음과 같다(282쪽).

프로젝트 개요: 포르테 아카데미 스튜디오

▬ 프로젝트 개요: 포르테 아카데미 스튜디오

출발점

- **변하는 상황에 따라 여러 용도로 쓸 수 있는 탄력적인 조립식 업무 공간**
- **회의 장소/홈 오피스로도 사용 가능**
  - 스트레스 없이 집에서 생산적으로 일하는 방법: 티아고가 제안하는 10가지 **시간 낭비 방지 조언**
- **화장실/거실이 있는 별채**
  - 작은 주방도 시공할 수 있을까?

비용

아이디어

- **가상공간 상호작용 경험**
- **현실 세계와 디지털 세계를 아우르는 공간**
- 두 가지 동영상을 보고 가장 큰 영감을 받음. 토니 로빈스의 〈네 안에 잠든 힘을 깨워라〉 동영상과 사이버공간 마술사인 마르코 템페스트가 자신의 홈 스튜디오에서 기조연설을 하는 동영상
- 현대 학습법에 관한 트윗 타래

단계

- **1단계: 차고 리모델링/홈 오피스**
- **2단계: 방송 스튜디오**
- **3단계: 녹음 스튜디오**

줌 세팅/장비 설치

- 인물 뒤로 입체감을 살리기 위해 배경을 깊게 처리
- 장비 설치

이 문서의 주요 항목들을 어떻게 정할지 처음엔 몰랐지만 생각을 글로 적자 곧 구체적으로 나타났다. 출발점, 비용, 아이디어, 단계, 줌 세팅/장비 설치, 그리고 열린 질문으로 항목을 잡았다. 세컨드 브레인에서 '홈 오피스'와 '홈 스튜디오' 같은 용어를 몇 번 검색했더니 쓸 만한 기존 메모도 여러 개 찾을 수 있었다. 앞에서도 언급했던 스튜디오를 설계해본 친구가 알려준 추천 사항 메모와 멕시코시티에 있는 멋진 카페 사진들도 있었다. 아내와 나는 그곳을 매우 좋아해서 언젠가 따라 만들어보고 싶었다. 줌 영상통화를 진행하기 위해 적당한 조명과 배경을 설치하는 방법 같은 우수 사례 메모도 있었다. 개요 아래쪽에는 그 메모로 연결되는 링크도 추가했다.

작업에 활용할 기존 자료가 어느 정도 있었어도 우리 계획에는 빈 곳이 있었다. 그래서 이후 몇 주 동안 틈틈이 콘텐츠를 수집했다. 깔끔하고 멋있어 보이는 홈 오피스 사진들을 인터넷에서 내려받아 저장하고, 효과적인 방음 처리법에 대해 가르쳐준 음악가 친구와 나눈 대화도 메모해 저장했다. 이웃이 연락해보라고 알려준 지역 도급업체 연락처 목록도 저장했다. 심지어 유튜버들이 자신의 스튜디오를 소개하는 영상을 수십 편씩 시청하며 그들이 아무것도 없던 공간을 어떻게 실용적인 작업실로 개조했는지 꼼꼼히 메모했다.

리모델링 작업이 시작되자 사업을 운영하면서 또 가정에도 신경 쓰느라 시간이 턱없이 부족했다. 그래서 할 수 있을 때마다 가장 최근에 수집한 몇 가지 메모에 하이라이트 처리를 하고 핵심을 추출한 뒤, 어디까지 작업했는지 미래의 나 자신이 알게끔 간략한 메모를 남겼다. 헤밍웨이 다리 기법을 여러 번 이용해서 그렇게 띄엄띄엄 작업한 시간을 서로 연결했다. 그렇게 하지 않았다면 그리 생산적으로 시간 활용을 하지 못했을 것이다.

마침내 이 모든 생각과 아이디어, 소망과 꿈이 점점 더해지면서 프로젝트는 상당히 거대해졌다. 우리의 의욕은 더욱 커져서 마침내 벽을 허물고 지붕을 뚫어 채광창을 내기로 했으며 초고속 인터넷을 연결할 케이블도 깔기로 했다. 그리고 이 모든 계획을 수용하려고 뒷마당 구조를 다시 설계했다. 우리는 아이디어를 너무 많이 발산했으므로 조금 억제할 필요가 있었다.

이쯤 되자 범위를 축소해야 했다. 계획에서 가장 터무니없는 부분을 찾아낸 뒤 다음을 기약하기로 했다. 그 아이디어들은 나중에 다시 찾아보려고 작성한 '언젠가/어쩌면' 부분으로 옮겼다. 우리가 감당할 수 있는 예산, 리모델링 공사를 끝내야 하는 날짜 같은 몇 가지 제약사항도 추가했다. 이런 제약사항 덕분에 프로젝트 범위를 합리적이며 관리할 만한 수준으로 축소할 수 있었다. 그렇게 하자 업체를 찾고 평면도를 마무리 짓는 다음 단계의 일이 명확해졌다.

적용하기:
빠르게 움직여 결과물을 만들어라

이 방식을 도입해 프로젝트를 실행하고 싶으면 지금이 절호의 시기이다. 우선 추진하고 싶은 프로젝트를 하나 선택하라. 5장에서 현재 진행 중인 프로젝트별로 폴더를 하나씩 만들라고 했을 때 당신이 생각한 프로젝트 중 하나가 될 수 있다. 새로 시작하고 싶거나 착수해야 하는 프로젝트로 정할 수도 있다. 불확실하고 새로운 것, 도전적인 것일수록 좋다.

이제 프로젝트의 목표와 의도, 질문과 고려 사항의 개요를 작성하라. 마음속으로 생각하고 있던 내용부터 기록한 다음, PARA 유형별 폴더에 이와 관계 있는 메모와 중간 패킷이 있는지 검색하라. 예전에 만든 메모, 참고할 만한 모델이나 사례에서 얻은 영감 등을 담은 템플릿이 여기에 포함될 수 있다.

다음은 검색할 때 유용한 몇 가지 질문이다.

- 영감을 주는 문장을 인용할 수 있는 책이나 글이 있는가?
- 더욱 발전시킬 수 있는 자원을 갖춘 웹사이트가 있는가?
- 출퇴근하거나 집안일을 할 때 들을 수 있는 전문가의 팟캐스트나 영상이 있는가?
- 과거에 작업한 프로젝트 폴더에 지금 프로젝트와 관련 있는 중간 패킷이 있는가?

어떤 자료는 상당히 간결하고 보기 쉽게 잘 정리됐지만, 어떤 자료는 다듬지 않고 대충 만들었을 수도 있다. 그건 중요하지 않다. 앞으로 쓸 수 있는 자료를 모두 찾는 게 유일한 목적이다. 활용하고 싶은 메모와 중간 패킷 전부를 새 프로젝트 폴더로 옮겨라.

15분이나 20분 정도 시간을 정하고 앞에 보이는 메모들만 활용해서 프로젝트의 첫 절차를 완료할 수 있는지 확인하라. 온라인을 검색하거나 소셜미디어를 훑어보거나 인터넷 창을 여러 개 열어놓고 더 찾는 것은 금물이다. 어쨌든 나중에 할 것이다. 이미 있는 것들만 가지고 작업하라. 이 첫 번째 절차는 계획이나 안건, 제안이나 도표일 수도 있고, 아이디어를 구체적인 실체로 바꾸는 다른 형태의 것이 될 수도 있다.

자료 중에 혹시 빠진 게 있을까 봐 두려워하는 포모FOMO, Fear of Missing Out 현상을 겪을 수도 있다. 필요한 정보가 어딘가에 더 있을 수 있으니 찾아야 한다는 생각이 들 수 있다. 하던 일을 멈추고 조사를 더 하고 싶은 유혹에 빠지겠지만, 전체 프로젝트는 어차피 한 번에 완료하지 못한다. 에세이 초안, 개발하려는 앱 개요, 캠페인 계획 수립처럼 여러 번 반복해야 하는 일에 이제 착수했다. "사람들에게서 유용한 피드백을 받으려면 내가 만들 수 있는 가장 작은 작업물 형태는 무엇인가?"라고 자문해보라.

첫 번째 작업을 한 번에 완료할 수 없으면 헤밍웨이 다리 기법을 써서 다음에 작업하도록 하라. 열린 질문, 남아 있는 일, 새로운 탐색 방안, 조언을 구할 사람들을 목록으로 만들어라. 당신이 다른 일을 하는 동안 피드백을 줄 수 있는 사람들에게 작업물을 공유하고 그들이 준 의견을 같은 프로젝트 폴더의 새 메모에 저장하라. 믿을 수 있는 동료와 나눈 대화에서, 또는 소셜미디어에서 공개적으로 피드백을 얻어도 좋다. 편하게 공유할 수 있는 장소를 선택하라.

점차 프로젝트에 여러 가지 저항요소가 생기면 범위를 조금씩 축소하는 전략을 시도하라. 중요도가 가장 떨어지는 기능은 가차 없이 버리고 가장 어려운 의사 결정은 뒤로 미루거나, 또는 내가 잘 알지 못하는 부분을 도와줄 사람을 찾아라.

이 프로세스의 모든 단계에 걸쳐 새롭게 배우거나 찾아낸 내용, 혹은 찾고 싶은 새로운 중간 패킷에 관한 메모를 반드시 저장하라. 당신의 생물학적인 두뇌가 메모를 활용하여 이 첫 번째 절차에 준비된다면, 어디를 보더라도 그것과 관련 있는 신호와 단서들이 눈에 들어올 것이다. 그 단서들도 메모로 저장하라.

첫 번째 작업을 마친 후 피드백을 받아 작업에 활용할 새로운 메모를 수집하고 나면 이제는 다음 작업이 무엇이든 진행할 준비를 마친 것이다.

9장
_ 효율적인 실행을 위한
세 가지 습관

습관이 형성되면 신경 쓸 일이 줄어들어
더 중요한 일에 집중할 수 있다.
삶의 기본 원칙들을 단순하게 만들어야
창의력을 발휘하는 데 필요한
정신적인 공간을 만들 수 있다.

- 제임스 클리어, 《아주 작은 습관의 힘》 저자 -

세컨드 브레인은 생산성과 창의력을
높이는 실용적인 시스템이다. 생산성이란 구체적이고 명확히 정의
되지만 창의력은 추상적이고 정해진 답이 없다는 점에서, 이 두 영
역은 상호 배타적이며 정반대인 개념으로 여겨질 때가 많다. 하지만
나는 그 두 가지가 서로 보완하는 관계라고 본다. 체계적이고 능률
적으로 일하면 창의력이 생겨날 공간이 만들어진다. 창의적인 과정
에 자신감이 있으면 지금 맞는 방향으로 가고 있는지 걱정하는 스트
레스가 크게 줄어든다.

질서와 창의성 사이의 이러한 균형은 세컨드 브레인에도 이룰
수 있다. 모든 시스템과 마찬가지로 세컨드 브레인도 유지보수를 정
기적으로 해야 한다. 디지털 세계에서 체계성이 일정 수준 유지된다

면 작업 수행 시 가상 작업 공간은 생산성을 저해하지 않고 뒷받침해준다.

'정리 정돈을 잘한다'라는 말은 타고난 성격 특성이 아니며 정말 필요한 앱이나 도구를 단순히 찾아내는 일도 아니다. 정리 정돈을 잘한다는 말은 습관이다. 다시 말해 정보를 접하고 작업하고 활용하며 반복하는 행동이다. 메모와 초안, 브레인스토밍 결과와 출처를 찾겠다고 허둥지둥하면 소중한 시간을 낭비할 뿐만 아니라 추진력에 방해가 된다. CODE 방법 각 단계에는 창의성을 키울 여지를 확보하기 위해 정리 정돈을 더 잘하도록 도와주는 습관들이 있다.

요리사들이 주방에서 어떻게 일하는지 생각해보라. 그들이 만드는 요리의 질과 양 모두 요구 수준이 믿을 수 없을 정도로 높다. 요리에 들어갈 재료는 전부 완벽해야 한다. 곁들인 음식이 조금이라도 차거나 고기가 덜 익기라도 하면 요리 전체가 실패한 것이다. 이 과정은 매 음식마다 반복된다. 손님이 많은 밤에는 수백 명 분을 준비해야 할 수도 있다.

품질과 양을 둘러싼 이 근본적인 긴장 관계는 지식 노동자인 우리에게도 똑같이 적용된다. 우리도 높은 기준에 맞춰 결과물을 내놓아야 하며, 그것도 일 년 내내 빠르고 끊임없이 만들어내야 한다. 우리는 마라톤을 완주해야 하는 단거리 주자 같은 처지다.

요리사들에게는 이렇게 힘들고 벅찬 목표를 달성하는 특별한 시스템이 있다. '미즈 앙 플라스mise en place'라는, 전 세계 식당에서 따르는 요리 철학이다. 1800년대 후반 프랑스에서 태동한 이 개념은 고급 식당에서 요리를 효율적으로 만들어내기 위한 단계별 과정이다. 요리사들은 주방을 청소해야 한다는 이유만으로 일을 멈출 여유 따위는 없다. 따라서 물 흐르듯 매끄럽게 음식을 준비하는 동안 작업 공간도 깨끗이 유지하고 정리 정돈하는 법을 배운다. 가령 믹싱 스푼은 다음에 사용할 때를 위해 항상 같은 자리에 놓기, 칼은 언제든지 바로 쓸 수 있게 사용하자마자 깨끗이 닦기, 식자재는 언제 써야 하는지 고민하지 않도록 사용 순서대로 정렬하기 같은 작은 습관들을 익히는 것이다.

요리사들은 실용적인 기술로 구현된 사고방식인 미즈 앙 플라스를 '외부에 있는 두뇌'로 여기고 일한다. 덕분에 그들은 창의적인 요리 과정에 온전히 집중할 수 있도록 반복되는 과정을 힘들이지 않고 처리한다.

지식 노동자로서 우리는 미즈 앙 플라스 시스템에서 배울 것이 많다. 요리사들과 마찬가지로 우리도 쉴 새 없이 밀려드는 과제와 씨름해야 한다. 정보와 문제는 끊이지 않는 반면 처리할 시간은 턱없이 부족하고 당장 신경 써야 하는 수많은 요구에도 직면하고 있다. 모든 일을 멈추고 디지털 세계를 완전히 재구성할 수 있는 마법 같은 시간은 주어지지 않는다. 상사는 당신이 온종일 해야 할 일을 거부하고 '다른 일에 열중하는' 모습을 보며 따뜻하게 미소 짓지는 않을 것이다. 시스템을 유지보수한다는 이유로 고객들을 외면한다면 사업은 오래가지 않을 것이다. 바삐 돌아가는 세상을 멈추게 한 뒤 숨 고를 시간을 내기는 어렵다. 우리는 시스템이 고장 나야 비로소 유지보수가 필요하다는 걸 깨닫는데, 이걸 자제력이 부족하다거 나 생산적인 수준이 되려면 아직 멀었다는 탓으로 돌린다.

세컨드 브레인을 구축할 때 어떤 시점에 새로운 소프트웨어를 내려 받는 일은 중요하지 않다. 주변 환경과 머리를 혼란에 빠뜨리 지 않고 필요한 것을 끊임없이 이용하도록 역동적이고 융통성 있는 시스템을 채택하고 습관을 들이는 일이 중요하다. 또한 내적인 규율 을 갖추는 것만으로는 충분치 않다. 에너지와 생각, 감정을 생산적 으로 전달하기 위해서는 외부 규율, 즉 원칙과 행동 시스템도 따라 야 한다. 매일 주고받는 정보의 끊임없이 변화하는 흐름에 체계적인 모습을 더해주는 시스템을 말한다.

이번 장에서는 세컨드 브레인을 당신의 일과와 통합할 수 있는 세 가지 습관들을 소개하겠다. 이 습관들은 각각 시간과 공간, 의도 의 세 영역에서 경계를 형성하는데, 이는 인생에서 지키고 싶거나 발전시키고 싶은 마음의 상태를 위한 것이다. 이 경계는 무엇에 집 중해야 하고 또 그만큼 무엇을 무시해야 하는지도 알려준다.

세컨드 브레인에 가장 필요한 세 가지 습관은 다음과 같다.

1. 체크리스트 습관: 예전 작업물을 활용하여 일관성 있게 프로 젝트를 시작하고 마쳐라.

2. 리뷰 습관: 주간, 월간 등 업무와 생활을 정기적으로 검토하 고 바꿀 것이 있는지 결정하라.

3. 알아차리는 습관: 나중에 더 쉽게 찾을 수 있게 메모를 편집 **293**

하고 하이라이트 처리하거나 다른 곳으로 이동시킬 소소한 기회들을 알아차려라.

이러한 습관들은 세컨드 브레인의 '유지보수 계획'이라 생각해도 된다. 정기적으로 오일을 교환하고 타이어를 검사하고 에어 필터를 교체하는 자동차 정비 일정이 있듯, 세컨드 브레인이 제대로 작동하게 하려면 조율이 가끔 필요하다. 이제 습관들을 하나씩 자세히 알아보자.

체크리스트 습관:
지식을 늘리는 플라이휠 시작하기

기본적으로 지식 작업이란 정보를 받아들여 결과로 바꾸는 일이다. 우리는 매일 매순간 정보를 소비하고 생산한다. 이러한 활동만 하려면 훈련을 특별히 받을 필요가 없으며, 세컨드 브레인도 필요하지 않다.

　　문제는 대부분의 사람들이 애써 만든 지식을 앞으로도 쓸 수 있도록 '재활용'하는 방법인 피드백 루프(feedback loop, 결과를 자동으로 다시 투입시키는 회로)를 놓친다는 점이다. 한곳에만 투자하면 수익을 내지 못하며 투자금을 탕진할 것이다. 이것은 투자자들이 돈에 대해 생각하는 방식이다. 따라서 그들은 자금을 여러 곳에 재투자하여 돈이 저절로 불어나도록 일종의 플라이휠(fly wheel, 기계나 엔진의 회전속도를 고르게 하기 위해 장치하는 바퀴)을 만든다.

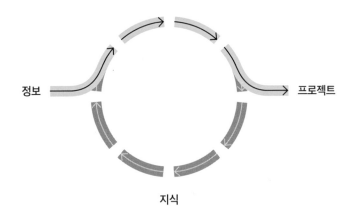

바로 이것이 우리가 정보를 다뤄야 할 방식이다. 정보를 투자하여 이익을 내는 자산으로 다뤄야 하며, 그 이익은 다시 다른 사업에 재투자될 수 있다. 이것은 높은 수익을 내는 자산처럼 시간이 흐를수

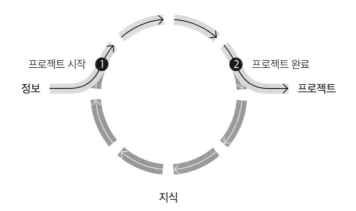

프로젝트 시작 **①**   **②** 프로젝트 완료

정보   **프로젝트**

지식

록 지식이 늘어나 큰 폭으로 증가하게 하는 방법이다. 매달 주식에 소액을 투자하듯이 지식이 계속해서 늘어나고 아이디어가 서로 연결되어 발전하면서 우리의 관심도 투자하면 이와 유사한 방식으로 증가한다.

위의 그림을 자세히 보면 지식을 재활용하는 이 과정에는 두 가지 중요한 시기가 있다. 길이 갈라지는 곳이 두 군데 있으며, 여기서는 전과 다른 일을 할 기회가 있다. 바로 프로젝트가 시작할 때와 끝나는 때이다. 이제 프로젝트가 시작할 때 활용하는 프로젝트 시작 체크리스트와 끝날 때 활용하는 프로젝트 완료 체크리스트를 소개하겠다.

프로젝트 시작 체크리스트

항공기 조종사들은 이륙하기 전에 확인하거나 해야 할 모든 사항을 알려주는 '비행 전 체크리스트'를 재빨리 훑어본다. 그 체크리스트는 조종사들이 기억력에 의존하지 않고 비행에 필요한 모든 단계를 반드시 마칠 수 있게 한다. 그에 반해 사람들이 주로 프로젝트를 시작하는 방식은 '닥치는 대로 하기'라고 설명할 수 있다. 그들은 지금 프로젝트와 관련 있거나 없는 정보를 기존 메모와 파일에서 찾아보기도 하고, 과거 경험에서 얻은 교훈에 관해 동료들과 대화를 하거나 하지 않는다. 프로젝트를 이끌 계획을 세우거나 그렇게 하지 않을 수도 있다. 결국 프로젝트가 성공적으로 시작할지는 다소 운에 따른다.

5장에서 우리는 어떻게 해서 작업이 점점 더 프로젝트 중심으로 진행되는지 알아보았다. 자신이 맡은 목표, 협업, 과제 모두 프로젝트로 정의되며, 그러면 구체적인 형태가 생기고 관심이 집중되며 방향성이 주어진다. 이 프로젝트들에 관심을 가장 많이 투자한다는 생각이 든다면 프로젝트 시작 방식을 좀 더 체계적으로 바꿔볼 만하다. 바로 이쯤에서 프로젝트 시작 체크리스트가 필요하다.

다음은 내가 사용하는 체크리스트이다.

1. 수집: 프로젝트에 대한 내 생각을 수집하라.

2. 검토: 관련 메모가 있을 만한 폴더나 태그를 검토하라.

3. **검색:** 모든 폴더에서 관련 용어를 검색하라.

4. **이동:** 관련 메모를 프로젝트 폴더로 이동하거나 태그를 설정하라.

5. **작성:** 수집한 메모로 개요를 작성하고 프로젝트를 계획하라.

첫째, 프로젝트에 대한 내 생각을 수집하라. 머릿속에서 프로젝트 구상을 시작하는 순간, 그것에 관한 아이디어와 의견도 같이 떠오를 때가 많다. 그러면 아무것도 쓰여 있지 않은 메모를 준비해 떠오르는 생각을 모두 브레인스토밍하며 적는다. 시작하는 프로젝트를 위한 새로운 전용 폴더를 만들어 이렇게 만든 첫 번째 메모를 저장한다. 이제 이 프로젝트와 관련하여 작성할 모든 메모를 이곳에 담을 것이다.

이 단계는 어수선하게 보일 수 있고 또 그렇게 되어야 한다. 나는 두서없이 떠오르는 생각, 시도해볼 만한 접근 방법, 다른 아이디어나 조언을 구할 사람들의 이름을 잊지 않도록 메모에 가득 채워 넣는다.

다음은 이러한 초기 브레인스토밍을 이끌기 위해 사용하는 몇 가지 질문이다.

- 이 프로젝트에 대해 이미 알고 있는 것은 무엇인가?
- 알아내야 하지만 아직 모르는 것은 무엇인가?
- 목표나 목적은 무엇인가?

299

- 통찰력을 얻으려면 누구와 대화해야 하는가?
- 프로젝트와 관련 있는 아이디어를 얻으려면 어떤 것을 읽거나 들어야 하는가?

이 질문들을 보고 떠오르는 생각은 무엇이든 처음 시작하는 메모에 기록한다. 나는 정보가 간결하게 보이도록, 또 필요할 때 쉽게 옮기도록 글머리기호를 사용하는 편이다.

둘째, 관련 메모가 있을 만한 폴더나 태그를 검토하라. 새 프로젝트와 관련 있는 정보, 예를 들어 템플릿과 개요, 이전 프로젝트에서 삭제된 내용 등이 저장되었을지도 모를 기존 폴더를 살펴본다. 이때 PARA와 단계별 요약 방법은 매우 유용하게 쓰인다. 폴더는 이미 여러 개 있으며 폴더마다 정성 들여 수집한 메모가 어떤 내용인지 금방 떠올리도록 하이라이트 처리되고 요약 정리되어 있다. 프로젝트, 영역, 자원, 보관소 폴더에서 새 작업과 가장 관련 있는 폴더를 몇 개 선택한다. 다음으로는 폴더 안에서 흥미 있어 보이는 메모를 신속하게 살펴보되, 사소한 것에 너무 빠져들지 않게끔 신경 써서 흐름을 유지한다. 지금은 옆길로 샐 때가 아니다. 앞으로 나아가는 데 방해가 될 뿐이다.

셋째, 전체 폴더에서 관련 용어를 검색하라. 세 번째 단계에서는 내가 놓쳤을지도 모를 메모를 찾아낸다. 가끔은 뜻밖의 폴더에 괜찮은 아이디어가 숨어 있기도 하며, 그런 것들은 대충 훑어보기만 해서는 찾기 어렵다. 이쯤 되면 콘텐츠를 처음 수집할 때 활용한 큐레이터의 관점 기법이 결실을 본다. 세컨드 브레인에 저장된 메모는 하나도 빠짐없이 어떤 목적으로 선택되었으므로 쓸데없는 내용이나 군더더기 없이 고품질의 메모만 검색할 수 있다. 이 일은 시시때때로 쏟아지는 광고, 낚시성 뉴스 제목, 알맹이 없는 콘텐츠, 무의미한 논란처럼 나를 엉뚱한 길로 빠지게 만드는 정보로 가득한 인터넷 검색과는 극명하게 대조된다.

나는 새 프로젝트와 관련 있는 용어를 연달아 검색한 뒤 그 결과를 봐서 관련 있어 보이는 메모가 보이면 꼼꼼하게 내용을 살핀다. 단계별 요약을 하면 여기서도 도움이 되며, 전체 내용을 흡수하지 않고 필요한 부분만 확대하거나 축소할 수 있다.

넷째, 관련 메모를 프로젝트 폴더로 이동하거나 태그를 설정하라. 앞서 두 단계에서 찾은 메모들을 새 프로젝트의 이름을 딴 폴더로 이동한다. 아니면 원래 저장된 위치에 둔 채 해당 메모에 프로젝트 태그를 설정하거나 링크할 수도 있다. 중요한 것은 메모가 저장된 위치가 아니라, 곧 진행할 프로젝트에 계속 집중하는 동안 그 메모를 신속히 참조할 수 있는지 여부이다.

다섯째, 수집한 메모로 개요를 작성하고 프로젝트를 계획하라. 마지막으로, 지금까지 수집한 자료를 모아 프로젝트 개요(아이디어 군도)를 작성할 차례이다. 내 목표는 아이디어들을 대충 느슨하게 모아두는 일로 끝내는 게 아니다. 다음 할 일을 명확하게 만드는 각 단계가 논리적으로 진행되도록 하기 위해서이다.

이 개요가 작성될 형식은 프로젝트의 성격에 따라 다르다. 에세 **301**

이나 보고서 같은 글이라면 개요는 최종본에 포함하고 싶은 요점이나 주제가 될 수도 있다. 동료 혹은 외주업체와 진행하는 협업 프로젝트를 설명하는 문서라면 달성 목표와 각자 맡을 책임 범위가 개요에 포함될 수도 있다. 여행 계획을 잡는 것이라면 챙겨야 할 짐 목록과 주요 일정이 될 수도 있다.

이 체크리스트를 확인하며 기억해야 할 중요한 점은, 지금 당신은 프로젝트를 실행하는 게 아니라 프로젝트 진행 계획을 짜고 있다는 것이다. 이 다섯 단계 체크리스트는 20분에서 30분 이내에 마쳐야 할 첫 번째 절차라고 생각해야 한다. 세컨드 브레인에 어떤 자료가 있는지 살짝 엿보는 일에 불과하다. 그러면 이 프로젝트에 시간이 얼마나 걸릴지, 어떤 지식이나 자원을 이용해야 할지, 어떤 어려운 문제에 부닥칠지 훨씬 더 잘 알 수 있다.

내가 만든 프로젝트 시작 체크리스트를 시작점으로 사용하되, 시간이 지남에 따라 각자 처한 상황에 맞게 바꾸기를 권장한다. 본인의 직업이나 종사 분야에 따라 어느 정도는 격식을 차려야 할 수 있고 시간이 좀 더 필요할 수도 있으며 포함해야 할 관련자들이 있을 수도 있다. 당신이 만들 체크리스트에 포함할 만한 다른 조치들을 몇 가지 소개하겠다.

- **사전 검토*** **질문에 답하라:** 무엇을 배우고 싶은가? 불확실성을 유발하는 가장 큰 원인, 또는 가장 중요한 질문은 무엇인가? 실패할 가능성이 가장 큰 것은 무엇인가?

- **관계자들과 소통하라:** 상사, 동료, 의뢰인, 고객, 주주, 외주업체 등에 프로젝트가 얼마나 중요한지, 왜 중요한지 설명하라.
- **성공 기준을 규정하라:** 이 프로젝트가 성공적이라고 간주하려면 어떤 일들이 일어나야 하는가? 성취해야 할 최소한의 결과 또는 달성하려 애쓰는 '도전 목표'는 무엇인가?
- **프로젝트 시작을 공식화하라:** 확인 전화 일정을 잡고 예산과 추진 일정을 수립하라. 목표와 목적을 문서로 작성하여 관련자들에게 전달하고 방향성을 공유하며 그들의 역할을 명확히 한다. 혼자 하는 프로젝트일지라도 시작을 공식화하면 좋다.

프로젝트 완료 체크리스트

이제 프로젝트 시작과 정반대에 있는 프로젝트 완료 체크리스트를 살펴보자. 프로젝트 완료는 어떤 일이 실제로 끝난다는 보기 드문 순간이므로 지식 노동자의 삶에서 매우 특별한 때이다. 작업이 대단히 어려운 이유 중 하나는 확실한 끝이라는 게 존재하지 않는 것 같다는 점이다. 생각만 해도 힘이 빠진다. 그렇지 않은가? 전화 통화와 회의는 끝도 없이 늘어지고, 이는 우리에게 승리를 축하하고

---

* 사전 검토란 프로젝트가 어떻게 잘못되었는지 분석하는 데 사용하는 사후 검토와 달리 프로젝트가 시작되기 전에 무엇이 잘못될 것 같은지 질문하고 검토하여 그 문제가 발생하지 않도록 예방하는 것을 목적으로 한다.

새롭게 출발할 기회가 거의 없다는 뜻이다. 이것은 성취감을 가능한 한 자주 느끼기 위해 프로젝트 규모를 작게 유지해야 하는 이유 중 하나이다.

프로젝트를 드디어 마쳤다며 축하하는 것만으로 우리 자신을 제한해서는 안 된다. 향후 가치를 더할 수 있다면 경험에서 배워야 하며 어떤 생각이든 문서로 남겨야 한다. 따라서 프로젝트 완료 체크리스트 확인은 필수 불가결한 요소이다. 그것은 자료를 보관소로 보내기 전에 저장할 가치가 있거나 재사용할 수 있는 지식 자산이 있는지 결정하기 위한 일련의 조치이다. 조금 전 살펴본 프로젝트 시작 체크리스트를 보며 가능할지 판단하기 위해서는 과거에 진행한 프로젝트의 자료를 시간 내어 저장하고 보존했어야 한다.

다음은 내가 쓰는 체크리스트이다.

1. **표시:** 업무 관리 앱이나 프로젝트 관리 앱에서 프로젝트를 완료 표시한다.

2. **삭제:** 해당 프로젝트 목표에 줄을 그어 지우고 '완료' 섹션으로 이동한다.

3. **검토:** 중간 패킷을 검토한 뒤 다른 폴더로 이동한다.

4. **이동:** 모든 플랫폼에 걸쳐 프로젝트를 보관소로 이동한다.

5. **프로젝트 비활성화:** 프로젝트를 추진하지 않기로 했다면 보관소 폴더에 저장하기 전에 현재 상황에 관한 메모를 프로젝트 폴더에 추가한다.

첫째, 업무 관리 앱이나 프로젝트 관리 앱에서 프로젝트를 완료 표시한다. 이것은 프로젝트가 실제 완료되었다고 확인하는 첫 번째 단계이다. 프로젝트를 완전히 마무리하려면 최종 승인이나 문서 정리, 산출물 배포처럼 몇 가지 일 처리가 늦어질 때가 종종 있다. 나는 이럴 때를 위해 업무 관리 앱을 사용한다. 동시에 진행되는 프로젝트나 업무를 리스트로 적어두고 작업이 모두 처리되면 완료로 표시하거나 완료 폴더로 옮기고 다음 단계로 넘어간다.

둘째, 해당 프로젝트 목표에 줄을 그어 지우고 '완료' 섹션으로 이동한다. 내가 작업하는 각 프로젝트에는 대개 그에 해당하는 목표가 있다. 나는 그 목표들을 몇 주, 혹은 몇 달에 걸쳐 달성하는 단기 목표와 향후 몇 년 동안 추진하는 장기 목표로 분류한 뒤 하나의 디지털 메모에 보관한다.

나는 잠시 시간을 내서 이 프로젝트가 처음에 수립한 목표대로 잘 진행되었는지 되돌아보는 일을 좋아한다. 목표를 성공적으로 달성했다면 어떤 요인이 성공을 이끌었는가? 어떻게 하면 그 강점을 반복하거나 더욱 집중할 수 있을까? 잘하지 못했다면 무엇 때문이었을까? 다음에 같은 실수를 또 저지르지 않으려면 무엇을 배우거나 바꿀 수 있을까? 이런 질문들을 떠올리며 보내는 시간은 프로젝트 규모에 따라 달라진다. 팀 전체 노력이 투입된 대규모 프로젝트라면 심도 있는 분석에 몇 시간씩 걸릴 수 있지만, 개인이 진행하는 소규모 프로젝트에 대한 회고는 몇 분이면 충분할 수도 있다.

나는 목표를 줄로 그어 지운 뒤 '완료'라는 다른 섹션으로 이동 **305**

시키는 일도 좋아한다. 동기부여가 필요할 때마다 이 목록을 훑어보며 과거에 달성한 의미 있는 목표들을 되새겨볼 수 있다. 목표가 크든 작든 상관없다. 과거의 승리와 성공 목록을 유지하는 일은 세컨드 브레인을 훌륭하게 사용하는 방법이다.

셋째, 중간 패킷을 검토한 뒤 다른 폴더로 이동한다. 완료된 프로젝트 자료 중에 나중에 다른 용도로 쓸 만한 중간 패킷이 있는지 살펴본다. 이 작업에는 향후 웹사이트 개발 템플릿으로 사용할 웹페이지 디자인, 일대일 업무평가 안건 혹은 직원 채용 시 유용하게 쓰일 면접 질문 등이 포함될 수 있다. 이 문서와 파일을 한 번 쓰고 버리는 일회용품이 아니라 양질의 사고로 창출한 실체 있는 결과물로 보려면 특정 렌즈로 들여다봐야 한다. 우리가 하는 작업 대부분은 시간이 지나면서 조금씩 변하기도 하고 반복되기도 한다. 지난번에 중단한 지점에 이어 다시 생각하기 시작한다면, 매번 아무것도 없는 상태에서 시작하는 것보다 훨씬 유리하다.

완료된 프로젝트에서 쓸 만한 중간 패킷을 찾아 현재 프로젝트 폴더로 이동시킨다. 영역 혹은 자원과 관련 있는 메모도 똑같이 할 수 있다. 이것은 너그러운 결정이며, 중간 패킷을 하나도 찾지 못한다 해도 괜찮다. 보관소에 저장하는 모든 콘텐츠는 향후 검색하면 언제든지 나타나므로 자료를 잃어버릴까 봐 걱정할 필요가 없다.

넷째, 모든 플랫폼에 걸쳐 프로젝트를 보관소로 이동한다. 이제는 프로젝트를 진행하는 동안 사용했던 다른 플랫폼에 저장된 폴더도 포함하여 프로젝트 폴더를 메모 앱 저장소로 이동시킬 때이다.

여기에는 내 컴퓨터의 문서 폴더와 클라우드 드라이브가 주로 포함된다. 이렇게 하면 진행 중인 프로젝트 목록이 오래되어 쓸모없는 과거 자료와 뒤섞이지 않게 하는 동시에, 그 자료를 다시 유의미하게 쓸 경우를 대비하여 보관할 수도 있다.

다섯째, 프로젝트를 추진하지 않기로 했다면 보관소에 저장하기 전에 현재 상황에 관한 메모를 프로젝트 폴더에 추가한다. 이 단계는 프로젝트가 완료되지 않고 취소되거나 연기될 때, 혹은 보류될 때만 해당한다. 눈에 띌 필요는 없지만 다시 사용할 가능성이 있는 경우 프로젝트 폴더에 '현재 상태'라는 메모를 새롭게 추가하고 나중에 다시 찾아보도록 몇 가지 의견을 적는다. 마지막으로 수행한 조치들을 글머리기호를 써서 설명을 달아놓을 수 있으며, 연기되거나 취소된 이유, 같이 일한 사람들의 역할에 대한 내용, 그리고 교훈이나 모범 사례를 정리해둘 수 있다. 이런 식으로 헤밍웨이 다리 기법을 써서 언제든지 필요하면 프로젝트를 되살릴 수 있다는 걸 알고 자신 있게 이 프로젝트를 보류할 수 있다.

프로젝트가 교착 상태에 빠지거나 중단될 때 잠시 시간을 내서 내 생각을 솔직하게 저장해두면 몇 달, 심지어 몇 년 후에 그 프로젝트를 다시 시작할 수도 있다. 생각보다 이런 일이 많다는 사실이 놀랍다. 프로젝트를 그대로 '냉동실'에 저장해두면 머리 한구석으로 늘 그 프로젝트에 신경 써야 한다는 정신적인 피로감을 덜 수 있다. 이렇게 모든 일을 항상 끊임없이 진척시킬 필요가 없다는 건 큰 위로가 된다.

다음은 프로젝트 완료 체크리스트에 포함할 수 있는 몇 가지 기타 항목들이다. 필요와 상황에 따라 적절히 변경하도록 권장한다.

- **사후 검토 질문에 답하라:** 무엇을 배웠는가? 어떤 일을 잘했는가? 더 잘할 수 있었던 일은 무엇인가? 다음에는 무엇을 개선할 수 있는가?
- **관계자들과 소통하라:** 상사, 동료, 의뢰인, 고객, 주주, 외주업체 등에 프로젝트를 마쳤으며 결과가 어땠는지 알려라.
- **성공 기준을 평가하라:** 프로젝트 목표를 달성했는가? 왜 가능했는가? 혹은 왜 가능하지 않았는가? 투자 대비 수익은 얼마였는가?
- **프로젝트를 공식 종료하고 축하하라:** 최종 이메일, 송장, 영수증, 피드백 양식 등 필요한 문서를 보내고 팀원이나 협업자와 함께 성과를 축하하며 그동안 쏟은 노력에 대한 성취감을 맛보라.

프로젝트 완료 체크리스트의 첫 번째 절차는 프로젝트 시작 체크리스트보다 훨씬 짧은 시간 내에 완료되어야 한다. 개별 자료나 통찰력을 얻는 데 10분이나 15분을 넘기면 안 된다. 이 자료 중 어떤 것이 언제 다시 유용하게 쓰일지 확실히 알 수 없으므로 그 일에 투자하는 시간과 관심을 최소화해야 한다. 향후 다른 프로젝트를 진행할 때 그 자료가 적합한지 판단할 수 있을 만큼만 노력하라. 더 나아가 그 자료를 정리하고 추출하는 데 필요한 노력을 투자할지는 그때 결정할 수 있다.

　프로젝트 체크리스트를 사용하는 목적은 작업 방식을 정형화하고 융통성 없이 만들려는 게 아니다. 프로젝트를 깔끔하게 시작해 확실하게 마치도록 하여 도저히 끝이 보이지 않는 '버려진' 책무에 끌려다니지 않도록 하기 위해서이다. 이 체크리스트는 짓고 있는 건물이 무너지지 않고 똑바로 서 있도록 지지하는 받침대와 같다. 공사를 마치고 마지막으로 받침대를 해체하듯이, 이러한 습관들은 우리의 사고방식에 흡수되어 제2의 천성으로 자리 잡을 것이다. 그렇게 되면 새로운 일을 시작할 때마다 세컨드 브레인에서 다시 활용할 만한 자료가 있는지 찾는 것부터 시작할 것이다.

리뷰 습관:
메모를 일괄 처리하는 이유

세컨드 브레인에 가장 필요한 세 가지 습관 가운데 체크리스트에 대해 알아보았으니, 두 번째로 주간 리뷰와 월간 리뷰에 관해 알아보자.

경영진 대상 전문 코치이자 작가인 데이비드 앨런은 저서인 《쏟아지는 일 완벽하게 해내는 법》에서 '주간 리뷰'를 실시하는 습관을 소개했다. 그는 일주일에 한 번씩 주기적으로 '확인check-in'하는 과정을 강조하며, 이때 일과 삶을 계획하고 재설정하며 검토한다고 설명했다. 또한 주간 리뷰를 활용해 새롭게 할 일들을 기록하고 진행 중인 프로젝트를 검토하며 다음 주에 처리할 우선순위 업무들을 정하라고 권고한다.

나는 여기에 한 단계를 더 추가하고 싶다. 일주일 동안 작성한 메모를 검토하고 해당 메모들이 어떤 내용인지 알려주는 간결한 제목을 붙인 후 적합한 PARA 폴더에 넣어 분류하는 일이다. 대부분의 메모 앱에는 검토 준비가 될 때까지 새로운 메모를 모아두는 일종의 '인박스' 기능이 있다. 메모들이 임시로 머무는 예비 공간 정도로 생각하면 된다. 이렇듯 자료를 모아두었다가 한꺼번에 처리하는 '일괄 처리 방식'은 메모 하나당 몇 초밖에 걸리지 않으며, 몇 분이면 이 작업을 다 마칠 수 있다.

그렇다면 이제 주간 리뷰와 월간 리뷰를 진행하는 것이 세컨드 브레인을 항상 준비된 상태로 유지하는 데 어떻게 도움이 되는지 알아보자.

주간 리뷰: 쌓이지 않도록 리셋하라

우선 내가 사용하는 주간 리뷰 템플릿부터 살펴보자. 나는 얼마나 바쁜지에 따라 3일에서 7일 간격으로 체크리스트를 처리한다. 중요한 점은 검토 일정을 엄격하게 지키는 게 아니라, 자료가 너무 많아 감당하지 못하는 상황이 되지 않도록 인박스를 비우고 디지털 작업 공간을 정기적으로 정리하는 습관을 들이는 것이다. 나는 이 체크리스트를 컴퓨터 바탕화면의 디지털 스티키 노트에 저장해서 편리하게 참고한다. 도움이 된다면 당신도 편하게 사용하라.

1. 이메일 수신함을 비워라.

2. 달력을 확인하라.

3. 컴퓨터 바탕화면을 비워라.

4. 메모 인박스를 비워라.

5. 이번 주에 할 과제를 정하라.

첫째, 이메일 수신함을 비워라. 쌓여가는 이메일 수신함을 비우는 일부터 시작한다. 보통 주중에는 먼저 처리해야 할 일 때문에 이 작업을 할 시간이 없지만, 메일이 2주 이상 쌓이면 어떤 게 중요한 메일이고 조치가 필요한지, 또 과거에 처리하지 않아 지금껏 미결로 남았는지 알아내기 힘들다. 찾아낸 작업 항목은 업무 관리 앱에 저장하고, 수집한 메모는 메모 앱에 저장한다.

둘째, 달력을 확인하라. 이번 주에 참석해야 할 회의와 약속 일정을 전체적으로 살펴보는 작업이다. 나는 주로 후속 조치가 필요할 때를 대비해 지난 몇 주 동안의 일정을 들여다보고 준비해야 할 사항이 있는 경우를 대비해 다가올 몇 주 동안의 일정을 살핀다. 다시 한 번 말하지만, 내가 처리해야 하는 일은 무엇이든 업무 관리 앱에 저장되며 어떤 메모든 내 메모 앱에 수집된다.

셋째, 컴퓨터 바탕화면을 비워라. 바탕화면에 쌓인 파일들이 몇 주 동안 누적되면 디지털 환경이 너무 어수선해져 제대로 생각할 수 없다. 프로젝트, 영역, 혹은 자원과 관련이 있을 것 같은 파일은 컴퓨터 파일 시스템에 있는 적절한 PARA 폴더로 이동시킨다.

넷째, 메모 인박스를 비워라. 네 번째 단계로 넘어가면 메모 앱 인박스는 앞의 세 단계, 즉 이메일, 달력, 컴퓨터 바탕화면에서 옮긴 흥미로운 메모로 가득 찬다. 거기다 지난주에 새로 수집한 메모도 모두 들어 있는데, 내 경우에는 평균 한 주당 5개에서 15개 사이를 오간다. 이 시점이 되면 나는 인박스에 담긴 메모들을 일괄 처리하여 각 메모가 어느 PARA 폴더와 관련이 있는지 직관에 따라 빠르게 결정하고 필요하다면 폴더를 새로 만든다.

한 가지 당부하자면 특정 메모가 저장되어야 할 '옳은' 위치란 없다. 또한 메모가 어느 장소에 있던 효과적으로 검색할 수 있으므로 머릿속에 가장 먼저 떠오르는 장소에 저장한다.

주간 리뷰 체크리스트 가운데 메모 앱 인박스를 비우는 일은 디지털 메모와 직접적인 관련이 있는 유일한 업무이다. 메모 인박스를 살펴보고 어떤 내용인지 알려주는 제목을 각 메모에 부여한 뒤 내용과 어울리는 PARA 폴더로 옮기는 단순하면서도 실용적인 과정이다. 이 과정에서는 메모들을 하이라이트 처리하거나 요약하지 않는다. 내용을 이해하거나 흡수하려 애쓰지도 않는다. 메모들과 관련 있을 수도 있는 모든 주제에 대해 걱정하지도 않는다. 단지 그 모든 생각을 미래를 위해, 즉 무엇을 성취하려는지 알고 있는 상태에서 유용한 지식 블록을 찾고자 할 때를 대비해 저장해둘 뿐이다. 이렇게 매주 진행하는 선별 과정은 지난주에 축적한 지식을 잊지 말라고 가볍게 상기시키는 역할을 한다. 그리고 새로운 아이디어와 통찰력이 세컨드 브레인으로 활기차게 흘러들도록 한다.

다섯째, 이번 주에 할 과제를 정하라. 내가 하는 주간 리뷰에는 최종 단계가 하나 있다. 업무 관리 앱에서도 인박스를 비우는 일이다. 이때쯤이면 이메일과 달력, 바탕화면과 메모에서 수집한 과제들이 여러 개 있으며, 나는 잠시 시간을 내서 그것들을 해당 프로젝트 및 영역으로 분류하고 저장한다. 여기까지 마무리가 되면, 주간 리뷰의 진짜 마지막 단계만 남았다. 바로 이번 주에 집중해서 수행할 과제를 선택하는 일이다. 조금 전 인박스를 비우면서 관련 있어 보이는 정보를 빠짐없이 살펴보았으므로 어렵지 않게 결정할 수 있다. 그리고 제대로 잘하고 있다는 자신감에 가득 차서 새로운 한 주를 시작할 수 있다.

월간 리뷰: 투명성과 통제력을 반영하라

주간 리뷰는 현실적이고 실용적인 반면, 월간 리뷰는 그보다 좀 더 사색적이고 전체론적이다. 즉, 월간 리뷰는 큰 그림을 평가할 기회이다. 매일같이 바쁜 상황에서는 그다지 생각할 기회가 없는 큰 목표와 우선순위, 시스템에 대한 근본적인 변화를 고려할 기회이기도 하다.

다음은 내가 사용하는 월간 리뷰 템플릿이다.

314 **1.** 목표를 검토하고 업데이트하라.

2. 프로젝트 목록을 검토하고 업데이트하라.

3. 책임 영역을 검토하라.

4. '언젠가'와 '아마도'의 과제를 검토하라.

5. 우선순위를 다시 정하라.

첫째, 목표를 검토하고 업데이트하라. 우선 이번 분기와 올해 목표를 검토하는 일부터 시작한다. '어떤 성공을 거두었거나 무엇을 성취했는가?', '무슨 일이 예상과 달리 진행되었으며 거기서 무엇을 배웠는가?' 등의 질문을 나 자신에게 묻는다. 달성한 목표는 줄을 그어 지우고, 새로 등장한 목표를 추가하거나 변경된 목표 범위를 수정한다.

둘째, 프로젝트 목록을 검토하고 업데이트하라. 여기에는 완료한 프로젝트나 취소된 프로젝트를 보관하고 새로운 프로젝트를 추가하거나 현재 진행 중인 프로젝트의 변경사항을 업데이트하는 일이 포함된다. 이 변경 사항을 반영하기 위해 메모 앱의 폴더들도 업데이트한다.

프로젝트 목록은 실제 목표와 우선순위를 적시에 정확히 반영하고 최신 내용으로 유지하는 일이 중요하다. 무엇보다 프로젝트는 세컨드 브레인을 구성하는 핵심 원칙이기 때문이다. 프로젝트 폴더를 미리 마련해두면 당신의 머리는 가장 좋은 아이디어를 찾아내 수집하고 실행할 준비를 마친 것이다.

셋째, 책임 영역을 검토하라. 이제 책임 영역에도 같은 조치를

315

할 때이다. 건강, 자금, 인간관계와 가정생활 등 내 삶의 주요 분야에 대해 생각해본 뒤, 개선하거나 조치하고 싶은 부분이 있는지 결정한다. 이렇게 내 삶을 반성하면 새로운 작업 항목이 나타나기 마련이라 새롭게 업무 관리 앱에 반영하고 새로운 메모를 생성해서 메모 앱에 수집할 때가 많다.

영역 폴더에는 나중에 프로젝트의 발단이 되는 메모가 포함되곤 한다. 예를 들어 나는 앞에서 언급한 홈 스튜디오 리모델링에 참조할 사진을 수집하려고 '집'이라는 영역 폴더를 사용했다. 홈 스튜디오 리모델링 프로젝트를 본격적으로 시작하기 전부터 '집'이라는 광범위한 영역은 아이디어와 영감을 수집해두는 공간이었으므로, 프로젝트를 시작하기로 하자마자 필요한 준비는 이미 다 마친 상태나 다름없었다.

넷째, '언젠가'와 '아마도'의 과제를 검토하라. '언젠가'나 '아마도'는 가까운 시일은 아니지만 훗날 시작하고 싶은 일들을 분류해두는 특별 유형이다. 가령 '외국어 배우기'와 '난초 가꾸기' 같은 일이다. 이런 종류의 꿈을 추적 관리하는 일도 중요하지만, 그 때문에 지금의 우선순위를 어지럽히면 안 된다. 하지만 실제로 실행할 수 있을 때가 오면 곧바로 도움을 받을 수 있도록 때때로 살펴보는 것은 필요하다.

다섯째, 우선순위를 다시 정하라. 이전 단계를 모두 마치고 마지막으로 목표와 프로젝트에 대한 전체적인 그림이 머릿속에 들어오면 이제는 과제 우선순위를 다시 조정할 때이다. 나는 불과 한 달만 지나도 우선순위가 얼마나 많이 변할 수 있는지 알고 놀랄 때가 많다. 지난달에는 대단히 중요해 보였던 일이 이번 달에는 전혀 관련 없는 일이 될 수 있고, 그 반대도 마찬가지다. 따라서 현재의 상황과 기준에 따라 우선순위를 검토하고 조정하는 과정이 필요하다.

알아차리는 습관:
세컨드 브레인으로 만드는 행운

현실 세계에서 세컨드 브레인을 사용할 때 유용하게 작용할 세 번째 습관은 '알아차리는 습관'이다. 어떤 면에서는 가장 중요한 항목이지만 가장 어려운 것이기도 하다. 이 습관을 '알아차리는noticing' 습관이라 칭하는 이유는 이것이 평범해 보이는 기회를 알아차리고 이를 활용하여 다른 때라면 무심코 지나칠 것들을 수집하거나 메모하거나 정리하는 작업이기 때문이다. 다음은 몇 가지 사례들이다.

- 생각 중인 아이디어의 잠재적인 가치를 알아차리고 '그건 아무것도 아냐'라며 무시해버리는 대신 메모로 수집한다.
- 읽고 있는 내용이 가슴 깊이 와 닿는다는 걸 알아차리고 잠시

시간을 내서 그 부분을 하이라이트 처리한다.
- 어떤 메모에 더 좋은 제목을 달 수 있다는 걸 알아차리고 나중에 더 쉽게 찾을 수 있도록 제목을 바꾼다.
- 메모를 더 유용하게 활용할 수 있는 다른 프로젝트나 영역 폴더로 이동시키거나 링크할 수 있다는 걸 알아차린다.
- 아무것도 없는 상태에서 시작하지 않도록 두 개 혹은 그 이상의 중간 패킷을 새 작업에 통합할 기회를 알아차린다.
- 너무 많은 곳에 분산되지 않도록 여러 개의 유사한 콘텐츠를 하나의 메모로 합칠 기회를 알아차린다.
- 어떤 사람이 문제를 해결하는 데 당신이 가진 중간 패킷이 도움이 될 수 있다는 걸 알아차리고 아직 완벽하지 않더라도 기꺼이 공유한다.

메모의 좋은 점은 해야 할 일 목록과는 달리 급히 처리하지 않아도 된다는 점이다. 업무에서는 처리해야 할 중요한 일 하나를 간과하고 넘어가면 크게 곤란해질 수도 있다. 하지만 메모는 바쁘면 큰 부담 없이 보류할 수 있다. 메모를 매주 정리할 시간이 있다면 가장 좋다. 하지만 정리할 시간이 없어도 별 문제는 없다. 나는 메모 앱의 인박스를 정리할 시간을 확보할 때까지 몇 주, 아니, 몇 달이라도 기다릴 수 있다. 메모는 내가 필요로 하는 한 인박스 안에서 준비된 상태로 남아 있을 것이다.

함께 일하는 고객들을 보면 정리 작업에 대해 흔히 오해하는 것이 있다. 그들은 정리 작업을 무거운 역기를 들어 올리듯 고통스러운 일로 여긴다. 마치 달력을 없애버리고 긴급하게 처리할 일에서 며칠 자유로워질 수 있다면 어수선한 상황을 처리하고 후련해질 거라고 믿는 것 같다.

사람들이 자유 시간을 그렇게 오랫동안 확보하는 걸 아주 가끔 보긴 했지만, 대부분 기대했던 만큼 시간을 잘 활용하지는 못했다. 자질구레한 일에 자꾸 발목이 잡히는데 처리하고 싶은 일은 산더미처럼 쌓여 있어서 아무리 일해도 티가 나지 않는다. 그러면 쓸 수 있는 시간이 많았는데도 일을 못 했다는 죄책감에 시달린다. 하지만 난데없이 온 세상을 완전히 재정비하는 일은 자연스럽지 않다. 우리의 삶에는 고려해야 할 단계와 측면이 너무 많으므로 하찮은 세부 사항 하나하나 완벽하게 조화를 이루게 할 수 없다.

정리를 잘해 놓는 일은 중요하지만, 일상생활이 자연스럽게 흘러가는 중에 조금씩 이루어져야 한다. 개선이 필요한 조그만 기회에 주목하며 프로젝트를 진행하는 동안 짬짬이 정리 작업을 병행해야 한다. 다음은 그런 기회가 어떤 모습인지 좀 더 구체적으로 알려주는 사례이다.

- 다음 휴가는 코스타리카에서 보내기로 했다. 휴가지에서 유용하게 쓸 스페인어 문장이 담긴 메모를 '언어' 자원 폴더에서 '코스타리카' 프로젝트 폴더로 이동한다.
- 책임 기술자가 그만두는 바람에 기술자를 새로 채용해야 한

다. 지난번에 만든 '기술자 채용' 폴더를 보관소 폴더에서 프로젝트 폴더로 이동하여 검색에 참고한다.

- 다음 워크숍 일정이 잡혔다. 그동안 여러 번 진행했던 워크숍의 구체적인 활동이 포함된 PDF 문서를 '워크숍' 영역 폴더에서 현재 계획 중인 특정 워크숍 폴더로 이동한다.

- 사용하는 컴퓨터 속도가 너무 느려져서 컴퓨터를 새로 사기로 했다. '컴퓨터 검색' 자원 폴더에 저장한 문서 일부를 '새 컴퓨터 구매'라는 새 프로젝트 폴더로 이동한다.

이렇게 하는 데에는 시간이 얼마 들지 않으며, 우선순위와 목표가 변화하는 것에 따라 이루어진다. 처음부터 무리하며 힘들게 작업하지 않도록 해야 하는데, 이는 소중한 시간과 에너지를 소모할 뿐더러 잘못된 방향으로 우리를 몰아넣을 수 있기 때문이다.

디지털 메모를 단순한 저장 환경이 아니라 작업 환경으로 만들면 그 안에서 시간을 더 많이 보내게 된다. 그러면 더 많은 변화를 가져올 조그만 기회들을 더 많이 찾아낼 것이다. 시간이 흐르면서 이 과정이 계속 쌓이면 당신이 미리 계획할 수 있었던 그 어떤 것보다도 훨씬 실제적이고 적합한 작업 환경을 만들어낼 것이다. 전문 요리사들이 조리 도구들을 재빨리 배열하고 위치를 조정하며 주방 환경을 정리하듯이 당신도 알아차리는 습관을 활용하여 '작업하면서 동시에 정리하기'를 할 수 있다.

적용하기:
완벽한 시스템일지라도
사용하지 않으면 완벽하지 않다

지금까지 소개한 세 가지 습관, 즉 프로젝트 시작과 완료 체크리스트를 사용하고, 주간 리뷰와 월간 리뷰를 시행하며, 알아차리는 습관을 활용하는 일은 모두 일하면서 잠깐씩 비는 시간에 재빨리 수행하자는 의도이다. 그 세 가지 습관은 우리가 이미 어떤 형태로든 하고 있을 활동들을 기반으로 해서 체계적인 모습을 조금 더 추가하도록 설계되었다. 따라서 탁월한 재주가 필요한 게 아니며 필요해서도 안 된다. 또한 막대한 시간을 들여 고독한 수행에 들어가도록 요구해서도 안 된다. 그건 현실과는 거리가 멀다. 그런 완벽한 조건들을 갖출 때까지 기다리겠다면 한 걸음도 내딛지 못할 것이다.

내가 제공한 체크리스트는 혼란스럽고 예견하기 어려울 때가 많은 환경에서 미래를 예측하도록 도와주는 시작점이다. 모든 일을 중지한 뒤 한꺼번에 재구성할 필요 없이 디지털 정보를 수집하고 사용하는 데 필요한 작업을 정기적으로 진행하게 한다.

세컨드 브레인의 유지 관리는 매우 수월하다는 점을 다시 강조하고 싶다. 며칠이나 몇 주, 또는 몇 달을 내버려둬도 고장 나거나 사라지지 않는다. 세컨드 브레인을 구축하여 생각을 그 안에 쏟아붓는 일의 전체적인 핵심은 시간이 흘러도 그 생각들이 덜 잊히게 하려는 것이다. 시간 여유가 생기거나 동기부여가 되면 그 생각들은 지난번에 중단한 지점에서부터 바로 다시 시작할 준비가 될 것이다. 이를 구체적으로 설명하자면 다음과 같다.

- 모든 아이디어를 수집할 필요는 없다. 최고의 아이디어는 늘 다시 나타나기 마련이다.
- 인박스를 자주 비울 필요는 없다. 할 일 목록과는 달리 메모를 잃어버려도 나쁜 결과가 생기지 않는다.
- 빠듯한 일정에 따라 메모를 검토하거나 요약할 필요가 없다. 우리는 메모 내용을 암기하거나 머릿속에 늘 담아두려는 게 아니다.
- 메모 검색 기능이 매우 효과적이므로, PARA 폴더에서 메모나 파일을 정리할 때 무엇을 어디에 둘지 결정하는 일은 상당히 수월하다.

그 어떤 시스템이라도 사실 알고 보면 심각한 결함이 있다. 시스템이 너무 복잡하고 에러가 자주 발생해 사용하지 않는다면 완벽한 시스템이 아니다. 그것은 당신이 다른 곳으로 주의를 돌리자마자 망가져 버리는 취약한 시스템이다.

우리는 지금 흠잡을 데 없이 깔끔하게 정리된 지식백과사전을 제작하는 게 아니다. 우리는 작업 시스템을 구축하고 있다. 실제 작동해야 하고 또 일상생활의 규칙적인 부분이라는 점에서 보면 그렇다. 그런 까닭에 완벽한 시스템이 아니라 불완전하긴 해도 실제 환경에서 계속 유용하게 쓰이는 시스템을 구축해야 한다.

10장
_ 지속적인 실행을 위한
세 가지 변화

아이디어는 공유하는 과정에서
더 복잡하고 흥미로워지며,
더 많은 사람에게 유용하게 쓰일 가능성이 커진다.

- 아드리엔 마리 브라운, 작가 겸 활동가 -

역사상 인류의 과제는 주로 부족한 정보를 얻는 방법이었다. 어디에서도 괜찮은 정보를 찾기 힘들었다. 정보는 다시 만들어내기 어려운 필사본에 갇혀 있거나 학자들의 머릿속에만 존재했다. 하지만 대부분의 사람들에게는 큰 문제가 되지 않았다. 하루하루 생계를 꾸리는 일에는 새로운 정보가 많이 필요하지 않았기 때문이다. 사람들은 주로 육체 노동력을 제공했지 아이디어를 짜내는 일을 하지 않았다.

그런데 불과 지난 몇십 년 만에 사회가 변했다. 갑작스럽게 우리는 모두 끝없이 흐르는 데이터에 연결되었다. 데이터는 지능형 기기와 통신 네트워크를 통해 우리 삶 구석구석에 빛의 속도로 전달되고 끊임없이 업데이트된다.

노동의 본질 역시 변했다. 가치는 육체 노동의 결과에서 두뇌가 내놓은 결과로 옮겨갔다. 지식은 이제 가장 중요한 자산이며 가장 가치 있는 기술에 주목하는 능력이다. 우리가 종사하는 업계 도구들은 아이디어 구성 요소, 통찰력, 팩트, 체계, 심성모형mental model*처럼 추상적이며 실체가 없다.

이제 우리가 직면한 도전은 정보를 더 많이 확보하는 일이 아니다. '발산'과 '융합'을 탐색하며 알았듯이 어떤 일을 처리할 수 있도록 정보의 흐름을 차단할 방법을 찾는 일이다. 정보와 상호작용하는 방식이 변화하려면 먼저 사고방식이 변해야 한다. 10장에서는 그렇게 변화하는 것이 어떤 모습이고 느낌인지 알아보겠다.

---

* 심성모형이란 인간이 자기 자신과 주변 사람, 환경, 세상을 인식하고 해석하며, 나아가 예측하기 위한 정신적 모형을 일컫는다.

정보를 대하는 근본적인 태도의 변화:

당신의 두뇌에 새로운 일을 부여하라

이 책은 정보를 다룰 때 사용할 새로운 도구 세트를 획득하는 내용을 주로 다뤘다. 하지만 지난 수년간 나는 사람들의 잠재력을 억압하는 건 도구 세트가 있고 없고의 문제가 아니라 그들의 사고방식 자체라는 걸 깨달았다. 당신은 개인 지식 관리라는 새로운 분야에 대해 들어본 적이 있어서, 혹은 새로운 메모 앱 사용법 지침이 필요해서 이 책을 골랐을 수도 있다. 생산성을 향상하기 위한 효율적인 기술을 얻을 수 있다는 기대감으로, 또는 창의성을 향한 체계적인 접근 방법이 마음이 들어 이 책에 끌렸을 수도 있다. 무엇을 찾든 이 모든 길을 따라가다보면 결국에는 같은 길로 향한다. 그것은 개인적인 성장을 찾는 여정이다. 우리 내면의 자아와 디지털 라이프는 큰 차이가 없다. 다시 말하면, 어떤 맥락에서 우리의 사고방식을 형성하는 믿음과 태도는 다른 맥락에서도 그대로 나타나기 마련이다.

생산성과 창의성, 성과를 창출하려는 투쟁과 도전의 근간에는 삶에서 얻는 정보와 근본적인 관계가 있다. 그 관계는 우리가 새로운 일을 겪으며 성장하는 동안 형성되었고, 개인의 성격과 학습 스타일, 인간관계와 유전자의 영향을 받았다. 당신은 새로운 아이디어를 접하면 특정 방식으로 반응하도록 배웠다. 새로 유입되는 정보에 어떻게 반응할지, 즉 기대하거나 두려워하거나 흥분하거나 자신감을 잃거나 하는 자신만의 '청사진'을 갖게 된 것이다.

정보를 대하는 기본 태도는 삶의 모든 면에 영향을 끼친다. 그것은 수업시간에 공부하고 시험을 치를 때 썼던 렌즈 같은 것이다. 그것은 당신이 거쳤던 직업과 추구했던 경력을 선택하도록 이끌었다. 바로 이 순간, 당신이 이 글을 읽을 때도 그 기본 태도는 뒤에서 조용히 작동하며 지금 읽고 있는 내용에 관해 무엇을 생각해야 하는지, 어떻게 해석해야 하는지, 어떻게 느껴야 하는지, 또 어떻게 적용되는지 알려준다.

정보를 대하는 태도는 우리가 세계를 바라보며 이해하고, 또 그 안에서 우리 위치를 이해하는 방식을 깊이 형성한다. 지식 노동자로서 우리의 성공은 정보를 더 효과적으로 활용하고, 더 좋고 똑똑하고 빠르게 생각하는 능력에 달려 있다. 사회가 복잡해지면서 개인의 지성을 강조하는 경우가 더욱 많아지고 있다. 생각의 품질은 정체성과 평판, 삶의 질을 규정하는 결정적인 특징 중 하나이다. 우리는 목 **329**

표와 꿈을 이루려면 더 많이 알아야 한다는 충고를 끊임없이 듣는다. 만일 그것이 사실이 아니라고 말한다면 어떻게 하겠는가?

목표를 달성하는 데 있어 선천적인 지능이 중요하지 않다는 뜻이 아니다. 갖고 싶은 것과 또 필요한 것을 얻으려고 생물학적 두뇌에 더 큰 부담을 줄수록 당신의 뇌는 그 모든 부담을 감당하느라 더 힘들어할 것이다. 공중에 던진 공들이 땅에 떨어지기 전에 모두 받아야 하는 상황처럼, 동시에 처리해야 할 일이 너무 많아 스트레스를 받으며 불안해할 것이다. 당신의 뇌가 목표를 달성하고 문제를 극복하고 해결하려 애쓰느라 시간을 더 많이 보낼수록 상상하고 창조하며 삶을 즐기는 시간은 줄어든다. 머리로 문제를 해결할 수 있지만, 그것만이 유일한 목적은 아니다. 당신의 머리는 더 많은 일을 할 수 있어야 한다.

당신이 정보를 대하는 근본적인 태도는 세컨드 브레인이 삶의 일부가 되면서 변화할 것이다. 전에는 연결을 만들어낼 수 있다는 걸 몰랐지만, 이제는 여기저기서 연결이 눈에 들어올 것이다. 일과 심리학, 기술에 관한 아이디어가 연결되면서 한 번도 생각해본 적 없던 새로운 사실들을 밝혀낼 것이다. 예술과 철학, 역사에서 얻은 교훈이 결합하여 이 세상이 어떻게 작동하는지에 관한 깨달음을 줄 것이다. 당신은 이러한 아이디어를 결합하여 새로운 관점과 이론, 전략을 자연스럽게 만들어낼 것이다. 이렇게 만들어낸 훌륭한 시스템의 모습과 그 시스템이 어떻게 작동하여 당신이 필요한 정보에 주목하게 하는지를 알면 경외감에 가득 찰 것이다.

당신은 어쩌면 자기 자신을 작가나 창작가, 또는 전문가로 여기지 않을 수도 있다. 나도 건강 문제에 관해 처음 메모를 시작했을 당시엔 그랬다. 당신의 가장 큰 야망도 더 작은 정보 조각들이 모여 구성되었다는 걸 알고 나면, 어떤 경험이든 스치는 통찰이든 가치 있다는 걸 깨달을 것이다. 공포와 의심, 실수와 실책, 실패와 자기비판은 그저 받아들이고 처리하고 흡수할 정보에 불과하다. 그 모든 것은 더 크고 진화하는 전체 중 일부이다.

아멜리아는 내 강의를 수강하고 세컨드 브레인을 만들기 시작한 뒤 인터넷을 대하는 방식이 180도 달라졌다며 놀라워했다. 그전에는 인터넷을 '선정적이고 불쾌한' 것으로 여겼고, 그 결과 온라인 세상을 거들떠보지 않았다. 그런데 도움이 되지 않는 내용은 무시하고 유익한 내용만 엄선해 저장할 장소를 마련하자 인터넷을 완전히 새로운 시각으로 보게 되었다. 아멜리아는 전문 리더십 코치로서, 리더들에게 신경계 관리 방법을 가르쳐 업무 효율성을 향상하게 하는 클리닉을 운영한다. 이제 인터넷을 무의미한 잡음이 아니라 지혜와 연결의 원천으로 여기게 되었으니, 자신의 전문지식을 활용해 얼마나 더 많은 사람에게 좋은 영향을 줄 수 있을지 상상해보라.

어떻게 이처럼 극적인 변화가 일어나는가? 아멜리아는 전에 몰랐던 새로운 사실을 알아서 변한 게 아니다. 새로운 관점을 취했기 때문이다. 과거와는 다른 렌즈, 즉 감사와 풍요의 렌즈로 이 세상을 바라보기로 했다. 우리에게 일어나는 일을 늘 통제할 수는 없지만 세상을 바라보는 렌즈를 선택할 수는 있다. 이것은 경험을 쌓을 때 우리가 가진 기본적인 선택이며, 관심 정도를 조절하여 키우거나 억누르는 측면이기도 하다.

세컨드 브레인을 구축하면서 당신의 생물학적인 뇌는 불가피하게 변할 것이다. 당신의 뇌는 세컨드 브레인이라는 새로운 존재에 적응할 것이며 뇌가 확장된 것으로 취급할 것이다. 모든 아이디어를 추적하고 찾을 수 있다는 사실을 알면 마음이 더 차분해질 것이다. 생각을 보류했다가 나중에 계속할 수 있다는 걸 알면 더욱 집중할 것이다. 나는 사람들이 자신의 목표와 꿈을 이룰 수 있으며, 이 세상에서 바꾸고 싶거나 영향을 주고 싶은 일을 해낼 수 있다고 강하게 확신하는 것을 자주 듣는다. 그들은 자신이 하는 모든 행동에 힘을 실어주는 강력한 시스템을 갖췄다는 걸 알기 때문이다.

자질구레한 일상까지 모두 관리하겠다며 머리를 최대한 활용하려 애쓰는 대신, 이제는 당신의 생물학적 두뇌에 새로운 일을 부여할 때가 왔다. 뇌는 당신 삶의 최고 경영자로서 습득한 정보를 바탕으로 결과를 만드는 과정을 기획 관리하는 일을 맡아야 한다. 생물학적 두뇌는 기억하는 일을 외부 시스템에 넘겨야 하며, 그렇게 하면 새로운 지식을 더욱 창의적인 방법으로 마음껏 흡수하고 통합할 수 있다.

세컨드 브레인은 항상 작동하며 기억력이 완벽하고 어떤 용량으로도 변경할 수 있다. 수집하고 정리하며 추출하는 작업을 외부에서 더 많이 수행하고 위임할수록 당신만 할 수 있는 자기표현에 필요한 시간과 에너지를 더 많이 확보할 것이다.

생물학적 한계가 잠재력 실현에 방해가 되지 않으면, 당신은 정보의 흐름에 휩쓸릴 걱정 없이 원하는 만큼 그 흐름을 자유롭게 확대할 것이다. 또 언제든지 그 흐름에서 벗어날 수 있다는 걸 알고 마음이 안정되며 평온해질 것이다. 정보는 외부에 모두 안전하게 저장되기 때문이다. 외부 시스템을 신뢰하는 법을 배웠으므로 다른 사람들을 더 믿을 것이다. 살다보면 만들어질 수밖에 없는 그 모든 기억이 당신만의 책임이 아니라는 걸 알면 겸손해지는 동시에 안심할 것이다. 그러면 더욱 개방적인 사고방식을 갖게 되고 도전의식을 불러일으키며 완성되지 않은 아이디어도 기꺼이 고려할 것이다. 선택할 수 있는 대안이 풍부하기 때문이다. 한 가지 관점만 고집하지 않고 더 많은 사람에게서 더 다양한 관점을 받아들이고 싶어 할 것이다. 여러 관점을 고민하고 엄선하는 큐레이터가 되어 어떤 상황에서라도 가장 도움이 되는 신념과 사상을 자유롭게 선택할 것이다.

오랫동안 직접 해온 일을 외부에 위임하려면 처음엔 당연히 겁이 날 수밖에 없다. 두려움을 유발하는 목소리가 마음 한구석에서 고개를 든다. "내가 할 일이 과연 남아 있을까?", "나는 앞으로도 계속 가치 있고 필요한 존재일까?"

우리는 교체될 위험을 감수하기보다는 안전한 역할을 맡는 편이 나으며, 더 좋은 것을 얻으려고 분투할 바에는 자세를 낮추고 얌전하게 사는 편이 더 안전하다고 배운다. 잡념을 물리치려면 용기를 내야 한다. 생각이 산만하지 않을 때 비로소 우리는 미래와 목적을 묻는 불편한 질문과 마주할 수 있기 때문이다.

333

그것이 바로 세컨드 브레인을 구축하는 과정이 개인적인 성장으로 향하는 여정인 이유이다. 정보 환경이 변화하면서 당신의 머리가 작동하는 방식도 완전히 다른 모습으로 변하기 시작한다. 하나의 정체성을 떠나 또 다른 정체성, 즉 관객이 아니라 당신 인생의 작곡자와 지휘자로서 정체성에 발을 들여놓는다. 정체성을 바꾸자니 곤란한 기분이 들 수 있다. 다른 정체성을 갖추면 어떤 사람이 될지 어떤 모습일지 정확히 모르지만, 인내심을 갖고 그 변화 과정을 이겨낸다면 새로운 희망과 가능성, 자유가 건너편에서 반드시 당신을 기다릴 것이다.

1 결핍에서 풍요로의 전환: 세상을 바라보는 렌즈를 바꾸다

지금까지 설명한 새로운 정체성으로 변하기 시작한 순간을 어떻게 알 수 있을까? 세컨드 브레인 구축 작업을 시작하자마자 나타나는 가장 큰 변화는, 전에는 '결핍'이라는 렌즈로 세상을 바라봤으나 이제는 '풍요'의 렌즈로 바라본다는 점이다.

정보는 늘 부족하므로 최대한 많이 얻고 소비하며 비축해둬야 한다는 과거의 억측에 사로잡혀 새로운 환경에서도 똑같이 행동하려는 사람들이 많다. 우리는 지금껏 많으면 많을수록 좋다는 소비지상주의적 렌즈로 정보를 대하도록 길이 들었다. 결핍 렌즈를 통해 더 많은 정보를 끊임없이 갈망하는데, 이는 충분히 확보하지 못했다는 두려움으로 인해 생기는 반응이다. 우리는 누군가가 정보를 악용하거나 아이디어를 훔칠 수 있으므로 정보를 빈틈없이 보호해야 하며, 우리의 가치와 자부심은 우리가 가진 지식, 필요할 때 열거할 수 있는 내용에서 나온다고 배웠다.

'수집하기'를 다룬 장에서 봤듯이, 정보를 축적하려는 경향은 그 자체로 목적이 될 위험이 있다. 우리는 도움이 되는지, 혹은 이익이 되는지 상관없이 콘텐츠를 더 많이 수집하는 일에 너무 쉽게 몰두한다. 이것은 무분별한 정보 소비이며, 소셜미디어에서 유행하는 의미 없는 게시물까지 모두 심오한 지혜의 말씀인양 취급한다. 그 현상은 두려움, 즉 모든 사람이 이야기하고 있는 중요한 사실, 아이디어 혹은 스토리를 나만 놓칠까 봐 두려워하는 데서 촉발된다. 무엇인가 잔뜩 쌓아둔다는 말의 역설은, 아무리 많이 수집하고 축적하더라도 절대 충분하다고 느끼지 않는다는 점이다. 또 결핍 렌즈로 세상을 바라보면 우리가 알고 있는 정보를 별로 가치 없다고 여기게 되므로 내부에 없는 것을 끊임없이 외부에서 찾는다.

'결핍의 사고방식Scarcity Mindset'의 반대 개념은 '풍요의 사고방식Abundance Mindset'이다. 이것은 세상에 아이디어와 통찰력, 도구, 협업과 기회처럼 가치 있고 유용한 것들이 풍부하다고 생각하는 방식이다. 풍요의 사고방식은 우리가 소비하는 콘텐츠와 소셜 네트워크, 우리의 육신과 직감 등 우리가 접하는 모든 곳에 강력한 지식이 무궁무진하게 존재한다고 가르쳐준다. 그 지식의 전체 혹은 많은 부분을 소비하거나 이해할 필요도 없다고 알려준다. 우리가 필요한 것은 지혜의 씨앗 몇 개가 전부이며, 우리에게 가장 필요한 씨앗은 우리를 몇 번이고 계속해서 찾아오는 경향이 있다. 당신은 멀리 나가 지식을 찾아 헤맬 필요가 없다. 인생이 당신에게 반복하여 알려주려고 애쓰는 내용에 귀를 기울이기만 하면 된다.

인생은 좋든 싫든 우리가 알아야 할 것을 정확히 표면화하여 보여주는 경향이 있다. 인정 많고 고집 센 교사처럼 현실은 우리 의지에 굽히거나 굴복하지 않는다. 그것은 우리 생각이 어떤 면에서 잘못되었는지 인내심을 갖고 가르치며, 그 교훈은 우리 인생에 걸쳐 되풀이하여 나타나곤 한다.

풍요의 사고방식으로 전환한다는 말은 전에는 필요하다고 믿었으나 이제는 도움이 되지 않는 것들을 버린다는 의미이다. 언뜻 중요해 보이지만 가치 낮은 정보를 버린다는 의미이다. 하지만 그렇게 한다고 해서 우리가 더 나은 사람이 되는 건 아니다. 우리는 사람들의 의견에 휘둘리지 않도록 자기 자신을 보호해야 한다고 속삭이는 공포의 보호장치를 내려놓아야 한다. 사람들이 우리에게 주고 싶어하는 선물을 그 보호장치 때문에 받지 못하기 때문이다.

2 의무에서 봉사로의 전환: 지식을 공유하고 확산한다

정보를 기억하는 것뿐만 아니라 연결하고 창조하기 위해 세컨드 브레인을 사용하기 시작하면 나타나는 두 번째 변화가 있다. 전에는 주로 의무감 또는 압박감으로 어쩔 수 없이 일했지만, 이제는 봉사 정신을 바탕으로 일하는 사람으로 변화할 것이다.

사람들 대부분은 타인을 도우려는 욕구를 갖고 태어난다고 믿는다. 사람들은 다른 이들을 가르치고 조언하며 도와주고 싶어 하고 사회에 공헌하고 싶어 한다. 내가 받은 걸 돌려주려는 욕망은 우리를 인간답게 만들어주는 근본적인 부분이다. 그런데 그 욕구의 실현을 미루는 사람들이 많다. 그들은 시간과 여유, 전문지식이나 자원을 '충분히' 갖게 될 미래를 기다린다. 하지만 그들이 새로운 직업을 갖고 새로운 경력을 시작하며 새로운 가족을 꾸리다보면 그날은 계속 뒤로 밀리고 만다.

다른 사람들을 도울 의무는 없다. 가끔은 자신을 돌보는 일이 당신이 할 수 있는 전부일 때도 있다. 그런데 나는 사람들이 세컨드 브레인에 지식을 점점 더 많이 모을 때 나타나는 현상을 여러 번 목격했다. 봉사하겠다는 내면의 욕구가 서서히 떠오르는 현상도 확인했다. 알고 있는 것을 보여주는 증거가 눈앞에 보이자 기다릴 이유가 사라진 것이다.

지식의 진정한 목적은 다른 사람들과 공유하는 것이다. 아무리 아는 게 많다고 한들 누구에게도, 심지어 자기 자신에게도 긍정적인 영향을 끼치지 않는다면 무슨 소용이 있겠는가? 금은보화를 쌓듯이 지식을 축적하기만 해서는 안 된다. 지식은 증가할수록 더 좋아지고 가치가 커지는 유일한 자원이다. 건강이나 자금, 사업이나 영성에 관한 새로운 사고방식을 다른 사람들과 공유하더라도 그 지식은 가치가 떨어지지 않는다. 오히려 더 높아진다. 지식은 널리 확산할수록 더욱 강력해진다!

세상에는 당신만이 해결할 수 있는 문제들이 있다. 빈곤, 불의, 범죄 같은 사회문제가 있으며 불평등, 교육 격차, 노동권 같은 경제문제가 있다. 고용 유지, 문화, 성장 같은 조직문제도 있다. 주변 사람들이 겪는 삶의 문제를 당신의 상품이나 서비스, 전문지식으로 해결하여 그들이 더욱 효과적으로 소통하고 일하도록 도와줄 수 있다. 라이더 캐롤Ryder Carroll이 자신의 저서 《불렛저널》에서 주장했듯이, "당신의 뛰어난 사고방식으로 거대하지만 다 낡아빠진 인간 조직에 뚫린 조그만 구멍을 메울 수도 있다".

당신이 먼저 손을 내밀어야만 손이 닿는 사람들이 있다. 당신이 줄 수 있는 지침을 다른 데서는 구하지 못하는 사람들이다. 자신에게 있을지도 모를 문제의 해결책을 어디서 찾아야 할지 모르는 사람들이다. 당신은 그들을 안내하고 도와줄 수 있다. 부모님이 당신을 지극정성으로 양육하고 선생님과 멘토들이 공들여 가르쳤듯이, 이번에는 당신이 다른 사람들을 보살필 수 있다. 몇 마디 말과 글로 상상도 하지 못했던 세상의 문을 주변 사람들에게 열어줄 수 있다.

세컨드 브레인은 당신을, 그리고 당신의 목표를 지원하는 시스템으로 시작하지만 다른 사람들과 그들의 꿈을 지원하는 데에도 쉽게 활용될 수 있다. 이 모든 일은 지식에서 시작하며, 당신은 주체할 수 없을 정도로 풍부하게 쌓아놓은 지식을 언제든지 유용하게 활용할 수 있다.

3 소비에서 창작으로의 전환: 내 안의 세계를 발견하다

세컨드 브레인을 구축하는 일은 단순히 정보와 이론, 타인의 의견을 수집해 모은 총량 그 이상의 것이다. 그 핵심에는 자기 인식과 자기 이해가 자리 잡고 있다. 우연히 접한 아이디어에 깊이 공감한다면 그 아이디어가 당신 내면에 있는 무엇인가를 비추기 때문이다. 외부의 모든 아이디어는 거울 같아서 우리가 들어주길 원하는 진실과 이야기를 우리 내면에 떠오르게 한다.

헝가리 출신의 영국 철학자 마이클 폴라니Michael Polanyi는 '폴라니의 역설Polanyi's Paradox'로 세상에 알려졌다. 그의 책《암묵적 영역》에서 태동한 이 개념은 '우리는 말할 수 있는 것보다 더 많이 알고 있다'라고 요약할 수 있다. 폴라니는 우리가 인간으로서 힘들이지 않고 수행할 수 있는 과제가 많지만, 어떻게 그게 가능한지 완전히 설명할 수는 없다고 주장했다. 예를 들어 운전이나 얼굴 인식하기 등이다. 그것은 우리가 정확하고 자세하게 묘사할 수 없는 '암묵적 지식tacit knowledge'에 의존하기 때문이다. 우리에게 그 지식이 있어도, 그것은 언어가 닿을 수 없는 인간의 잠재의식과 근육 기억에 존재한다.

'자기 무지self-ignorance'로 알려진 이 문제는 인공지능과 컴퓨터 시스템 발전에 큰 장애물이었다. 우리가 알고 있는 것을 어떻게 아는지 설명할 길이 없으므로 소프트웨어로 프로그램화할 수 없기 때문이다. 하지만 컴퓨터 과학자들에게 닥친 이 저주는 우리에게는 축

339

복이다. 이 암묵적 지식은 인간이 기계의 능력을 뛰어넘는 마지막 영역이기 때문이다. 암묵적 지식이 필요한 직업과 노력은 절대 자동화되지 않을 것이다.

세컨드 브레인을 구축하는 동안 당신은 온갖 사실과 자료를 많이 수집하겠지만, 그것들은 한 가지 목적, 즉 내면에 있는 암묵적 지식을 발견하기 위한 수단에 불과하다. 그 지식은 당신 안에 존재하지만, 외부에서 끌어내어 당신의 의식으로 들어가야 한다. 말할 수 있는 것보다 많이 안다면 실제 인생 경험으로 얻은 방대한 지식을 끊임없이 옮겨놓을 수 있는 시스템이 필요하다.

당신은 세상이 어떻게 돌아가는지 말로 온전히 표현할 수 없는 것들을 알고 있다. 당신은 인간 본성을 직관적으로 이해하며 당신이 활동하는 분야에서 기계나 다른 인간이 볼 수 없는 패턴과 연결을 찾아낸다. 삶의 경험이 쌓이면서 세상을 바라보는 당신만의 특별한 렌즈가 생겼다. 그 렌즈로 당신 자신과 다른 사람에게 심오하고 긍정적인 영향을 미치는 진리를 인식할 수 있다.

우리가 스스로의 목표와 욕망이 무엇인지 모른다면 어떻게 될까? '삶의 목적'이 무엇인지, 어떤 목적을 가져야 하는지 전혀 모른다면 어떻게 될까? 자기 이해가 없으면 자신이 가야 할 방향을 결정할 수 없다. 당신이 누구인지 당신 자신이 모르는데 어떻게 원하는 것을 알 수 있겠는가? 자신을 알아가는 과정은 신비롭게 보일 수 있지만, 나는 대단히 현실적이라고 생각한다. 그 과정은 마음에 공명하는 것이 무엇인지 알아차리는 일부터 시작한다. 마치 당신을 큰 목소리로 부르는 듯하고 예전에 이 일을 겪은 듯한 느낌을 주는 게 무엇인지 의식하는 일이다.

당신 안에는 생각과 아이디어와 감정으로 이루어진 세계가 있다. 시간이 흐르면서 당신의 새로운 모습과 정체성의 새로운 측면을 찾아낼 수 있다. 당신의 내면에서 찾으려면 먼저 외부에서 찾아야 하며, 당신이 찾은 모든 것이 알고 보니 늘 당신의 일부였다는 걸 깨달아야 한다.

자기표현이라는 인간의 근본적인 욕구

1장에서는 오랫동안 나를 괴롭혔던 원인불명의 질환과 그로 인해 디지털 수단을 써서 정보를 체계적으로 정리하는 작업을 어떻게 시작했는지 이야기했다. 당시 나는 몇 년 동안 최악의 상태였다. 현대의학으로 할 수 있는 모든 조치는 다 해본 것 같았다. 의사들은 아무리 진단해도 잘못된 점을 찾을 수 없었으므로 내가 뭔가 착각하고 있는 건 아닌가 하는 눈치였다. 하지만 나는 심한 고통에 시달렸고 밤에는 목이 돌처럼 뻣뻣하게 굳어 잠을 설쳤다. 마치 어떤 기계 덩어리가 목을 꽉 붙잡고 조이는 것 같았다.

지독한 고통에 시달렸으므로 친구들과 사람들에게서 점점 멀어졌다. 몸의 통증에 온 신경이 쏠려서 제대로 대화하기도 어려웠다. 그래서 말을 꺼낼 필요 없이 소통하고 연결할 수 있는 인터넷 세계에서 홀로 보내는 시간이 점점 더 많아졌다. 우울과 절망의 늪에 서서히 빠져들며 인생관도 어두워졌다. 내겐 미래가 없으리라 생각했다. 말을 못 하는데 어떻게 데이트를 하거나 친구들을 사귀겠는가? 예측할 수 없는 오래된 고통으로 괴로워하는데 어떻게 직업을 가질 수 있겠는가? 심지어 정확한 병명 진단도 받지 못하고 증상이 계속 악화하는데 어떤 미래를 기대하겠는가?

이 무렵 내 인생을 바꾸고 나를 살린 두 가지를 발견했다. 첫 번째는 명상과 마음챙김이었다. 나는 명상을 시작했고, 존재하는지도 몰랐던 영성과 자기성찰의 온전한 영역을 발견했다. 놀랍게도 나는 내 생각만으로 이루어진 존재가 아니라는 걸 깨달았다. 내 생각은 잠재의식 뒤에 숨어 쉴 새 없이 지껄이는 잡담이었으며, 나는 그 생각이 속삭이는 말을 '믿을지 말지' 선택할 수 있다는 것도 깨달았다. 명상을 시작하자 고통스러운 증상도 보다 효과적으로 완화됐다. 고통은 스승이 되어 내가 어디에 집중해야 하는지 알려주었다.

명상을 시작하면서 깊고 심오한 감동을 여러 차례 경험하자 내가 알아가고 있는 것을 다른 사람들과 나누고 싶었다. 이 생각은 두 번째 위대한 발견, 즉 대중을 위한 글쓰기로 이어졌다. 나는 블로그를 시작했으며, 첫 번째 게시물로 명상 수련회에 참석한 일을 올렸다. 여전히 말은 하기 힘들었으므로 글쓰기는 내 도피처가 되었다. 블로그에는 무엇이든 원하는 만큼 자세히 글을 써서 공유할 수 있었다. 나 자신을 표현하는 데 아무런 제약이 없었으므로 비로소 나는 통제감을 느꼈다.

나는 그 경험으로 어떤 사실을 알아냈다. 바로 자기표현은 인간의 근본적인 욕구라는 사실이다. 자기표현은 음식이나 주거지만큼 생존에 필수적인 요소이다. 오늘 학교에서 있었던 사소한 사건부터 인생이란 무엇인가라는 가장 위대한 생각에 이르기까지 우리가 살아가는 이야기들을 다른 사람들과 나눌 수 있어야 한다.

나는 수많은 사람과 이야기를 나눴으며 얼마나 많은 사람이 다른 이들과 나눌 만한 아름답고 감동적이며 공감을 불러일으키는 이야기를 가졌는지 목격했다. 그들은 깊은 지혜를 깨닫게 한 자신만의 독특한 경험을 했지만, 그 이야기와 경험을 대부분 과소평가한다. 그리고 언젠가는 그것들을 다른 이들과 공유할 시간을 낼 수 있으리라 생각한다. 하지만 나는 그때까지 기다릴 이유가 없다는 걸 강조하고 싶다. 이 세상은 당신만 아는 이야기를 간절히 듣고 싶어 한다. 당신의 이야기를 다른 이들과 나누어 그들의 삶을 바꿀 수 있다.

자리에서 힘차게 일어나 메시지를 전달하려면 용기가 필요하지만, 동시에 쉽게 상처받을 수 있다. 침묵을 거부하고 두려움에 맞서려면 대세를 거슬러야 한다. 당신의 목소리를 찾아 진실을 말하는 건 자부심을 과격하게 표현하는 행동이다. 당신은 이런 질문을 들을 것이다. 당신이 뭔데 목소리를 높이는가? 당신이 다른 사람에게 줄 게 있다고 누가 말하는가? 당신이 누구라서 사람들의 관심을 요구하고 시간을 빼앗는가?

이 질문들의 답을 찾는 유일한 방법은 먼저 말을 꺼낸 뒤 반응을 보는 것이다. 당신이 말하는 내용 중에서 일부는 다른 사람들의 **343**

공감을 불러일으키지 못할 수도 있지만, 일부는 사람들을 깜짝 놀라게 하고 그들이 세상을 바라보는 방식을 변화시킬 것이다. 그 대상은 당신과 커피를 마시고 있는 사람이거나 고객이거나 온라인 팔로워일 수도 있다. 그 순간 우리 인간들 사이를 갈라놓은 거대한 틈이 메워진다. 우리는 모두 같은 생각이라는 걸 당신은 뼛속 깊이 느낄 것이다. 우리는 모두 거대하고 또 낡아빠진 인간 조직의 일부분이며, 당신의 가장 고귀한 소명은 그 안에서 당신의 역할을 하는 것뿐이다.

당신은 세컨드 브레인의 도움을 받아 원하는 것은 무엇이든 할 수 있고, 또 될 수 있다. 모든 것은 정보일 뿐이며, 당신이 원하는 미래가 무엇이든 당신은 그 미래를 향해 정보를 흐르게 하고 형성하는 전문가이다.

적용하기:
시작하고 실행하고 성취하라

세컨드 브레인을 구축할 때 옳다고 정해진 단 한 가지 방법은 없다. 당신의 시스템은 다른 사람들에게 혼란스럽게 보일 수 있지만, 당신이 앞으로 나아갈 수 있고 또 당신만 기쁘다면 그게 올바른 시스템이다. 하나의 프로젝트로 시작해 기량이 늘어남에 따라 더욱 의욕적이거나 복잡한 여러 프로젝트로 서서히 넘어갈 수도 있다. 아니면 당신은 상상하지 못한 방법으로 세컨드 브레인을 어느새 사용하고 있을 수도 있다.

요구사항이 변화함에 따라 당신에게 필요 없는 부분은 버리고 도움이 되는 부분은 어떤 것이든 자유롭게 받아들이도록 하라. 이것은 다 받아들이든지 아니면 아예 없던 일로 하자는 '싫으면 그만둬라' 방식이 아니다. 타당하지 않거나 공감하지 않는 부분이 있다면

345

일단 접어둬라. 요구사항을 만족하기 위해 이 책에서 배운 도구와 기법을 혼용해보라. 이것은 세컨드 브레인이 한창 일하는 시기뿐 아니라 평생 동반자로 남게 하는 방법이다.

지금 어디에 있든, 꾸준히 메모하는 습관을 이제 막 들였거나, 생각을 더 효과적으로 정리하여 최고의 결과물로 만들 방법을 찾고 있거나, 더욱 참신하고 강렬한 인상을 주는 작품을 만들어내고 있다면, 언제든지 CODE 방법의 네 가지 단계에 의지하고 따를 수 있다.

- **수집:** 공명하는 내용을 수집하라
- **정리:** 실행을 목표로 정리하라
- **추출:** 핵심을 찾아 추출하라
- **표현:** 작업한 결과물을 표현하라

이 작업이 벅차다는 생각이 들면 언제든 한 걸음 뒤로 물러나 가장 중요한 프로젝트와 우선 처리 과제처럼 지금 당장 필요한 일에 집중하라. 우선 처리해야 할 일을 추진하는 데 필요한 메모 작업만 진행하는 것으로 축소하라. 아무것도 없는데 처음부터 세컨드 브레인을 전부 설계하려고 애쓰지 말고, 수집하기에서 표현하기로 이어지는 각 단계를 거쳐 한 번에 하나의 프로젝트를 마치는 데 집중하라. 그렇게 하면 그 단계들이 생각보다 훨씬 쉽고 융통성이 있다는 사실을 알 것이다.

세컨드 브레인을 구축하는 한 가지 단계에만 주력하여 일을 단순하게 만들 수도 있다. 당신이 지금은 어디에 있고 가까운 미래에는 어디에 있고 싶은지 생각해보라.

- **더 많이 기억하고 싶은가?** PARA 기법을 활용하여 프로젝트, 업무, 관심사에 따라 메모를 수집하고 정리하는 습관을 개발하는 데 집중하라.
- **아이디어를 연결하고 싶은가?** 일상과 직장에서 체계적으로 계획하고 영향력을 행사하며 성장하는 능력을 계발하고 싶은가? 단계별 요약 기법을 활용하고 주간 리뷰 시간에 다시 살펴 메모에서 핵심을 끊임없이 추출하고 개선하는 작업을 시도하라.
- **좌절감과 스트레스를 줄이고 더 좋은 결과를 많이 만들어내는 일에 헌신하는가?** 중간 패킷을 하나씩 만들고 훨씬 더 대담한 방법으로 공유할 기회를 찾는 데 집중하라.

당신만의 여정을 시작하는 동안 세컨드 브레인을 구축하기 위해 실천할 수 있는 12가지 실용적인 단계를 요약하여 소개하겠다. 각 단계는 인생에서 개인 지식 관리 습관을 확립하는 시작점이다.

1. 무엇을 수집하고 싶은지 결정하라: 세컨드 브레인을 항상 몸에 지니고 다니는 비망록이나 수첩 같은 존재로 여겨라. 가장 많이 수집하고 배우고 공유하고 싶은 것은 무엇인가? 가장 먼저 시작할

347

만한 두세 가지 콘텐츠가 무엇인지 찾아라.

2. 메모 앱을 선택하라: 디지털 메모 앱을 사용하지 않는다면 이 제 시작해보라. 3장 내용을 다시 참조하고, 여러 메모 앱을 비교해 보거나 주변에 사용하는 사람들의 추천을 받아 사용해보라.

3. 수집 도구를 선택하라: 나중에 읽기 위해 관심 있는 기사나 온 라인 콘텐츠를 저장할 수 있도록 나중에 읽기 앱부터 시작할 것을 추천한다. 이 한 가지 방법을 실행하면 콘텐츠 소비에 관한 생각이 영원히 바뀔 것이다.

4. PARA부터 준비하라: PARA(프로젝트, 영역, 자원, 보관소) 폴더를 네 개 만들고, 실행 가능성에 무게를 두고서 현재 진행 중인 프로젝트별로 전용 폴더나 태그를 만든다. 여기서부터는 각 프로젝트에 관련된 메모를 수집하는 일에 주력한다.

5. 당신이 좋아하는 열두 가지 문제들을 찾아내 영감을 얻어라: 그중에서 몇 가지를 골라 목록으로 만들고 메모로 저장한 다음, 무엇을 또 수집할지 아이디어가 필요할 때마다 그 메모를 다시 확인하라. 답이 정해지지 않은 열두 문제들을 여과 장치로 사용하여 어떤 콘텐츠가 보관할 가치가 있는지 결정하라.

6. 전자책에서 하이라이트 처리한 부분을 자동으로 수집하라: 나중에 읽기 앱이나 전자책 앱 같은 읽기 앱에서 하이라이트 부분을 디지털 메모로 자동 전송하도록 모아보기 기능을 설정하라.

7. 단계별 요약을 실행하라: 현재 작업 중인 프로젝트와 관련 있는 메모들에 하이라이트 처리를 여러 번 해서 요약하고, 그렇게 했

을 때 당신이 해당 메모들을 접하는 방식에 어떤 영향을 주는지 알아보라.

8. 중간 패킷 하나만 먼저 시도하라: 내용이 모호하거나 걷잡을 수 없이 일이 커지거나 그저 어렵기만 한 프로젝트를 하나 정하고 그 안에서 작업해야 할 부분 한 가지, 즉 중간 패킷을 하나만 선택하라. 가령 사업 제안서 작성, 차트 작성, 이벤트 공연 준비 혹은 상사와 회의할 핵심 안건이 될 수도 있다. 그 프로젝트를 더 작은 부분들로 나누고 그중 한 부분을 골라 시도한 뒤 적어도 한 사람과 공유하여 피드백을 받아라.

9. 산출물 한 가지를 진행하라: 담당하는 프로젝트 중에서 아이디어 군도, 헤밍웨이 다리, 범위 조금씩 축소하기 같은 표현 기법을 써서 세컨드 브레인의 메모만 사용해 자신 있게 산출물 한 가지를 작성할 수 있는지 확인하라.

10. 주간 리뷰 일정을 잡아라: 당신 자신과의 정기회의 일정을 달력에 표시해 주간 리뷰를 시행하는 습관을 들여라. 먼저, 메모 인박스를 비우고 이번 주에 처리해야 할 업무의 우선순위를 결정하라. 거기서부터 자신감이 생기면 다른 단계를 추가할 수 있다.

11. 메모 기록 능력을 평가하라: 당신의 현재 메모 기록 습관과 개선할 수 있는 영역이 있는지 평가하라.

12. 개인 지식 관리 커뮤니티에 가입하라: 트위터, 링크트인(LinkedIn, 비즈니스 전문 소셜미디어), 서브스택(Substack, 미국 뉴스레터 플랫폼) 등 당신이 선택한 플랫폼에서 활동하는 선구적인 사상가들을 팔

로우하거나, 개인 지식 관리와 디지털 메모 기술과 관련 있는 콘텐츠를 만드는 커뮤니티에 가입하는 것도 좋다. 이 책을 읽고 배운 점이나 다른 데서 찾아낸 정보를 다른 사람들과 공유하라. 새로운 행동을 하려면 새로운 행동 양식을 이미 갖춘 사람들을 주변에 가까이 두는 방법이 가장 효과가 있다.

세컨드 브레인 구축은 프로젝트, 즉 적당한 기간 내에 집중해서 일하고 성취할 수 있는 일이지만, 세컨드 브레인 자체는 평생 사용하는 것이다. 시간을 두고 이 책의 여러 부분을 다시 읽어보길 권한다. 처음 읽었을 때 놓쳤던 내용을 알아내리라 확신한다.

CODE 방법의 한 가지 측면을 실행하는 데 집중하든, 전체 프로세스 구현에 최선을 다하든, 혹은 그 둘 사이의 중간쯤이든 당신은 살아가면서 얻는 정보와 새로운 관계를 맺고 있다. 당신의 관심, 에너지와의 새로운 관계를 발전시키는 셈이다. 어떤 의미인지 항상 알지는 못해도 당신은 주위에 소용돌이치며 이동하는 정보를 책임지는 새로운 정체성에 전력을 다하고 있다.

평생 추구해야 할 개인 지식 관리라는 길로 들어서면서, 이미 전에 성공을 거둔 적이 있다는 사실을 기억하라. 전에 한 번도 들어보지 못한 것들이 이제는 당신 삶에 꼭 필요하게 된 부분들이 있을 것이다. 숙달하기 불가능해 보였던 습관이 있었지만 이제는 그것들이 없는 삶은 상상할 수 없다. 절대 받아들이지 않겠다고 맹세했던 새로운 기술도 있었지만, 이제는 매일 활용한다. 세컨드 브레인도 마찬가지다. 지금은 낯설고 이상해 보이더라도 결국에는 언제 그랬 냐는 듯 자연스럽게 느껴질 것이다.

마지막으로 조언을 하나 남기자면, 당신을 흥분시키는 것을 추구하라. 어떤 이야기, 아이디어, 새로운 가능성에 매료되고 마음을 빼앗길 때, 그 순간이 별로 중요하지 않은 듯 무심코 지나치지 마라. 그 순간은 진정 소중하며 어떤 기술로도 만들어낼 수 없다. 전력을 다하여 당신의 마음을 사로잡는 것을 쫓아라. 그리고 그 과정 동안 반드시 메모하는 걸 잊지 마라.

세컨드 브레인

2023년 3월 9일 초판 1쇄 | 2024년 10월 28일 15쇄 발행

지은이 티아고 포르테 **옮긴이** 서은경
펴낸이 이원주 **경영고문** 박시형

책임편집 강소라
기획개발실 김유경, 강동욱, 박인애, 류지혜, 이채은, 조아라, 최연서, 고정용
마케팅실 양근모, 권금숙, 양봉호, 이도경 **온라인홍보팀** 신하은, 현나래, 최혜빈
디자인실 진미나, 윤민지, 정은예 **디지털콘텐츠팀** 최은정 **해외기획팀** 우정민, 배혜림
경영지원실 홍성택, 강신우, 김현우, 이윤재 **제작팀** 이진영
펴낸곳 (주)쌤앤파커스 **출판신고** 2006년 9월 25일 제406-2006-000210호
주소 서울시 마포구 월드컵북로 396 누리꿈스퀘어 비즈니스타워 18층
전화 02-6712-9800 **팩스** 02-6712-9810 **이메일** info@smpk.kr

쌤앤파커스(Sam&Parkers)는 독자 여러분의 책에 관한 아이디어와 원고 투고를 설레는 마음으로 기
다리고 있습니다. 책으로 엮기를 원하는 아이디어가 있으신 분은 이메일 book@smpk.kr로 간단한
개요와 취지, 연락처 등을 보내주세요. 머뭇거리지 말고 문을 두드리세요. 길이 열립니다.